# 勇者不惧

## 杰哈德·纽曼

[美]杰哈德·纽曼◎著　张维 等◎译

中国文史出版社
CHINA CULTURAL AND HISTORICAL PRESS

图书在版编目（CIP）数据

勇者不惧：杰哈德·纽曼 /（美）杰哈德·纽曼著；张维等译．—北京：中国文史出版社，2020.1（2025.4重印）
ISBN 978-7-5205-1746-1

Ⅰ．①勇… Ⅱ．①杰… ②张… Ⅲ．①杰哈德·纽曼—自传 Ⅳ．① K837.125.38

中国版本图书馆 CIP 数据核字（2020）第 044697 号

责任编辑：张春霞

出版发行：中国文史出版社
社　　址：北京市海淀区西八里庄路 69 号院　邮编：100142
电　　话：010-81136606　81136602　81136603（发行部）
传　　真：010-81136655
印　　装：北京联兴盛业印刷股份有限公司
经　　销：全国新华书店
开　　本：787mm × 1092mm　1/16
印　　张：17.75
字　　数：227 千字
版　　次：2021 年 1 月第 1 版
印　　次：2025 年 4 月第 3 次印刷
定　　价：56.00 元

（美）杰哈德·纽曼

# 序

陈香梅

我第一次遇见杰哈德·纽曼，是在第二次世界大战期间，地点在中国昆明。从此以后，我就被他那充沛的生命意志以及千变万化的冒险活动迷住了。杰哈德在遇见我的先夫克莱尔·李·陈纳德将军之后，他参加了著名的飞虎大队。在飞虎大队里，人们都称呼他为“德国佬赫尔曼”。事情就这样地自相矛盾，赫尔曼虽然是一位“敌侨”，但他却成了美国陆军航空队的一名军士长。

杰哈德的工艺才干、风趣、幽默感，以及他与上下所有人之间极好的和睦关系，赢得了大家对他的尊重和爱戴。前任战略空军司令，也是后来的空军副总司令布鲁斯·霍洛威将军曾经说：“杰哈德是在华空军中的一位瑰宝。有他当飞机保养组长，就像查理·凯特林（通用汽车公司著名工程师与发明家）去经营一个小小的雪佛兰汽车维修站一样。”

纽曼因为拼装了一架被毁的日本零式战斗机，以及他为战略情报局（OSS）在远东方面所做工作的非凡成就，使美国国会引用特别立法授予他美国公民身份。战后，他曾偕同美国籍的夫人与一只狗乘吉普车横贯亚洲，完成了一次万里跋涉的壮举。他以一位涉世未深的经理，擢升到执掌通用电气公司几十亿美元的喷气发动机部门的首脑，这些令人惊讶的经历，为他奇特的生活增添了更多的情趣与色彩。

杰哈德·纽曼代表着各种传统、文化、才能的特殊融合，不仅铸成了美国的过去，而且肯定亦将影响美国的未来。

# 编译感言

纽曼先生曾是我的顶头上司，大老板，我在他属下工作了 20 多年；他退休前是 GE 公司所属飞机发动机集团的最高领导人，我深知他为人做事的方式和他生平动人的事迹。

纽曼先生的一生和中国有着密切的关系，他热爱中国，对中国人有特殊的感情，他来中国，访问、拜会许多知己和过去的战友。

纽曼先生，本是德国人，生在一个犹太人家庭。1980 年从 GE 飞机发动机部门退休后，花了两年多时间撰写回忆录，原书名叫《嘿！德国佬》（Herman the german）。本书出版后，在美国、德国、英国等地受到广大读者的欢迎。

1985 年我在北京，担任 GE 飞机发动机部的首席代表，因为工作原因，认识了航空工业部的莫文祥部长和他的翻译车建国女士，我很欣赏车女士的翻译功底，我常常向她请教如何翻译一些航空专有名词。当时，我正在物色几位翻译，想将纽曼的回忆录翻译成中文。当然车女士是最佳的人选，我很感谢她答应帮忙，让我很快完成了这个心愿！

因纽曼先生在德国从“黑手”干起，在中国香港落难，在中国克服千

1968年，译者张维参与黑鹰直升机发动机设计

车建国（右）、陈香梅（中）、莫文祥（左）

难万险，以及后来在美国奋斗成功的经历及精神，可以鼓舞无数的青年奋勇向上。因此，我决定把原文编译成中文后，使用“黑手起家”为书名，并于1987年，在台湾出版。“黑手”是台湾的方言，意思就是描述一个不怕弄脏双手，很苦干、很扎实，能把事情做好，能把事情做大做成功的人！会受人尊重，可以作为榜样学习的人！这个书名，在台湾很受欢迎，台湾民众很懂它的深意。

1997年，纽曼患白血病过世，享年80岁。2007年，我回马萨诸塞州看望纽曼夫人，她说纽曼的骨灰就撒在后院游泳池旁的草地上，这是他生前常休闲的地方。我望着这片草地怀念着纽曼，心情十分沉重。我想起来纽曼生前告诉我，希望他的书将来能到中国大陆出版，把他的故事告诉更多中国的年轻人。

我现在很高兴完成了他的心愿！

# 为中文版出版而写

杰哈德·纽曼

早年我从德国念完大学就到中国来谋生，虽然过得艰辛坎坷，把我宝贵的七年青春全都奉献在异国的战场上，但是也锻炼出奋斗的意志和能力，开启了我逢凶化吉，“走运”的生涯。我这一生总是和中国人投缘，我交往过不少中国优秀的飞行员，如王叔铭、罗英德和许多军民官员，他们现在都已功成身退。也许还有不少中国的老者，我们曾经一块修过飞机，或者是在日军占领区内共过患难的游击伙伴，他们一定会记得我这个——“德国佬！赫尔曼”。我曾在台北新公园向陈纳德将军铜像致敬献花，也曾和英俊的蒋纬国将军愉快地畅谈，1976年5月18日，更蒙张光世先生陪同我晋见严前总统，这些都是我和中国人的“缘”，使我经常惦念。

在我的自传发行中文版前夕，愿以我亲身体验告诉中国的青年朋友，当你有了高远的目标时，你一定要从最卑微踏实的根基做起，“刻苦”不只会让你渡过难关，更能带给你法力无穷的“奋斗意志”。朋友！别怕油污弄脏了你的双手，这双手却会开拓你灿烂的人生！

1987年6月

# 目　录

# 千钧一发

· 被香港总督列为“敌侨”，没收旅行证和军事护照，48小时内无人收容，即送往锡兰的集中营

· 经七次奔走，最后关头遇贵人，顺利飞往中国

1940年6月27日，天气闷热的让人透不过气来。来往于香港和九龙轮渡上的旅客，观赏着景色秀美的港口，海风吹来，使人心旷神怡。港口里停泊着英国的军舰、货轮和帆船。

号称“战无不胜”的法国，经过22天的闪电战后，刚向希特勒德国投降。英国军队在比利时境内遭到惨败，全部装备丧失殆尽，只有少数的幸运者仓皇中从敦刻尔克逃回英国，就在这个远东的英国辖区内，我这两天的活动是在一个荷枪实弹的英国兵押解下进行的。他从早上9点起就紧跟着我，昨天也是如此。我们穿过汽车来往不断的康那脱路，通过荷兰美国银行的林荫便道，来到了大英帝国辖地唯一漂亮的、现代化的20层大厦——香港汇丰银行大楼。

这是最后的尝试；我已先后七次走出铁丝网圈起来的、作为临时集中营的九龙喇沙书院，试图找外国的代办机构和商家交涉，希望能得到帮

1940年香港唯一现代化的20层大楼——香港上海汇丰银行

助。结果都像泡沫一样，一个个地破灭了。两天以来，英国集中营的主官不知为什么（可能是为了要摆脱我们这102个“敌侨”），准许我们在48小时内，从没有向希特勒宣战的任一国家中，去找“入境许可”，并在第二天子夜前离开中国香港；否则就要被送到孟加拉湾的锡兰岛上去（那里新建了一个集中营），直到战争结束。这就是这位上校提出的动听但不实际的建议。

事实上我们在1939年9月3日，英国向德国宣战的当天夜里被俘时，我们的德国旅行证和军事护照已被英国人没收，因此根本无法办理离开香港的手续。尽管如此，仍有那么几个人想碰碰运气，离开这个英国殖民地。我先后去了五个外国领事馆和两个美国在菲律宾的汽车装配厂的代表处，结果都是徒劳往返。我选择了设在城内的中央航空公司（CNAC），最后碰一下运气，看是否有幸能离开英国的势力范围。

中央航空公司的办公室，设在这幢白色耀眼的建筑的八楼，一位身穿黑色中国旗袍、下摆开口到膝盖以上的年轻女接待告诉我：“老板不在，你明天再来吧！”

我的心凉透了，转过身来对跟随我的卫兵说：“我们回集中营吧！”

我按亮了电梯下楼的电钮，望着四个电梯其中一个红色楼层指示灯，渐渐地显示到八楼来接我们了。电梯哗啦开了，我踏进电梯，卫兵紧随身后，但我正好同一个要从电梯里走出来的高个子中年人撞了个满怀，我赶紧退出来，结结巴巴地用德语和英语向对方道歉，说没有让他先下。他听到了我的口音又看了看全副武装的卫兵，“嗨！怎么回事？”恰在这时，电梯自动门关了，空着下去了。

瞬间的奇遇！我碰上了泛美航空公司太平洋分部的总裁邦德先生，他正好乘每周两次、从旧金山经马尼拉到香港的班机，到中央航空公司巡访。他坐在办公桌角上，询问了我的情况后，就拿起了办公桌上的电话，我从此走上了自由之路。

我的一生经历坎坷，但有多次机缘，让我在适当的地点、适当的时间，遇到了适当的恩人。吉人天相，终能化险为夷。

现在我已经是70岁的老人了，从通用电气公司领导阶层工作退休之后，花费了三年的时间，写出了这部自传，总算是差强人意。多亏我在德国受到的教育，在学校和在家中的严格纪律，艰苦的“满手污垢”的学徒生活和实用的大学机械知识，对我的生涯所起的作用。有人会认为写自传不过是自我吹嘘而已，我可以向你们保证，这绝非我的意愿。我只是想让我的读者分享我独特的经历，并从我的教训中有所裨益。

还记得20世纪60年代初期，曾使英国国防大臣布鲁夫莫辞职并造成英国的内阁严重危机，那迷人的红发应召女郎克莱斯汀·凯丽小姐吗？当记者问她是怎样成为如此成功的风尘女郎时，她的回答是：“我想是运气吧！”我欣赏凯丽小姐的回答。“走运”，在我的一生中占有关键性的地位。

纽曼的救命恩人——W.兰霍恩·邦德先生——1981年摄于旅途

# 荆棘载道

· 德国特殊的“学徒制度”

· 三年刻苦学习，练就终身受用不尽的本领

“懂了吗，孩子？”

这句生硬的声音，至今还在我耳边回响。这是我在靠近波兰边境奥德河畔的法兰克福城，三年学徒生涯的头两年里，我的师傅斯特劳斯先生的口头禅。回顾当年我跟他在一起时，学到了对工作要“一丝不苟”“止于至善”的精神；干活弄得满手油污，反而要引以为自豪。我年轻时代从他那里所培养的“只要是机械工作便无所不能”的自信心，对我的一生也产生了重大影响。无论是在中国，还是在阿富汗、美国、越南……；无论是战争期间，还是在和平期间；无论是德国、英国或美国的汽车和飞机；抑或 1942 年，整修了掳获的第一架日本“零式”战斗机；1947 年，把两辆已毁坏的吉普车拼装成一辆，带着妻子和狗，跋涉一万英里横跨亚洲之行；还是提到为通用电气公司设计飞机发动机，获得技术专利；以及对美国陆军最新式的 60 吨重 M-1 型坦克的发动机提出建议；等等。所有这些，随时随地都离不开斯特劳斯先生对我的言传身教。

1933年初，我勉勉强强通过了高中毕业考试，三门外文、数理化、地理等科比较扎实。我最感兴趣的是机械修理。我常常去我们的小汽车房，看司机（我父亲第一次世界大战时期的战友）保养我们的大型奔驰车。我的父母也常在圣诞节或生日，送给我最喜欢的礼物——铁积木。我暗下决心，不像父亲那样继承祖业去做羽毛的生意，而想成为一名工程师，搞些发明，看着它做出来并为人所用。德国的工程学院或大学招生原则是考生必须先有两年机工或钳工学徒经历，学校才能接受。虽非必须，但仍有许多父母希望给孩子们订三年学徒合同，让他们通过公会所提出一系列的考试。我的父亲也是这个主张，他要我从事工程职业前，先成为一个具有执照的熟练工人。

根据法律规定，不具有师傅资格，是不能收徒弟的。我父亲询问了法兰克福奥德城的十位出租车司机，请他们推荐一个最能使我学点什么的车行，他们异口同声地推荐阿弗得·斯特劳斯的车行。别看只是法兰克福城最小的修理行，有很多车主对它一无所知，但专业出租汽车司机都交口称誉。他是一个机械能手、焊接专家、创造机械工具的熟练工，可是他从来不收徒弟，也不用任何熟练工帮忙。他有一句格言："如果你想把事情做好，那就得自己去干。"由于司机们对斯特劳斯的推荐和对其身价的认知，我父亲决心要说服斯特劳斯，让我去做他的第一个徒弟，并干满三年。在近一小时的商谈中，我默默地站在一旁，没说一句话，也没人问我一句，终于斯特劳斯同意接受我。

我听他对父亲说："我没有时间，也没有必要把一件事做两遍。"他做事干净利落，无话可说。他是德国南方人，沉默寡言，已婚，没有孩子。他经济并不富裕，只要能养活妻子和他的大瑞士狗，他不在乎赚多少钱。每天一早，我的第一件事就是把车间打扫得干干净净。斯特劳斯对于自己的工作很自豪，对自己的高超技术看得比什么都重要，远超过金钱。我几次看见他把车修好后就让人开走，一分钱都没有要。

我永远不能忘记我当学徒的第一天的情景。斯特劳斯先生打量着我的一身崭新笔挺的蓝工作服，看着我雪白干净的手说："嗨，在我这里哪件事情都不能出纰漏，如同你没有出现一样。你能学到多少，就靠你自己了；此外，我从来不说谢谢，明白吗？"千真万确，那时我还不到16岁，在三年的学徒生活中，从他嘴里的确从来没听到过一句"谢谢"，也没听到过一句鼓励和表扬的话。

师傅和父亲所签订的合同，被公会批准了。合同规定：师傅应尽力教会徒弟专业技术，家长负担不起的话，还得供给衣、食、住；要是学习半途而废，家长必须赔偿损失。头两年不给报酬，没假期，每天工作时间长短由师傅掌握。第三年，可以得到一些零花钱，用来买电车票，给摩托车加点汽油，或者买几张电影票。最初，我也怀疑过这种选择是否明智。我的那些同学还在大学预科清洁舒适的环境中学习，我呢？尽管家庭环境很富裕，有两个佣人和一个司机伺候，现在却像泥猴子一样，去度过漫长的三年学徒生涯，所以开始时我的劲头并不高。

斯特劳斯的要求是很严厉的，我走进车间的第一天，他就宣布了对我的基本要求：（我敢打赌，他敢情是穷思苦想了一夜。）

——不许将身子靠在工作台上，如果实在累了站不住，你干脆回家去，懂吗？

——晚上回家前，必须把所有的工具清理干净，放在应放的抽屉内，或挂在应挂的钩子上，懂吗？

——当你锉或锯金属时，不要像音乐家拉小提琴那样，锯或锉的移动必须是直而平，懂吗？

——所有螺钉都必须朝一个方向拧紧，如果螺栓太松或太紧，可换一个厚度不同的垫片，或磨一磨螺栓，懂吗？

纽曼当学徒时的车行

——我让你清洗一个零件时，必须洗得干干净净，懂吗？

另外还有一些规矩，简单明了。

——“是，师傅”“是，师傅”“是，师傅”，是我唯一的回答。

斯特劳斯穿着一件绿色衬衫，黑蝴蝶领结，蓝色工作裤，黑背带和一件蓝色艾森豪威尔式夹克，我在跟他学徒的三年内，天天如此。他的汽车间很简单，一前一后刚刚能放下两辆汽车。他的拖车是一部带着跨斗的哈烈·德维森牌摩托车。他的修车店，既没有液压吊车，也没有空气压缩机，补好的车胎必须用手来打气，就是连所需要的平板手拉两轮车也没有。钻到车底下修理变速箱和离合器，调刹车或换机油时，斯特劳斯总是垫一个装土豆的麻袋。

在冬天，我爬进滚满了泥浆的车子底下，调整刹车时，鼻子离车底盘只有几寸远，泥雪掉进嘴里，并糊住眼睛。很快，我就没有干净的手和清洁的指甲缝了。油泥、锈铁丝、掉下来的工具、弯的开口销、断裂的挡泥板尖利的角，经常弄伤我的手和膝盖。我的手冻得发紫，要是能戴上手套就好一些了。“嗨，怎么啦？你是个女孩子吗？”当我的手流血时，斯特劳斯指一指屋内的碘酒，并嘴里嘟囔着：“笨蛋。”没有绷带，没有同情，没有歇息。

一天，由于我的粗心，一个 50 磅重的摩托车发动机，从工作台上掉了下来，就要摔到水泥地上，电嘴的插头露在外面，像炸弹的引信一样伸出来，我本能地扑向前去，双手紧紧地抱住了发动机，可是电嘴的插头却扎进了我的右手掌，从拇指、食指骨头中间穿出（现在还留着一个疤痕）。斯特劳斯帮我拔出电嘴插头，即使这样，他也没表示半点同情。我幸亏保住了发动机，只是换个电嘴。尽管这样，他还是大发了一顿脾气。

每天午间和晚上干活完毕，油腻的脏手很难洗干净，斯特劳斯教我一个办法，脏手先用汽油洗，用刷子刷，然后用废机油洗，再从一个纸袋子里抓点木屑搓手。很奇怪，油腻的手由黑色变成灰色，再用水和肥皂洗后，手就被洗得很干净，可以从衣服口袋里取车票或骑自行车，但是和女朋友约会时，我还是不由自主地把手藏起来，使我难堪的是指甲缝无论怎么用力洗刷总还是黑的。

斯特劳斯每天都要把当天的活干完，所以很晚收工，渐渐地，我也习惯了，而且迷上了整日干活。不管是发动机还是车身，发动机大修还是调整，从敲直挡泥板到车身喷漆，我们无所不干。我学会了修理电气系统，氧气乙炔气焊修理挡泥板。师傅给我示范如何在车床上车零件，斯特劳斯先生什么都修，从小轿车到卡车。我跟着他，只是清洗零件和拿稳照明灯，使他能看得清楚些。（拿着照明灯，准确地照在师傅工作的地方，保持 15 分钟，也不是一件容易事。）

第一年的学徒，我就像牙科医生的护士，清洗发动机零件，准备师傅所需要的工具，就像把病人安置好，等着医生开刀一样。我们在车库修摩托车和汽车，在奥德河边修马达船，还要到消防站修救火车，因为救火车太长，拐不过我们门前的弯路。顾客很少有美国制的汽车，那时美国车比德国车高级得多。希特勒时代以前进口的美国福特、雪佛兰、别克、泰洛普兰、艾赛克斯、汉德森、拉沙勒、柏卡，这些要比德国的奔驰、霍克、欧宝、奥迪和 BMW 坚固，容易驾驶。并且美国车有电动马达、液压四轮刹车、转弯指示灯、自动雨刷等现代设备，德国车却没有这些。

法兰克福奥德的严冬，大雪覆盖，又冷又湿。在不生火的汽车间工作简直太艰难了。墙角有一个铁炉，烟筒口在对面的墙上，一截长烟囱从炉子起，沿着一面墙通到烟筒口。每次都等到手被冻红、冻僵了，斯特劳斯先生才说："我们烤烤火吧！"

生火是件冒险的事，为了使烟筒口通火，我点了根火柴去烧掉堵在烟筒口浸透汽油的破布，强大的气流上升，引起一声爆炸，震得窗户哗哗地响，震动了整个厂房，也震动了我。炉子生着了，屋子暖和了，在炉子上放一盆热水用来洗手。这种生活和家里有佣人伺候、暖气和热水相比，简直是原始生活。但我一点儿也不介意，反而觉得很有意义，因为这里的火是我自己生的。

马粪能止住汽车散热器水箱漏水，这是我学到的一个窍门，有时人们见到我拉着一辆四轮车，跟在送奶、拉啤酒或拉冰的马车后边，用铲子和畚箕捡很多的马粪回来。为什么马粪能制止漏水呢？至今我也不清楚。虽然没有科学根据，但是在 1948 年，我在美国马萨诸塞州·林恩城的通用电气公司发动机厂，应用这种老的马粪止漏办法，却解决了当时价值 600 多万美金的美国第一座喷射式发动机压缩机试验台的大型冷却设备的漏水问题，效果很好，这是值得一提的。

当我 16 岁时，我交了好运，有了一辆英国凯旋牌的摩托车（1933 年时，德国平均 52 人才有一辆摩托车）。由于希特勒命令"只许买德国货"，进口车很少。为了减少进口，帝国元首不准德国人把进口车辆停放在政府的设施旁边。一位陆军士官，有一辆凯旋牌摩托车，因不能停放在营房里，被迫要将它卖掉。就在他对买主做过性能展示后的回程中，不幸丧生于车祸，在拐弯时，他被两辆迎面开来的电车夹在中间。事故发生在夜里，地点就在我们汽车修车店门口。警察在清理街道时，将撞毁的废品铲进了车店门前走道上。第二天早上，斯特劳斯先生对我说："这儿有一堆废物，如果你愿意，晚上在这儿费点劲，你就能不花钱弄一辆好的摩托车，我可以把厂房钥匙给你。"在师傅的帮助下，我花了五个月的时间，大修并油漆，我有了一辆跑得很好的车了。斯特劳斯先生在附近的停车场，只用了不到五分钟时间就教会了我怎样骑摩托车。

像年轻的摩托车骑士一样，我渐渐地大意了，几乎遭到了和从前车主同样的命运；下山时骑得很快，我紧紧地跟在一辆电车后面，一个急转弯，没有发现前面开来的电车，我在它前面穿过时，电车撞在凯旋牌车的后轮上，把我弹到对面的街上。摩托车是全完了，而我算是走运，不但脑袋没撞破，连胳膊和腿也没撞伤，只是在踝关节上划了一条三寸长的大口子，露出了骨头，伤口五个多月才愈合，用了很多碘酒。每天夜里，师傅给我换药包扎。为了不让我父母知道，才没有到医院请医生缝合，它给我留下了半寸宽的伤疤。

每星期一在商业学校八小时的学习，也是一周中唯一不干吃力工作的一天。四小时实习，四小时理论，在那里，我碰到一些经历和家境与我不同的年轻人。但我们在另两方面是共同的：都是机械学徒，也都没有交女朋友，也不知如何去和姑娘们约会。很自然地，我们谈起了自己的师傅，在所有的工厂里都是相当严格的，可是斯特劳斯的规矩和要求在法兰克福城所有师傅中是最严的。我能在一个真正技术权威手下当学徒，感到自豪和满足。

当我通过技工毕业考试，向斯特劳斯先生辞别时，他对我说：“谢谢你，纽曼！”这是三年来，他第一次这么说，也是他第一次叫我的名字（战前德国人除亲戚和密友外，是不叫人家名字的）。他紧紧地握住我的手，微笑着祝我顺利，并把一束鲜花送给我母亲，她很激动。当我感谢斯特劳斯先生时，同样怀着诚挚的心情，他永远是我的师傅，他在我企求成为一名优秀工程师的愿望上，给我打了坚实的基础。

# 中学生活

· 家世、血缘、童年和中学生活记趣

· 德国的两个法兰克福

1914 年 8 月，第一次世界大战的头一个月，德国所有 18 岁到 30 岁的男人都应征入伍。我的父亲已 33 岁，但他仍自愿从军，他在军队受过基本训练后，派在法国的凡尔登城和堪勃兰附近的战壕里过了三年。1916 年圣诞节他回家休假，1917 年 10 月我来到了这个世界。

1918 年 11 月停战后，爸爸又回到了他的本行——1860 年成立的北德羽毛产品公司，它已成为德国经营羽毛和鸭绒的两家最大的公司之一。这些羽毛都是在东欧的匈牙利和芬兰的农民那里收购来的，用大洗衣机清洁、干燥后，放入接通的玻璃舱内，用鼓风机从下往上吹，重的羽毛落在吹气口附近，轻的被吹到最上面的舱内。羽毛就按尺寸大小分开了。然后，抽气泵把分好类的绒和毛分别抽入大袋里，运往被子和枕头制造厂。羽毛在清洗的过程中，发出令人喘不过气来的恶臭，我下决心将来绝不搞羽毛业。

我在德国的 21 年中，很少见到父亲。他的一生只围着事业转，只有

纽曼在这里度过快乐的童年——奥德河畔法兰克福的家

几个夏天的夜晚和他一起到附近的兵营散步，看士兵换岗。我父亲西格弗里德和母亲弗丽达都出生在普鲁士，他们是犹太籍，但未入教。实际上他们认为自己是犹太血统德国人，就好像在圣诞节时，摆一棵圣诞树是纽曼家中的传统。我母亲是一个了不起的人，会滑雪、滑冰、打网球、下棋、打桥牌……雇用两个女佣人料理家务。她的家族里出了位弗里茨·哈勃博士（Dr. Fritz Haber），制造氨的发明者。在第一次世界大战时，德国军火工业非常需要氨，为了表示奖励，在1916年德国皇帝授予他德国最高公民的荣誉，1918年哈勃博士获得了诺贝尔化学奖。我母亲唯一的哥哥是佩戴铁十字勋章的陆军上尉，迫击炮营的营长，1918年11月停战前六天在法国阵亡。我有两个姐姐：安妮里丝和尤拉，我很少和她们来往。尤拉17岁时，骑马摔下来后才发现已经得了癌症，是晚期并且扩散了，1932年她18岁时去世。大姐安妮同年在法兰克福与一个牙科医生结婚，在希特勒当权前就搬到耶路撒冷去了。

我的故乡法兰克福/奥德是德国两个法兰克福之中较小的一个。那个大的而且众所周知的是德国西部的法兰克福/梅茵。我的法兰克福傍奥德河畔，在柏林以东50英里，是普鲁士的布兰登堡的省城，其历史可追溯到公元10世纪。我们有自己的大学。17世纪时曾受到瑞典国王古斯塔瓦二世阿道夫的围攻。100年后，普鲁士大公弗瑞得里克率兵反击过俄国人的入侵，诗人翰瑞·冯·克莱斯特诞生于此。探险家亚历山大·冯·汉伯尔特曾就学于法兰克福大学。第一次世界大战后，1919年《凡尔赛条约》允许德国国防军十万人中的大部分驻扎在法兰克福。每当星期日，为军人做礼拜的军乐队，唤醒了奥德河畔沉睡的城市，令大家非常兴奋的是骑兵乐队打着军鼓，吹着军号，率领马队齐步前进，穿过城市时的壮观景色。

纽曼的家是现代化的别墅，大花园里有许多果树，还有樱桃树。和其他的普鲁士家庭一样，家教严格，父母的吩咐要绝对服从，从来不能对他们说“不”，在屋子里吹口哨也是绝对禁止的（你以为你在哪儿？在马棚里吗？），对大人说话不能把手放在裤子口袋里，违犯了这些规矩，要受处罚。或者星期六下午不许去看电影，或者把我的集邮本锁一星期。有一次，我在大门前用气枪打坏了街上的汽灯，被罚30天不许动枪。普鲁士人认为动感情就是没有男子汉气质，父母从不亲吻孩子，只是晚上上楼睡觉前贴一下脸颊。9点钟必须上床，绝对不准哭闹。在自由方面，课余时间可以随意去玩，但是必须先完成作业。“先工作，后娱乐”是铁定不变的。（30年后，我在美国的家里，试着实行这些有益的规矩，但就是行不通。）

1927年，查里斯·林白（Charles Lindbergh）历史性地完成了从西到东飞越大西洋的壮举，激发了人们对世界的想象，虽然我真心地希望第一个飞越大西洋的人是德国人，但对林白“圣路易斯精神号”（Spirit of St.Louis）的成功同样地感到兴奋。在那一年，最引人注意的是几个欧洲人，特别是法国人，他们试着从东向西飞越大西洋，似乎他们没有想到会遇到强烈的逆风，结果那年没有一个成功的，好几个飞行员因此丧生。然而第二年，考尔（Könl）、冯·赫那弗尔德（Von Hünefeld）、菲茨莫里斯少校（Maj Fitzmaurice），两个德国人和一个爱尔兰军官，驾着单发动机全金属的“容克式”飞机，第一次从东向西飞过了大西洋。

1927年，我快10岁时，一架四座位的高翼飞机，停在法兰克福城边狭窄的草地跑道上（1914~1918年战争遗留下来的飞机跑道）待了五天，花五个马克买一张票可以带你兜一圈。我没有和父母讲，骑车跑了十公里来到机场，用我自己的零花钱买了票。不到3000英尺的高度，每小时55英里的速度，很快地，我看到了我们的房子和花园、上学的路、图书馆、运动场和古老的市政厅，我认出了那一个个小黑点是人，我一点儿也不害怕。在回家的路上，我想这件事不能告诉父母，但是在饭桌上，我压抑不住那种经历了惊险活动的喜悦心情，描述了从空中所看到的城市、我们的房子和上学的路，等等。父母没有责备我，却决定三个月后，他们自己搭乘从柏林到德里斯顿的定期班机去旅行一趟。

同年，我开始了为期六年的男子高级学校中的学习。女生在利西姆（Lyceum）学习，周围的街道都禁止男生去的。三门外语是必修课：六年拉丁文，四年法文，三年英文或希腊文。我选了英文，在语文和历史方面我是个平庸的学生，数学、物理、体育和地理，我的成绩优秀。有一次，我忘记了一条印度的河名，是从阿萨姆山流入加尔各答附近的孟加拉湾，白胡子的纽曼教授（不是我的亲戚），罚我在他的家里拔一下午的草（通常的惩罚），或用钢笔整齐地抄写 300 遍“布拉马普特拉河在印度”，我选了后者，很有效，我再也不会忘记这条河和它的位置了。十年之后，1942 年我从国际红十字会寄给法兰克福 / 奥德中学的地理老师一张明信片，告诉他，我是坐在印度的布拉马普特拉河畔，身着美国军装写的。（六个月后，明信片退回来了，“无法投递”。）

在学校里，我做过一次很后悔的事，打破了品行优良的纪录。有回休息时，同学们怂恿我把自行车灯里的碳化钙（电石）取出半品脱，放在老师的墨水瓶里，（20 世纪 20 年代末期市场才开始有电池，在那以前，自行车灯是用一个小碗装满碳化钙粉，洒上水后，释放出一种气体，骑车的人用火柴点着它）课堂安静下来后有几分钟没事，一会儿墨水瓶开始起泡并溢出瓶外。年迈的老师背着双手，靠着桌边正在讲课，觉得湿乎乎的东西往袖口里溜，除我以外，对其他的同学都是一个大玩笑。穿着黑得发亮的旧西装的老师用铁尺和竹杖打我屁股，让我很长一段时间里都坐不下来。在疼痛的同时，颇有点“大丈夫”的自豪感。

当学校的法定温度表在上午 10 点准时上升到室外气温 25 摄氏度（即华氏 77 度）时，校钟就要打三下，那天 10 点以后就不上课了。这是已开办了一百多年的学校，一届又一届的学生传下来一种办法，在天公不作美时，就“鼓励”温度表再上升一二摄氏度。方法是把一根点燃的蜡烛拴在扫帚柄上，高举到悬挂在学校室外墙上的温度表的下方，加温的关键时刻当然需要调开工友的注意力，这样做，经常是成功的。

当我 12 岁的时候，我的业余爱好是搬弄客厅里的大收音机。它有个木头扬声器，形状像“主人之声”的商标（注：胜利牌留声机图案）。现在很少有人还能记得在 20 年代的收音机是如何复杂；带一个大的蓄电池，室外天线有 100 英尺长，在雷雨天，必须扭转开关让它接地，要转动五个旋钮，还要插入不同的线圈，才能调到你所要听的电台。调好了，能收到罗马、巴黎、伦敦、莫斯科等不同城市的电台播音（在那个年代中，那些都是非常遥远的地方）。尽管一个字也听不懂，但还是很令人兴奋的。作为家里的“无线电专家”，我把耳机线接到卧室。20 岁时，我制造了一个收音机自动开关，把它接到闹钟上，这样就省得我在夜里，经过没有暖气的楼梯，下楼去关收音机了。

在 30 年代，有两个节目使我记忆犹新。我像其他一亿两千五百万欧洲人一样贴在收音机旁，收听用好几种语言向整个欧洲大陆广播的一年一度的六国汽车大赛。每一个地方的比赛形式都不同，在小小的蒙地卡罗是街道赛；在意大利的布雷斯西亚是 1000 里越野赛；德国纽伦堡是环赛，要转 20 个 U 形急弯道和一英里长的直线。无论哪次比赛，都是梅赛德斯 · 爱快罗米欧、布格迪（Bugatti）和马莎拉蒂（Maserati）之间的竞争。我还记得 1932 年听纽伦堡环赛时的盛况，那时德国的民族主义情绪正在上升，一辆白色的奔驰，跑过了所有的 20 圈，都紧跟着一辆红色的意大利车，相距只有几百尺。忽然，在广播员的视野之外，德国驾驶员鲁道夫 · 卡拉锡欧拉在最后一个弯道超过了领先的意大利车，跑在最前面，冲过了最后的一段直路，得到了冠军。德国的观众兴奋异常，就如同意大利人对意大利足球队在 1982 年夺得世界杯冠军时一样兴奋。他是第一个开着德国制造的汽车，在 50 万德国观众面前，赢得汽车大赛的德国人。

另一次广播是 1936 年。欧洲时间，早晨 3 点到 4 点之间，德国麦克斯·施麦林和美国的乔·路易重量级拳击比赛，从纽约播送到德国。那时电波要经大西洋，情况不理想。广播是断断续续的；可是在那天，所有的德国人都没有睡觉，都在收听广播。当我们的冠军施麦林在第 12 个回合把美国的挑战者打倒时，大家高兴得大喊，欢喜若狂，学校甚至放假一天。

1931 年夏天的一个星期天，我看见一个人打开三个包裹，把所有的东西组合起来，就成了一条漂亮的小船。这条小船是用又细又轻的木料做骨架，然后放到橡皮和帆布做的外壳里，大小正合适，那就是 18 英尺长，世界闻名的克兰帕小船（一位德国退休海军上校乘着它，用了 61 天横渡过大西洋）。小船折叠起来可以带到火车或电车上，它的设计确实是很巧妙的。

我 13 岁时，所攒的钱可以买一条这样的小船（那时，德国是没有分期付款的），父亲允许了，但是有两个条件：不仅仅先要学会游泳，而且要通过德国国家救生员考试。我学过游泳，但学了三年都没学会，主要是我不喜欢将那冰凉、滑腻的救生背心套在胸前。古板的游泳教练温加纳（曾代表德国出席 1896 年雅典首次现代奥运会）在训练蛙泳时，只要我不完全按照她的拍子“一、二、三”去做，她就把我连人带头一股脑地按到肮脏的奥德河里。救生员考试包括救生程序，还有跳水（穿着衣服，从 33 英尺高的塔上往下跳）。这种考试是考成人的，我的父亲肯定，即使再过几年，我也不会得到这条船的。

通过这次考验，我懂得了比学会游泳更重要的道理：为了一个值得奋斗的理想，人们就会全力以赴，最后，变似乎不可能的事为成功。为了“得到这条船”的鼓励，我第一课就学会了游泳，几个月后就通过了救生员考试，13 岁的我是当时法兰克福最年轻的救生员。父亲履行了他的诺言，让我买了这条克兰帕小船。

从春到秋，每个星期日，我都划这条船。六年过去了，这条两个座位的小船培养了我的自信心和独立的性格，而且练出了我一副宽厚的肩膀。我不需要参加一年一度北海诺德尼岛的夏令营了，我带着一个 12 岁的邻居在河上度过了为期四周的 7 月假期。我们有小帐篷、地图、煤油炉、睡袋，还有许多其他的好东西。从奥德河划到波罗的海，请求富有的柏林人把我们的小船拴在他们的汽艇后面，夜里就睡在河畔我们自己的帐篷里。我们遇到过好人或坏人，也遇到过穷人或富人。学会了一些进、退、应对、与人相处的常识；也学了一些人与人之间施舍与收授的分寸。这一切一切，要比书本上所能学到的丰富得多。

1932 年的冬天，我在城里的图书馆看到了几本介绍英国高性能飞机使用的活塞发动机的书籍——罗尔斯·罗伊斯（Rolls Royce）、纳皮尔（Napier）、霍克（Hawker）、西德利（Siddeley）和布列斯托尔（Bristol）。我非常感兴趣，因为根据 1919 年的凡尔赛条约，禁止德国制造超过 150 马力的发动机。我百思不得其解，为什么图书馆要进口这些英文书，难以想象在法兰克福还会有人对英国的飞机发动机感兴趣。借书卡上证明在我之前确没有人借过这些书，对于我来说，就像是发现了一座金矿，我开始了解到了活塞、曲轴、气门、汽化器的结构，以及液体和气体冷却发动机的区别。从这些技术书本中学到的剖面图和图解，对我将来的事业起了很大的作用。

15 岁时，我参加了学校的一项课余活动，校长将学校的地下室改成工作间，我们向一位职业木工学习做木活，照着一套标准的图说做简单的、全尺寸的滑翔机。两个机翼分别运到城外的机场，装到机身上，谁在安装“格罗诺宝贝”飞机上花的时间最多，谁就第一个飞行，按顺序依次排列，我按顺序排第二名。我们从当地飞机俱乐部得到了一些理论上的指导后，一个幸运的学生就被绑在座舱里，用吊索将滑翔机弹起，然后可升至 300 英尺高空。40 名学生全力拉 V 字形的橡皮绳，达到足够的张力，教练发出信号，有人松开飞机尾部固定在地上的闩，借着点顶风，“宝贝”就起飞了！这也是我第一次放单飞，出乎意料的容易，滑翔机在空中飞了两三分钟，然后摇摇晃晃地着陆……

今天，很多人都知道有关希特勒的情况。当时越来越疯狂的领袖欲使他相信，他这个第一次世界大战退役的奥地利二等兵，将成为德国的救星。事实上，在第二次世界大战中，他驱使德国走向灭亡。另一方面，1936 年柏林有声有色的奥运会，对德国民众和外国来宾都产生了有益的影响。赫曼·戈林，这位第一次世界大战的王牌驾驶员和重建德国空军的指挥官，被希特勒派去做奥运会的负责人。当有人问他为什么三个犹太德国人也选为纳粹德国的代表时（其中一位是海伦·梅亚，白肤金发的美丽姑娘，她是医生的女儿，1928 年为德国获得了一枚击剑金牌，1932 年获得了一枚铜牌），他回答说：“我说谁是犹太人，谁就是。”现在，又一次，梅亚小姐在 1936 年为德国获得了一枚个人银牌，并使她的团体获得一块金牌。

并不是所有的德国人都敌视犹太人，在 30 年代中期，直到我离开法兰克福到密特威达上大学时，我的同学们和学徒同行们，从来是毫不犹豫地到我们家做客。他们的黑色或棕色的纳粹制服挂在门厅的衣架上，我家女佣人的男朋友，一个德国冲锋队军官，经常上我们家来看她。穿黑色制服的德国冲锋队军官们（希特勒的精锐部队）常把他们的黑色军用梅赛德斯车开到艾伦斯坦汽车修理行（柏林犹太人开办的三大修理行之一，我上大学时假期在那儿工作）修理，我经常同他们深谈。像其他顾客一样，穿黑制服的也喜欢这家汽车修理行，因为他们的汽车在这儿得到了很好的照顾。

在 1936 年奥运会结束，外国观众和运动员离开后，德国才开始了反对犹太人的行动。有些地方，各界德国人——天主教、艺术家、科学家、犹太人，如果不跟纳粹走，他们就施行暴力。另外一些地方就不这样：1938 年 11 月 7 日，当一个年轻的波兰犹太人枪杀了德国驻巴黎的使馆官员后，形势就急转直下。

在那些年里，如赫门 · 沃克所说，虽然战争之风已经刮遍了欧洲大陆，但是在法兰克福 / 奥德拳击俱乐部，同柏林犹太人拳击俱乐部的比赛却照常进行，被拥挤得只能站着看的观众，向那些打得好的人欢呼、喝彩，没有政治色彩，没有种族偏见。

## 遥远中国

· 进入举世闻名的德国密特威达工业大学

· 简朴的大学生活

· 应征到中国任“兵工技术人员”

1935年，在我学徒期满的前6个月，我申请去密特威达工业大学学习；这所大学是当时德国最老的一所技术大学，当我接到被录取的通知时，既惊喜，又兴奋。

密特威达大学的校舍及试验室虽均为政府所有，但学费却相当高。这里的老师经验都很丰富，同学生一样，都有一段黑指甲的经历。教过我们的老师都精于所教，否则他们就站不住脚。密特威达的教材不同于德国其他的典型科技院校，是仿效美国麻省理工学院或加州理工大学的教材，主要在培养研究解决未来难题的工程人才。密特威达注重培养应用工程师，能够为民间或军方的用途，设计出易于维修的可靠的产品。这所学校之所以出类拔萃，是和学生们入学前的学徒生活分不开的，也为学习工程课目节省了学生们许多时间。老师要求学生尽量设计既简单又便于检查的产品，学生们学会了应用实际设计准则来设计实际管用的那些产品，他们深信墨菲法则："怕它出毛病的地方，必定会出毛病。"

在密特威达大学，我们除了学习机械工程标准、物理和热传导等课程外，还得要有阅读工程图的本领；一张工程图不通过精确的计算就能够马上找出图上故意加进去的错误，并且很快能发现遗漏的错误。我们学会了，一摊开图纸，头脑中的第六感便开始考虑，"照这张图所制造的产品，能用于实际需要吗？"

让人敬仰的、有名望的密特威达工业大学，培养出了至今在世界上仍享有盛誉的工程师。他们有的经营着梅赛德斯·奔驰汽车公司，有的经营着亨克尔飞机公司（Heinkel Aircraft），有的经营着齐伯林飞船公司（Zeppelin Airship），通用电气公司前任执行总裁巴赫的父亲，也曾是 1900 年初期密特威达的学生。这种先学徒后进入大学学习的模式，足以证明密特威达教育方法是成功的范例。许多经过德国训练出来的工程师现在遍布美国、欧洲，甚至俄国；第二次世界大战后，他们许多人移居到这些国家，并非出于本意，而是作为战争的"胜利品"，第一台俄国伊夫钦柯喷射式发动机、法国的阿塔战斗机的发动机和美国的第一台轴流式喷射式发动机，在这些飞机动力装置里，都可以找到德国传统的设计。

密特威达大学只有 650 名学生，其中 15% 是外国学生。学校当局（有意的）允许外国学生可以不经过学徒生活就入学，这些外国学生毕业后，回到本国多半能谋得政府的高级职务。一张密特威达大学的文凭往往是地位的标志，但由于他们在上大学前没有弄脏双手，没有刮破膝盖，没有经历过学徒的磨炼，所以不能像德国学生那样充分得到密特威达式教学方法的最大效益。

大学里没有太多的附属设施，只有一个很简单的学生快餐食堂。我的父母从来没有来过学校，也没有去看过我寄宿的地方，不是父母不想念子女，而是所有父母都不那样做。打个电话告诉家里，自己的学校如何如何，在我们看来都是不可思议的事情。每两个星期我给家中写一封信，要些零花钱，或在房东要洗衣钱太贵时，把脏衣服拿回家去洗。

每一学期结束，我们经常出去找便宜些的住房，希望找个独居的女房东，这样一来，在下一个学期，不仅有了地方住，还可提供一顿午餐，或帮我们洗衣服；晚餐可以自己凑合，买些面包、果酱和咸菜之类；钱多的还可以买些奶酪和香肠。我常常把果酱抹在面包片上涂一遍，然后再刮下来放回瓶里，这样一瓶果酱可以当两瓶用，省下的钱用来买摩托车的汽油。

几乎没有学生买新书，都是从毕业生那里买旧书，有时，一本书可以转手三四次。一个星期六的下午，我同房的一位学生，因为要提前离开密特威达，他需要把一堆书运到附近的一个大城市——切姆尼兹（现称卡尔·马克思·斯塔德）去卖。我和他另一位朋友，共三人把装满书的箱子（约50磅重）运到车站，费了很大的力气才放到了座位正上方的行李架上。车厢里只坐着我们三个人，直到切姆尼兹的前一站，一个穿着黑衣服，戴着黑色高帽的瘦高个儿的农夫和他矮胖的妻子，爬上了车门口陡直的阶梯，进到了我们的车厢里。农夫正好坐在我们的书箱下面，快到站前几分钟，我们开始把箱子拉到边上，但当火车经过车站的铁道转辙器时，车子猛地一震，箱子突然从行李架上滑了下来，把农夫的那顶高帽子压得扁扁的，帽檐压到了鼻子尖，遮住了他的眼睛和耳朵，最后箱子哐当一声掉到地上；农夫直挺挺地坐着，一声不吭。我们两个人赶紧扶正他的帽子，另一个扶着他的肩膀，看到农夫的狼狈相，我们大笑不已。当农夫刚刚能从帽檐下面看清楚时，他狠狠地给了面前的人一拳，但是挨打的却不是取笑他的人，那个小伙子被打得撞到了门上。以前我曾听人说过有“笑死人”的事，但没想到真是有可能。

在我们学校里，还有两个犹太学生，他们比我晚来了一两个学期。我们的父亲辈都是在第一次世界大战的前线当过陆军志愿兵，由于希特勒时代承认这种作战服务，所以我们的父亲才能为我们接受高等教育申请到“许可证”。在密特威达大学的日子里，我个人从来没有被纳粹学徒或纳粹学生侮辱和非难过。我从同学们那里得到了尊重和友谊，经常受邀去打牌，骑摩托车到乡间去玩，或到密特威达湖划独木舟；至于我对这些纳粹青年们的友好关系作何感想？实在是没有什么特别好提的。在学校里我的成绩一直是“优秀”，常常超过我认为所应得到的，所以我认为教授们也没什么偏见。

从 1935 年至 1938 年，从生活周围的气氛可以明显地感觉到德国要尽快地发动一场战争，爆发的时间可能要比盟军的军事情报所估计的为早。后来我发现，这是常情，因为盟军往往低估敌国的人力、物力和斗志。希特勒的目标是要统治全世界，第一步便是征服欧洲；当时，有首德国流行的进行曲这样唱着：“今天德意志属于我们，明天全世界属于我们！”

1935 年，征兵制成了德国的法律：所有的工科和医科学生，不论体格等级如何，毕业后不能就业，而须转到三军部队，每个年满 20 岁的德国人必须随身携带“军事护照”，上面记载着每人的分类。1937 年 8 月 1 日，我们“1917”年次的同学，都被召集到一家当地的餐馆里（那天停业），一整天站在那里，一丝不挂地进行体检。在德国没有例外和延误，每个人都必须为国家服务。如果有人患心律不齐、腰脊损伤或视力不佳，那将在后方做后勤工作，让那些身体强壮的人上前方去。可是，如果德国的盟国或客户需要技术援助——特别是购买了大量的货物而付给了我们极需要的外汇时——即使希特勒的大规模重整武装计划，极需要大批的工程师去充实工厂、制造枪炮、坦克、飞机、军舰、潜水艇和从煤里提炼汽油，德国仍同意对盟国的客户提供技术援助。

庞大的现代武器储备必须在六七年中，从无到有地发展起来，方能满足希特勒的“日程表”上，企图在1939年至1940年发动的“国际事件”。这个日程表早在1935年5月就定好了，除了储备传统武器以外，先进的武器储备也包括在战备计划之内；譬如：研究最新式的虎式坦克、喷气战斗机、带通气管的潜水艇、斯图卡俯冲轰炸机、木制的空降滑翔机、V–1型飞弹和V–2型火箭等都在计划内，甚至原子弹的制造也在加紧进行之中。希特勒的目的是要建立一支从未有过的、最现代化的强大的海、陆、空军；这是用枪炮代替牛油，不计代价的狂妄决策。（真实的德国国防预算是国家机密，公布的军事预算数字，是捏造出来蒙蔽同盟国的。）

在密特威达的岁月里，一连串的事情深深地印在我的脑海里，在那个时代，我见到了五光十色的“欺骗”手段。希特勒的军队在1938年初进入奥地利时，奥地利的广大民众真诚地欢迎德国邻国的到来，随后希特勒的注意力转向了捷克斯拉夫。捷克和英、法、俄三国签订了军事互助条约，当德国可能侵略捷克的消息开始泄露到国际新闻界时，希特勒意识到必须避嫌，挽回影响，他在德国国家广播电台里宣布：“要和平解决同布拉格的政治分歧。”这是有意讲给外界听的；在同英国首相张伯伦、法国的戴拉弟、意大利的墨索里尼的紧张而频繁的接触中，他把这个声明重复了好几遍。由于他讲得如此诚恳，以至大家都相信了他。张伯伦从慕尼黑飞回伦敦时，在伦敦机场对世界新闻界说：“我相信，我们这个时代是和平的时代。”他手里摇着当天上午和希特勒共同签署的声明说：“各国之间再也不会打仗了。”（希特勒对捷克和解的具体条件是保密的，这个和解的条件要求捷克百分之百地同意他的要求。）

盟军为谋求和平不惜任何代价，事前并没有同捷克商量，并且不顾捷克的强烈抗议，答应把捷克的一大块土地割让给德国。当和平解决的谈判正在进行时，我从二楼的窗户看到，密特威达树荫遮盖的广场上，大批经过伪装的坦克和大炮停在那里，还有许多钢盔上插满伪装树枝的军人。在萨克森这个离捷克边境才35英里的小城市里，每个角落几乎都隐蔽着军队和武器装备，军车整装待发，一旦柏林有命令，可立即出动。

同英、法领袖会晤之后只是几天的工夫，希特勒就下令向捷克斯拉夫进攻，而捷克政府还相信英、法、俄会信守他们的诺言，向德国进军，因而敢于拒绝希特勒的最后通牒，但盟国对此无能为力，反而压制捷克完全接受希特勒的条件。德国的坦克车压碎了捷克边境的路障，大军开进了孤立无援的捷克斯拉夫，就这样不费一枪一弹，德国吞并了奥地利，几个月后又占领了捷克的大部，其领土和人民都合并进了帝国的范围。占领工作进展得十分顺利，完全按照1938年5月希特勒的绝对机密备忘录的时程所规定的那样进行的；备忘录上还写着，要在德国和波兰边境制造一个事端，作为大举进攻波兰的借口。进攻波兰的闪电战终于在1939年的8、9月间实施了。

1938年的几个星期以前，我看到大学的布告栏上贴着一张打字的通告，上面说中国的蒋委员长要请德国的工程师到中国工作，如有愿去者，到中国大使馆接洽；布告并说明中国政府和德国军事当局已有协议，被雇人员可以延缓在德国的服役。通告对所有要从事的任务没有详谈，但显然是到中国内陆去，而且与国防有关。能到遥远的中国去工作，听来是非常振奋人心的……

# 东渡香港

·辞别双亲，远赴异域

·五十年前的欧亚旅游

·阴差阳错，落难中国香港，学徒技艺保身

·幸运神照顾，午夜时分，“中国航空公司”飞机送往重庆

在1938年圣诞节和1939年元旦期间，我拜访了中国驻柏林大使馆。在那里我生平第一次见到了中国人，他们向我解释了密特威达告示牌上的那则告示的大意。几十年来，中国同德国的任何政体都保持着良好的政治和商务关系，并一直在接受大量的德国新式军事设备。尽管仅在两年前希特勒（和墨索里尼一起）刚与中国的大敌日本天皇裕仁签署了轴心国协议，但由精明能干的亚历山大·冯·福肯豪森将车率领的军事顾问团仍被派往中国。1937年北平的“卢沟桥”事件之后，这个被日本的进犯所激怒的国家，拥有世界上最多的人口，一直在同日本侵略者进行着一场没有宣战的战争；当时蒋委员长需要工程师来教他的士兵，去维修那些新的德国武器。柏林政府急于和中国继续进行这笔买卖，这不仅是为了旧的友谊关

系，也是为了得到出售军事设备的外汇。除此以外，纳粹德国在中国还经营着一个航空公司和一所大学。中国使馆的官员确信，一定有人愿意做赚钱的工作，并且可以在德国获得兵役的缓征许可。

雇用的条件是吸引人的，待遇很可观，一半用德国马克支付，一半用美元支付，另外乘飞机到中国香港的一切费用也全都由中国负担。从热那亚乘船一般要花七个多星期，乘法航从班表来看只需八天，使馆将负责办理飞机去远东途中所经过的十几个国家的所有过境签证。一旦飞机抵达目的地——香港，我就要向中国西南运输公司报到并安排下一步计划（我当时的猜测是正确的，该公司是中国军方在香港化名设立的公司）。

我怀着急不可耐的心情，填写了成堆的签证申请表格，花了两个小时的时间，坐在狭窄的照相棚里照了 48 张相片（1933 年我曾坐在一个密封的车厢里，跨过位于东普鲁士和我家乡之间的波兰走廊，到自由城但泽去旅行过一回，在这之前我从未离开过德国）。当时几乎没有人能想象乘飞机周游半个世界的滋味，就是坐上几个小时的飞机也是非同小可的。这种旅行的幻想使我久久不能入睡。虽然我的父亲并不相信我的这次旅行能够真正实现，但是我的母亲还是让我读了波尔·巴克的《大地》和埃德加斯诺写的《六亿人》，这两本书都译成了德文。

旅行护照一个月才下来，又等了两个多月才办妥最后一个过境签证，我真有些迫不及待了。父亲请来了一个能说“地道”英语的家庭教师，他曾在伦敦住过几个月。他的发音同我几年前在高级学校，从那些法兰克福长大的教师那里所学的不大一样。上第一课时，家庭教师说的我一句也没听懂，其中部分原因是他在英国时嘴上留起了小胡子。最后终于在 1939 年 4 月，万事俱备，我可以去世界上最有名的旅行社——英国汤姆斯·库克公司驻柏林办公室了。我带了护照和到十几个国家的过境签证，即：比利时、英国、法国、法属突尼斯、意属的黎波里、埃及、英属印度、英属缅甸、暹罗、法属印度支那、英属香港和中国，库克公司订购了崭新的法国三发动机客机迪沃蒂尼三三八型飞机的机票。这种飞机是按照法航要求，为其到远东路线而专门设计的（后来因战争爆发，这种飞机只生产了九架）。飞机计划每星期三上午 10 点从伦敦克罗敦机场起飞，几天后抵达香港的启德机场，每日行程 1200 英里至 1500 英里。由于飞机的航程所限，每天飞行分为三段，整个旅行中除了“星期几”的数字以外，没有确定的起飞和到达时间。

1939 年 5 月，在父母少有的亲吻和多余的“好好干”的叮嘱下，告别了柏林的费利德立希火车站，前往布鲁塞尔再到伦敦。这是我最后一次见到我的父亲。1940 年他在柏林一家医院动一次小手术后，因“血凝”而不幸去世。

当时，普通的德国公民对希特勒将于 1939 年 8 月与他所憎恨的苏联（他们在一夜之间便成为挚友）签署举世震惊的十年互不侵犯条约的战略秘密一无所知。他虽已决定一等德苏条约签订，就立刻向波兰发动战争，但却在五年以前（即 1934 年），与波兰也签署了十年互不侵犯条约。希特勒在波兰投降以后，又仰仗德苏条约可使其无后顾之忧，企图以闪电式的攻击打败西欧国家；对于这点，我们同样毫无觉察。这还不算完，当他把德国西部战线稳固之后，就立刻撕毁和苏联的互不侵犯条约，于 1941 年 6 月对苏联发动了战争，由此也就中断了中德两国之间的联系。

到香港的法航飞机可以在巴黎的拉布慧机场登机或是到伦敦克罗敦机场。几年前在高级学校，我看到不少关于大伦敦的报道，我决定利用这次机会亲眼看一看白金汉宫、皮卡迪利广场、纳尔逊纪念碑、唐宁街十号和伦敦大桥，是否真的像课本的图画一样。出乎意料，我发现所有的东西都跟我们在英语课中所学的完全一样，其中包括海德公园里肥皂箱上的演说家，红色双层公共汽车和非常非常深的地下铁。有一个例外，就是书本里告诉我们英国妇女长得像“江豆荚”，但我发现，尽管她们比希特勒时代丰满的德国女子要苗条些，但却楚楚动人。

在伦敦的四天一瞬而过，用英语和法语印刷的法航到远东路线的旅行小册子，着重描写1939年间，在这条最长的飞行旅途中所能看到的各种有趣的处所。小册子上也介绍了这架法国飞机采用的尖端技术……迪沃蒂尼三三八型飞机，是三发动机的全金属结构的陆用单翼飞机；机上配有12个可以躺卧的舒适座椅，每小时巡航速度150英里，最大高度为15000英尺，为了增加速度，它的可收放式起落架能巧妙地折叠起来。这架飞机的驾驶舱就像一个轮船的控制室，飞机起飞之后，和驾驶舱隔开的客舱就如同一个宁静的小岛，让人有一种海中航行韵律的感受。机上组员包括驾驶员、副驾驶、领航员兼随机机械员和负责照顾每一位乘客是否系好安全带和提供饮料的机上空服员。所有的正餐都安排在地面上，每一晚上都在当地最好的旅馆过夜。第二天早晨，乘客的手提包都必须放在一个像马鞍形三指针的磅秤上重新过磅，然后由随机机械员安排座位，使得飞机重量维持平衡。我们被警告，在飞机升空后不得擅自离开自己的座位。

第一天晚上在马赛降落，在那里我们的迪沃蒂尼飞机，最后一次用加油车加油，在这以后就靠两个人用手从滚到飞机前的50加仑圆桶里往外抽油。一个光脚的助手先站在右机翼一边，然后又站在左翼一边把加油管伸进大漏斗中，油箱覆盖着库皮布以防水和沙土进入。在飞机加油时，乘客们吃午餐，坐在机翼阴凉下的长椅子（装在货舱里带来的）上休息，这些足足要进行一个多小时。在旅途中有两次，组员不得不自己动手修理出毛病的螺旋桨叶。每当结束了一天的旅行到一个不同的国家时，12辆游览汽车开到距飞机只有几步路的出口小舱门前（人们理所当然地认为：每个乘客都应有自己的出租车）。当地司机像比赛一样把车从机场开到市中心，他们把手放在喇叭的按钮上，脚踩在加速的油门上，我们前方的街上，人群蜂拥，山羊、狗、乳牛和骆驼向四面八方躲开。每天下午当我乘上这些置生死于度外的司机所驾驶的车时，总是有一种叫天天不应的念头占据了我的心，这些司机开车的劲头仿佛是同一个驾驶学校出来的一样。

我们通常在下午到达，以便在晚饭前有足够的时间在城里游览。在旅馆的餐厅里，乘客和组员在一条长桌上一起用餐，饭后，机长用法语和英语宣布第二天早饭的时间（一般在早晨5点，这样飞机可在冷气流中起飞，以增大机翼的升力）。在第二次晚餐后，我们注意到我们的法国机长和乘客中唯一的女性，一个穿着宽松裤子的漂亮年轻法国女郎，手挽着手离开了饭桌。他们之间关系的发展是在众目睽睽之下进行的，是否我们的迪沃蒂尼飞机机长在执行法航小册子上所宣传的内容？小册子上面写道：……此后，乘客们之间既可以“谈天”，又可以“说地”……在同机的人世间产生一种“比翼同飞”的感情……这种温暖的感情在我们到达西贡的那个早晨便烟消云散了；一位先生，听说是她的丈夫，并据称是印度支那的总督，张着双臂将这位年轻的姑娘迎接去了。

因为很早就要起来，所以一吃完晚饭，我们就回到自己的房间。我们打开了两扇叶片的低速的吊扇（在中东和远东所有的旅店都常备有这种电扇），然后用放在屋子墙角的竹竿拨动一下电扇叶片，使它转动起来，冲一个冷水澡，就钻进带有蚊帐的床上。我从实际经验中学到，除非从床里面把蚊帐紧紧地塞到床垫下面，否则那些蚊子就会通过蚊帐和床垫之间的任何小缝隙钻进来。旅馆里通常还备有一个手电筒，来帮助那些疲倦的旅客，夜间在蚊帐里和嗡嗡叫的昆虫进行战斗。早睡有好处，因为不单是在太阳升起前就醒了，而且由于飞机向东飞，每天夜间还要把时间拨快一小时。

航线沿途的国家禁止在空中拍照。在巴黎，机长收走了所有的照相机，由他保管；同样地，我们的护照也被收走，直到抵达目的地后再发还。行李并不检查，这并不仅仅是因为我们的皮箱被锁在飞机的腹部货舱里，也是因为在那时，人们从来没有听说过有劫机事件发生。

我们跨过地中海到达突尼斯，第一次在北非过夜，我吃惊地看到穿着飘垂及地长袍的男人们在拥挤的街道上挤来挤去。我们很少见到突尼斯妇女，她们从头到脚穿着类似床单布的大袍，只在眼睛的地方留一条缝，才可以看到外面世界。从机场到壮观的美琪旅馆，沿路都是簇拥的骆驼、成百的驴和拖着两个大木轮的骡车。第二个晚上是在班加西过的夜，这里的情况和突尼斯恰恰相反。它是意属的黎波里坦尼亚的一个海港（现在属西利比亚），这座城市规划得很好，街道两旁种着棕榈树，有一个不大但设备新颖的旅馆。在傍地中海建立的大爱尔贝格旅馆里，我看到了四个穿黑军服的纳粹党卫队军官，在阳台上喝啤酒，我当时猜想这几个男人在那里的目的是对该国进行侦察。三年后欧文·隆美尔将军的非洲军团，就是经过这里到埃及向英国的柏纳德·蒙哥马利将军会战的。

在下一站亚利山卓加油后，我们飞往贝鲁特（法属黎巴嫩的首都），到那儿以后，汽车把我们送往城市中心美丽的圣·乔治旅馆吃午饭。我们从地中海的最东边饱览了地中海美妙的景色，更特殊的是看到了躺在太阳伞下啜饮料的苗条法国女郎（我从来没见过这么简单的游泳衣）。

在贝鲁特起飞后，为达到足够的高度，翻过山脉往东飞去，我们在空中盘旋了半个小时，但飞机仍达不到应有的高度，迪沃蒂尼飞机被迫返回贝鲁特机场。过了两个小时，当空气凉快一些的时候，机翼获得了较大的升力，我们终于飞过去了。飞机腹部刚刚擦过山尖。到大马士革只是一段不长的航程，而能在巴格达度过一个阿拉伯式的夜晚令我振奋不已，但使我大失所望的是没有看到一个性感的“肚皮舞”的舞女，伊拉克人喜欢胖女人。当我们降落在伊拉克南部的巴斯拉时，这里根本没有跑道，只是一条两英里长的没有任何标记的海滩；它和波斯湾平行，相距三百英尺。在这里，折叠餐桌放在宽大机翼下的阴影里，四位赤脚招待员端上有各种佐料的饭菜，两个小男孩在我们脸前和饭菜上挥着羽毛扇，希望能驱赶成百上千的苍蝇。从许多 50 加仑的油桶里把油打进迪沃蒂尼的油箱中，花了将近两个小时的时间。这个地区根本就没有什么飞机飞过，也没有必要设塔台指挥，我们的飞机只是滑行到海滩的一头，转过身，然后再推动三台发动机就起飞了，仅此而已。

下一站是印度的喀拉蚩，我们在世界最大的飞机库前下机，这座机库于九年前建造，原准备存放英国 R101 型飞艇的。R101 比德国齐格飞的兴登堡号还要大，但是从未抵达印度。在 1930 年从伦敦到喀拉蚩的处女航中（当时机上乘坐的有英国航空大臣汤姆森勋爵），这架超重的飞艇，遇到了强劲的逆风，因发动机的马力不够，失去了前进速度，坠毁在法国贝奥伐附近，机上的人全部遇难。（四年后在印度，我曾以美国陆军航空队的技术军士的身份，在这个机库进行过一项秘密的工作。）

初次到印度，尽管时间短暂，却给我留下了不可磨灭的印象。成堆的人群，甚至比在近东地区看到的还要多；男人和女人拥挤在狭窄的街道上，大多数人赤着脚，衣衫褴褛，成群的老少乞丐在祈求着“给点钱吧，先生！”我发现，在印度有一半妇女不像在北非或伊朗那样用床单把身体遮盖起来，她们把水果篮子、整袋的大米，甚至大块的水泥顶在头上，还能挺直着身子走路，身上只是用布裹起来。信奉印度教的女人在她们的前额上有一个红点，别人告诉我，这是表示她们已完成了当天的宗教义务；她们之中的许多人，还在鼻孔上穿一个小金环；几乎所有的年轻和中年的妇女都在背后背着婴儿。晚上很多无家可归的印度人躺在路边，或大门前睡觉，有些一个挨一个地睡在航空站小小的候机楼里冰凉的砖地上。我们在早晨 6 点以前经过黑暗的房间去过磅和上飞机时，不得不小心地躲过那些睡着的躯体。

以前，我从未听说过“神圣的牛”，现在是亲眼所见了；白牛在马路中间闲逛，或四平八稳地卧着，使交通缓慢，并阻塞了市内电车，直到车长把牛引开为止，没有一个印度人打白色的公牛或母牛；类似的情景，在海得拉巴、阿拉哈巴，甚至在加尔各答都屡见不鲜。在加尔各答最漂亮的商业区，到处都是玻璃橱窗和茶馆沙龙，面对着横跨在人行道上漫步的牛，经常需要行人绕道而行。我还看到了加尔各答清洁工们在工作——巨大丑陋的黑兀鹰从空中俯冲下来，落到市区里去捡食垃圾、残羹剩饭和死动物。男人们在灭火栓下洗澡或公然在大街的阴沟里小便，没有丝毫顾忌。站在宽阔的恒河和雅鲁藏布江岸边，我简直不敢相信我所看到的情景：臃肿的人尸顺流而下，巨大的黑兀鹰落在死尸上随波逐流，以求得一顿免费的美食。并不是所有的死尸都这样处理，不管是白天还是黑夜的任何时刻，都可以在城里把死尸放在一个六或八英尺高的木柴堆上火葬。

我们在加尔各答的大东方旅馆过夜，这里和新加坡的拉弗斯一样，是一个世界闻名的旅馆。旅馆里边安静、凉爽的环境和优裕的生活，同旅馆外边的贫穷和营养不良的人群的悲惨情景，形成了鲜明的对比，令人震惊。

曼谷的情况不算太糟，我们住在东方宾馆。曼谷的房屋同湄南河对岸精心建造的、色彩鲜艳的镀金庙寺相比，简直就像是简陋的茅屋。暹罗人很穷，但比印度人稍强。仲夏季节，暹罗的气候潮湿得令人难以相信；咖喱味道的菜与饭；人们像葡萄一样挂在为数不多的并且很慢的电车外面。

在每次相差几小时的飞行距离，种族习惯和语言的变化，使得我简直无法消化我所看到的一切。在世界的这个地区正在发生和进行的事情，竟如此之多，以至使我意识到我真的算是孤陋寡闻。到底我仅仅是一个去中国途中的旅客而已，当我们的机长把三个发动机的油门向前一推，我们的迪沃蒂尼飞机爬入了纯洁、凉爽和宽阔蔚蓝的天空，人群和悲伤也就抛入九霄云外了。

在离开曼谷以前，机长把照相机还给了我们，并宣布：我们将在附近的柬埔寨低空掠过，在半路上可以看到世界七大奇景之一——最近刚发现的吴哥窟遗址。他为我们讲了一段历史：几百年前曾经有一个文明古国在这里生存过，也供奉过这座庙宇，后来由于某种原因又消失了，稠密森林的生长完全覆盖了这个被遗弃的城市，使人们再也无法看到它。他告诉我们，现在考古学家又发现了这个地方，并正在修复吴哥窟。

我们在低于1000英尺高度盘旋，每一个人都可以在空中尽情拍照。我只照了一张就没有底片了。真该死！在别的乘客紧张地咔嚓咔嚓地拍照时，我反而忙着在换胶卷，侍候这台老式的210型照相机是很费工夫的。在我们脚下是发黑的石头墙和塔，一条壕沟围绕着庙宇，壕沟上横跨着一座长桥，偶尔可以看到驯服的大象正在搬运木材。飞机在这上面转了几圈后，机长拉开了客舱和驾驶舱之间的帘子，看一看所有的乘客是否都已拍摄好了以便继续飞行。当他看到我照相机的毛病时，就安慰我道："别急，我们等你"，然后驾驶着飞机又向右和向左绕起圈子来，直到我也照完为止。

我们降落到了西贡，这是一个美丽的城市，我认为这里的妇女是世界上最迷人的，她们具有法、中女子融合的魅力，只可惜被槟榔染黑了牙齿。甜香的遮阴树成列地直立在大道两旁；夜晚温柔芳香的空气和人行道上众多的巴黎式咖啡馆；穿着真丝衣服、织腰的女人，上身穿着颜色艳丽的松宽衬衣，下身穿着黑色裤子的年轻姑娘；她们的头发总是梳得很整齐。这些情景使西贡像天堂一样。农人在田里都戴圆锥形的竹帽，既遮阴又挡雨，城里苗条的姑娘也把它背在背后，作为装饰品。车夫坐在乘客后面的三轮车上，在街上来往穿梭。在西贡市内没有母牛、骆驼和水牛阻碍市内交通。我现在才明白了为什么法国驻外人员乐于驻在印度支那，而不愿意去法国在非洲的殖民地。

仅仅几天的旅程我却仿佛觉得已离开欧洲好几个月了。除了西贡，所有我们降落过的非洲和亚洲城市都过于拥挤，但尽管这些地方人口众多，大致都管理得尚好，也有井然的秩序。这应归功于统治各殖民地的英国人、法国人和意大利人，对他们提供了通信、警察和法庭制度，以及银行和邮政服务，并培养当地人越来越多地参与管理他们自己的国家。如果他们当初为“计划生育”多做些事情，那就更好了。

离开伦敦后的第八天，飞机准时降落到了香港启德机场的草地跑道上（香港的另外一半是个岛屿，维多利亚城就坐落在那里）。启德实际上是国际机场，中德欧亚公司经营它们的三发动机的容克飞机，从中国境内飞到香港地区，一周两次。属于泛美航空公司的中国航空公司则使用道格拉斯的 DC-2 和 DC-3 飞机，隔一天一次从香港地区到中国内地，然后到缅甸。英国海外航空公司的桑德兰得水上飞机，每星期一从伦敦到中国香港。法航使用迪沃蒂尼飞机每星期四到香港。泛美有名的塞科斯基“飞船”水上飞机，一周两次从旧金山到马尼拉然后抵香港。

所有从伦敦或巴黎上机的 12 名乘客，除了 3 个人外，都在西贡下了飞机。三辆出租车把我们送到九龙豪华的半岛酒店，典型的英国殖民地式，这是算在已付旅费的最后一个晚上。第二天早晨，也就是 1939 年 6 月 1 日，我怀着迫切的心情开始了在远东的生活。

在富丽堂皇的大厅里的柜台前，我询问了在哪里可以找到负责继续送我到中国内地的中国西南运输公司、市区电话服务人员告诉侍者，十天以前中国的西南运输公司刚把电话拆了，也没有留下新的通信地址。真是进退两难又有些焦急，我把身边仅有的几个英镑换成了港币，向中国驻柏林大使馆写了一封航空信，解释我的困境（他们可能还不知道这些情况），并要求他们用电报告诉我下一步该怎么办。照着离开柏林前军方的指示，我在 24 小时内把我的抵达日期和住址向德国使馆报告，他们答应向中国政府去了解情况。我的航空信到德国估计大约需三个星期，但我在柏林只得到了有效期六天的香港过境签证，所以首先我需要获得在香港的停留许可，下一步要考虑的就是找一个工作，一直到把中国秘密机关的情况弄清楚为止。

真是天公作美，远东汽车 / 远东航空销售服务公司就在半岛酒店斜对面的街上。该公司负责香港和所有华南雪佛兰汽车和卡车的装配和修理，同时也是英国“标准牌”汽车的代理。另外他们在启德机场还销售和服务轻型双翼飞机。总经理是克劳得·怀特先生，他在 15 岁时从他在加州的家里跑出来，于 1900 年受雇在一艘三桅船上航行到中国，他是我见到的第一个美国人。他个头很高，好动，英俊，50 出头，头发灰白。怀特不打领带，身着便装，当他听完我的陈述之后，说：他可代我从港府那里获得工作许可，直到我离开这里去中国内地；不管这段时间有多长，先决条件是我得在他的车行里干活，每月只能给 30 港币（相当于 7.5 美元），这显然是很低的。抛开他的微薄工资不论，我立刻喜欢上了他；他不像我碰到的几个英国人那样华而不实，我毫不犹豫地同意了他的安排。

我最喜欢他的是行动快，当我还在他的简易办公室里时，他就马上给几个人挂了电话，然后问我何时开始工作。我回答“午饭后”。怀特答应找人帮我安排一个睡觉的地方，以便度过今后的几个星期，另外他又补充说，在我得知去中国内地的工作情况以前，他将负担房租（我发现“说干就干”的态度是标准的美国式的，这也是我在以后十几个月中所遇到的几个美国人中，我最喜欢和敬佩的）。老实说，我当时毫无选择余地，只好接受这个工作，因为我已囊空如洗，怀特给了我在找到中国西南运输公司以前的生存机会。（战时他曾被日本拘留过，战后他对我说：他当时是有意考验我是否真正愿意去干粗活。）

傍晚，我得到了一间配有家具的房间，里边热得像蒸笼一样，没有吊扇，只有一张床；住地离远东汽车公司不远，可以走着上班。怀特借给我几个港币让我去买一些便宜的衣服，这些衣服比我从德国带来的衣服薄多了。几天以后，我就和远东汽车公司的中国技师混熟了，他们教我中国的脏话，我也教他们德语的脏话。虽然怀特有一个从澳门来的经理，他能操一口流利的英语、葡萄牙语和中国语，但我在 FEM 公司工作一个星期后，怀特要求我从一本美国工具和设备目录册中，选择我认为他这里所需要的东西。不久，远东汽车公司看起来更像是干这行的了。我教会远东汽车公司使用气焊和电焊，制作了一个有轮子的链条吊挂架，用来拆除和安装发动机（在那以前，都是人力用扁担靠肩膀去扛）。有一个“白人在那儿干活”的消息在欧洲车主（大都是英国人）中传播开，这在第二次世界大战前对住在远东的人来说是不可思议的。新顾客纷纷而至，提出他们的车要由“那个欧洲人”修的要求，有些车甚至从香港的维多利亚搭乘渡轮运到九龙来。多亏我父亲安排我在德国斯特劳斯先生那里学了这门手艺。

当我有生以来第一次拿到我的月薪支票时，我把它退回了前边的办公室，因为显然是给错了，给了我 90 港币而不是事先约定的 30 港币。怀特只是说，“没错”，而且下月底（1939 年 7 月）将付给我 270 港币。我有足够的钱偿还我欠怀特的钱，并搬进一个更适合居住的有吊扇的房间，并且早、午、晚饭再也不必专靠“青”香蕉充饥了（这“青”香蕉是中国南部的特产，熟透了，味道很甜）。有一天我牙痛得很厉害，打算到车行拐角的一个牙医诊所去看病，他以收费低廉著称，但只是把牙拔掉而不治疗。怀特听说了这件事，“你 11 点去马路对面的半岛酒店美国牙科医生那里看病”，我不干，因为我花不起这个钱，怀特以非常肯定的语气叫我少说废话，别在办公室纠缠；原来他已同那位牙医说妥，他将替我付账，真是个怪人！

当他跟我混熟并在我的英语说得稍微流利一些的时候，一个星期天上午，怀特请我到他在新界的海滩别墅去玩，我会见了他的维也纳出生的夫人，并且在中国南海里游泳。几个星期以后，他又邀请我参加在他家举行的一个小型聚会，怀特想让我告诉他的客人，有关我从伦敦到远东的这段不寻常的经历。我不得不很吃力地用英语描述我的旅行经过，随着美国人越喝越多，我的任务也就越来越容易了。一位客人问我是否已开始学中文。为了证明这一点，我随口说了一句从我的技师们那里学来的一个常用的短句，是他们每当高兴或不高兴时总喜欢这样说的。当我在所有的客人面前用正确的声调脱口而出时，怀特立刻把我拖到一边，问我懂不懂这句话的意思，我回答“不懂”，怀特慎重地向我劝告“千万”别再当着女士们的面说这句中国话。

香港是我的天堂——住在这里的绝大多数白人也这样认为。我特别喜欢观赏停满各式各样船舶且充满活力的港口，几百条带着巨大的棕色和紫色顶篷的小船和竹帆船尽收眼底；汽艇（水上出租车）穿港而过；来自世界各地的货轮、英国战舰和潜水艇，不是绑在港湾中间浮标上，就是系在码头上；还有许许多多其他国家的战舰正在装煤、加水或加油。最现代化的，光彩照人的白色德国游船和四个烟筒的旧式黄色美国总统号客轮；五颜六色崭新的法国和荷兰船上只有一个矩形烟筒，冒着的不是煤的浓烟而是柴油的轻烟。

在香港有六艘非常有用的船，有名的“天星”轮渡，1939 年时来往于港九之间（1984 年仍有）；这些船每五分钟准时从九龙钟塔站开出，另一艘从维多利亚商业码头对开。“天星”轮渡分两等，一等舱在上甲板，整齐干净，主要是给白人和有钱的中国人坐的，票价是港币一角；二等舱在下甲板，里面挤满了工人，装鸡的竹笼，成捆的货物，和那些像我这样只愿意花港币三分买船票的人（1939 年港币四分等于美金一分）。

香港人力车候班排队的景象，令纽曼大开眼界

香港由驻守在九龙的五万名英国皇家军队守卫，经常可以看到穿着短裙，吹奏着风笛的苏格兰军乐队，从九龙的主要街道纳珍街走过来。因为我习惯于德国军裤（而不是裙子）以及普鲁士的长笛、军号和鼓乐队，所以对我来说，他们看起来和听起来都不大像军队。英国、苏格兰和印度军队住在纳珍街的兵营或他们的公寓里，甚至最底层的英国士兵也可带着家眷在这个低消费的城市里过着阔绰的生活，他们只需付微薄的工资就可以雇保姆看孩子，雇男童擦车。

每到晚上，香港的夜空会给人们一种难以言传的享受。当太阳刚刚落到多石但无人居住的岛屿背后时，蓝色的天空逐渐变成苍白，随后再变成各种令人遐思的彩霞。这一壮丽景色加上五颜六色的霓虹灯广告和海面上反射的光芒，汇集在一起，就把整个港口装扮成了一片巨大且闪烁不定的灿烂奇景；这就是为什么香港被称作远东的明珠。整个香港在 1939 年只有一幢高楼，即矗立在维多利亚的 20 层香港汇丰银行：两只石雕的雄狮守卫在大门两侧，许多外国公司在这座白色大理石的楼房里设有办公室；一年以后，就是这幢楼，在我的生平经历中扮演了一个不平常的角色。

我的生活刚刚走上正轨时，欧洲的战争显然不可避免地开始了。香港的《南华早报》用大字标题，登载了德、苏出乎意料地签署了十年互不侵犯条约，使各国人士为之震惊，使整个世界进入了第二次世界大战爆发的边缘。一个星期以后，1939 年 8 月 31 日，希特勒的政权在葛莱维茨伪造了波兰进攻西里西亚无线电台的假现场；他们让 12 名集中营里的犯人穿上军服，把他们打死，然后把尸体放在电台周围，再从这个德国电台发表了四分钟假造的波兰无线电广播。他们利用这次“事件”作为 1939 年 9 月 1 日，德国向波兰大规模入侵的“最后的理由”。

当德国于 1938 年首先占领奥地利然后又占领捷克斯拉夫时，英国和法国只是袖手旁观，尽管他们和布拉格订有具体的互相援助协议，但事到临头，他们只有抱怨和警告，希特勒因此受到鼓励来执行他摧毁波兰的计划（同样英国和法国新近同波兰又重新确认了签署的相互援助条约）。希特勒没有听从其幕僚的劝告，准备冒他认为是有把握的危险，他认为同盟国（民主国家的小人们害怕战争），又将只是威胁和警告而已。他指示魏玛施特动用所有可能的力量，包括正常驻扎在德国西部前线的部队，进攻波兰，这样德国就可以在伦敦和巴黎做出有效反应之前消灭波兰。1939 年 9 月 1 日凌晨 4 点，德国军队越过波兰边境，当天希特勒就收到了英国要求他于 1939 年 9 月 3 日中午之前，撤回部队的最后通牒；否则“英国不得不向德国宣战”；法国也提出了同样的要求。我怀疑在英国和法国真会有人相信，德国能够撤回正在迅速向前推进而且节节胜利的军队。

1939 年 9 月 3 日，香港时间下午 7 点，最后通牒到期，英国对德宣战；几分钟后，一个英国殖民局官员，在一个英国军官和两名拿长枪、戴头巾的印度士兵的陪同下，敲响了我的房门，他们很客气地要求看一下我的旅行和军事护照。我被塞进车里带到九龙的警察总部，那里已经有 25 名德国人，一小时内又带来了更多的人；凌晨 2 点时我们已有 90 人了，全部是男的。英国人对由此而引起的不便，一再向我们道歉，我相信他们的确是这样想的。我们被装入三辆公共汽车，带到九龙的喇沙书院，在泛光灯下，中国工人正在往地下钉木桩子，准备围绕学校拉铁丝网，另外还有四个瞭望塔正在建造。因为现在正是假期，所以宿舍是空的。凌晨时分，又有几位德国商人被带进来。

我渐渐弄明白了，英国人尚不打算拘留这 100 名德国人，从理论上讲，我们并不是战俘，而是被拘留的公民。一个英国人告诉我们，我们将很快离开这个临时营地，但没有人有确切消息。大多数德国人在香港居住多年，可能比某些英国人住的时间还长，他们能说一口流利的英语，绝大多数德国人甚至在希特勒上台后就再也没有回过德国。令人不可思议的是竟有两名中国老人也和我们一起被拘留；他们幼年时期在青岛（以前的德国殖民地）当过小佣人，1906 年加入了德国籍，他们连一句德国话也不会说。

英国人最感到棘手的是种族问题，由于好奇的中国人挤在我们营地的铁丝网外边往里观看，一个白人必须要在几百个黄种人面前，对另外一个白人表示尊敬。为了证明我们不是英国人的囚犯，我们被允许在餐厅里雇用中国人，来准备和侍候用膳、刷洗餐具，并为我们洗衣服。拘留营里的生活一点也不坏，我们在户外晒太阳，在学校运动场上打网球，并满怀喜悦地看着英国警卫从四个瞭望塔中的一个爬下来，去铁丝网外捡回打出去的球。

我们和英国营地指挥官的关系相处得很好。不久，我们选出的代表和指挥官之间进行了一次谈判，讨论准备在学校礼堂内设立一个酒吧间；会谈圆满地结束，富有的德国商人将付修建、家具和一切开办备货的费用。

酒吧间将在每晚 8 点至 9 点为德国服务，9 点至 10 点为英国警卫服务。这样的安排进行了几天以后，德国人开始邀请英国士兵用“提前酒”，因为英国士兵的津贴很少，德国人的邀请被欣然接受。某人出了个聪明的点子，何不把两个一小时合并成一个共同的酒吧开门时间，从 8 点一直到 10 点，同时为警卫和拘留犯服务？德国代表说：“为什么不这样呢？”又面对着英国指挥官也说：“为什么不这样呢？”警卫们又命令把他们沉重的安弗尔德步枪留在酒吧间外面，靠在通向酒吧间门口走廊的墙上。一切都在宁静、理性和恣意痛饮中度过……直到一个稍有醉意的德国人开了一个愚蠢的玩笑，这家伙捡起了一支步枪并开了火，于是一片混乱；我们被命令返回寝室……

结果不仅是指挥官，而且整个警卫部队都被另一支非常严厉的苏格兰部队所替换；酒吧间被封闭，打网球被禁止，也不许雇中国佣人了。颁布了新的营地规则，包括每天早饭前“点名”，其程序是：我们 102 名拘留犯排成三列，那个苏格兰军官和他旁边的军曹面对着我们这些敌国侨民站着，每一个拘留犯都有一个号码，军曹叫到他的号码时，他就要站前一步，立正报名，然后由军曹在他手中的夹子里核实他的号码和名字，这个人才能离队去吃早饭。

在我之前的人都进行得很顺利。我的号码是随便给的，当叫到我时，我精神抖擞地向前跨了一步报道：“纽曼。”便准备下楼吃饭，但是那位军官用苏格兰喉音咕哝了一句——我一个字也没听懂，一片肃静。有一会儿什么事也没发生，然后，这个军官向我大声呵斥并向后指了一指，我退了回去。我的号码又被叫了一遍，我再次走向前报名，但是这个中尉又对我大发其火。我简直被弄得莫名其妙，就转回头问我的伙伴是否知道怎么回事儿。他们知道，并用德语告诉我“回来，等叫到你的号码再站出来，报你的名字后，别忘了说声‘先生’( Sir )”。当第三次叫到我的号码时，我满怀信心地站了出来，用洪亮的声音喊着“纽曼爵士”，没想到引来指挥官狂怒的喊叫，德国人则捧腹大笑（毕竟我在法兰克福高级学校，学的英语的“先生”（Sir），就是德语“here”的意思），我被允许去吃早饭了。

单调的营地生活又度过了几个星期，尽管波兰在孤立无援的形势下奋战了三周后已经投降，但看来欧洲的战争状态将再持续几个月。在战争的前几个月里，德国的西部战线上没有发生过真正的战斗；当德国军队正忙着同波兰作战的时候，英国和法国军队放弃了袭击德国的机会。香港的英国人想腾出喇沙书院，让过了暑假回来的学生可以有地方学习，为此，拘留营设立了一个军事法庭，逐个审问我们的背景，为什么到香港来，等等。几天以后，营地关闭了，书院开学了，但我们并未自由；白天我们被限制在工作地点工作，晚上 8 点后回家，当局宣布，我们被禁止进入香港美丽的港区。每一个“准囚犯”发一个粉红色的身份证，上边有照片和指印，注明是“敌侨”，每星期五下午必须向附近的警察局报到，此外，起码要有一个英国人对该侨民的安全行动担保。怀特先生很高兴我能再为他工作，并说服劳伦斯·凯都瑞爵士为我担保，他是当地的一位知名人士，是萨松银行集团的金融家兼中国电力公司的老板，也是我在远东汽车行的一名顾客。

我担任了怀特的总技师，前任的总技师凌先生非常高兴我接替他的职务。在我被拘留以前，我在远东汽车行设置了工作台，使那些在水泥地上蹲着干活的中国技师，可以在工作台前站着干活；当我从拘留所回来时，我发现倒是没有人再蹲在地上干活了——他们蹲在工作台上干活。体贴的怀特先生使我能成为车行附近一个中等阶层的英国俱乐部的会员，这样我每天中午可吃上一顿热饭。远东汽车行成了我的家，不过我一直在担心，同销声匿迹的中国西南运输公司取得联系的企图，是否还能成功。

一天，怀特把我叫到他的办公室，那里还坐着一位英国军官。总督的英国戴姆乐牌汽车需要进行大修，特别是自动换文件装置经常跳文件，这种车近似劳斯莱斯汽车，整个香港只有这一辆。既然在香港从来没有人修过戴姆乐车，“让那个德国人试试怎样？”太好了！我自己亲手干这种活；我小心地拆卸了这个复杂的自动齿轮箱的每个零件，在一大卷粗糙的英国卫生纸上，记下了每一步拆卸的记录；从伦敦订购了替换件，并由 BOAC（英国海外航空公司）空运而来；然后再重新全部装配起来。当发动机和传动系统在修理间正常运转以后，我和送车来的那个英国少校，一起坐在绑在车底盘上橙黄色的大木头箱子上（我还没有安装车身），把车开了起来。我们愉快地驾驶了三个小时，穿过城市，进入了围绕新界的山区。这个军官请我吃午饭，我们两个人饱餐了一顿。数星期后，一位英国高级军官又问我是否愿修他的纳皮尔飞机发动机，这个发动机安放在他的游艇里，游艇拴在香港码头的船坞旁，他去办理允许我在那儿工作的许可。

1940 年 6 月底，当我正在盼望能再一次看到我最喜欢的港口时，一个英国士兵走进了我的工作间，递给我一封密封的信，我打开信，激动地看着。

“香港总督要求你马上返回喇沙书院，并且从今晚午夜开始，在四十八小时内离开这个英国管辖的殖民地；倘若违反，你将被送到印度锡兰新建的一个拘留营去。总督谨启。”

我简直不敢相信我的眼睛，以为是什么地方弄错了。我拿着信走进了怀特的办公室，他打了几个电话后告诉我一个坏消息：“他和任何人对这件事情都爱莫能助，所有的德国人都须离开香港。”

驱逐的理由很简单，在丹麦、荷兰和比利时迅速地投降之后，德国军队势如破竹地攻破防线，法国突然也崩溃了。灾祸临头的英国从敦刻尔克的撤退，损失了几乎所有的主要军事装备，总得找些人代为受过。对同盟国的崩溃似乎最说得过去的理由，是在同盟国领土上被称为“第五纵队”

的德国公民，他们被怀疑在那些国家进行破坏通信和运输活动。只给我们两天时间离开香港——但英国却决定扣留我们的护照，伤害之外又加污辱，我们这些想去锡兰而想方设法去其他国家的少数人，每天还需付五港币给一位武装士兵；这个士兵被命令要跟他所看管的人寸步不离。

我到过美国、瑞士、菲律宾、日本和葡萄牙领事馆，试图最后一次找寻我一年前应去报到的中国机构，但没有用——他们真是销声匿迹了。我也再没有收到中国驻柏林大使馆的回音，也可能他们根本就没有收到过我的信。有一件事是肯定的，任何国家都不会接受一个没有护照的人。我试过通用汽车公司和福特公司，他们在远东有装配厂，但也未成功。中德的欧亚航空公司在战争爆发的当天，就停止了到香港的飞行。一年前，德国驻香港的领事官员也迁到澳门去了，剩下的只有泛美航空公司营运的中国航空（CNAC），飞机是每天从香港到自由中国的陪都重庆，然后到云南的昆明。

发配锡兰以前，我的第二天（最后一天）下午 4 点，我和我的英国卫兵到了香港汇丰银行大楼。就在这里，我在电梯旁碰到了 W. 兰霍恩・邦德。邦德替我打了几个电话，就像怀特一样，他试了一处又一处……一刻不能耽误，我只能听到他这边的对话："不行""那太晚了"……过了几分钟，这几分钟的宁静对我来说就好像几个小时一样，他忽然改变语气，在电话里向对方说："好，我将在晚上 11 点把他送到启德机场，谢谢。"我正愣愣地不知道发生了什么事的时候，他转脸对我说："我刚雇用了你在 CNAC 工作，一般来说，我只能雇美国人，他们都是来指导中国人的。你被允许无护照进入中国，我将把你用飞机送到重庆然后再到昆明，在那里，你可以找到一年前在这里没有找到的中国人接头。中国空军现在受一个前美国军官陈纳德上尉指导，你去找他，因为你一到昆明，CNAC 将解雇你，我们航空公司没有工作给你。我所能做到的就是帮助你离开这里，剩下的就靠你自己了，再见，祝你好运！”

奇迹发生了，正合时机，没有证明我也可以离开香港了！我傲慢地对我的卫兵（在这之前叫他到走廊里去等着）说：“告诉你们当官儿的，不必再为纽曼费心了。他们所该做的就只在今晚 11 点以前把我送到启德机场。”

在午夜前几分钟，我又登机升空了。香港五彩缤纷的明亮的灯光消失在我的身后，我到了中国内地上空。真是走运，我想……

## 初入内地

·重庆珊瑚坝机场的真正“中国午饭”

·转抵昆明，率队两辆柴油卡车，首次试通滇缅公路

·外侨委请修车，“信得过修车店”开张，结合中国技工绝技，生意兴隆

·初逢昆明遭日机轰炸，感佩中国人抗战时期的坚忍精神

太阳刚刚跳出地平线，我们在1000英尺的空中慢慢掠过大地。一些农夫戴着苦力帽子在稻田里耕作，泥深至膝；另一些农夫扶着犁头在耕地，前面由黑色的大水牛拖着，速度慢得几乎让人觉察不出来。男人们或者用脚踩、或者用手摇着水车，把泥黄色的水从一块稻田送到另一块稻田。一排排的妇女，也戴着同样的尖顶笠帽，弯着腰在泥泞的稻田里插秧。这些个景象，在一千年以前就一定是这样子。

我原来认为，我在香港所看到的就是“中国的生活”，但是拿来与我在中国陪都重庆上空低掠飞过时所看到的，和在那里地面上停留的几小时里所见到的稍做比较，明显的差别令人震惊。在重庆，泥屋的顶上铺了一

层间距一英尺的粗竹竿作保护（使日本人的炸弹在还没有穿透屋顶时就爆炸）；在香港，是坚固的殖民地式的四层砖楼。在重庆，是破烂不堪的人力车；在香港，是成百上千辆用鸡毛掸子掸得干干净净的汽车和出租汽车。在重庆，老百姓穿着中式服装；在香港，英国殖民地的居民们西装革履。在重庆，破旧的公共汽车没有保险杠，没有车灯，有时甚至连发动机的盖板都没有；在香港，红颜色的双层公共汽车和绿颜色的双层电车保养良好。在重庆，是乱七八糟一片泥泞的穷街陋巷；在香港，整齐的街道上画着白色的中心线。整个的中国大陆都和我刚才的几小时中在重庆所见到的一个样子吗？我问我自己。什么神使鬼差让我到了这里？

我们在重庆机场提早吃了午饭。机场坐落在黄褐色的长江中的一个狭长的小岛上，我们的飞机在那里停了几小时。在东方过了一年日子后，我终于第一次吃到了地道的中国饭（在香港我只吃西餐），这也是我第一次同一双不听话的筷子，进行着认真的较量。从现在起，我就要完全以传统的方式，品尝云南、广东和中国北方菜的风味了。不管你点几样菜，包括最后上的米饭和汤，你通通都是用同一个小碗食用，每个客人一个。一位和气的中国女乘客做给我看，如何正确地握住那双扭来扭去的骨头筷子，她教我如何从餐桌中央的大碗里，把鸡片、眼睛呆滞的鸭头、猪肉片和中国蔬菜夹到自己的碗里来；她还表演给我看应该如何吃米饭——把碗放在下嘴唇上，然后用筷子把米饭扒到张开的嘴里去。如果不谈优雅，倒是很有效的。

从潮湿、闷热的重庆起飞以后，我们的双发动机道格拉斯 DC-2 飞机的座舱里，很快就凉爽了下来。我们穿过一层厚厚的飘浮在距地面一千英尺空中的黄色尘土层，这个尘土层是头天夜里日本人轰炸重庆造成的。我们的机长原来曾是美国海军飞行员，他的副驾驶是个中国人。我们的 DC-2 飞机爬升到 12000 英尺的高度后，便转向西南方向朝着云南飞去。

在阴暗的云中颠簸了四小时之后，我们穿过云层，降低了高度，飞过棕红色起伏的坡地，在分成一小块一小块的土地里，有的是干的，有的有水，地的四周环绕着窄窄的绿色的小路。山坡上开出来的一块块稻田，尽量利用了在它等高线上的每一平方英尺的“大地”，让人很难意想到，下面这个宁静的国家处于战争状态已经多年了，而且在与一个强敌抗争。日本人为了各种实际的目的要使中国与外界隔绝，只有与法属印度支那接壤的丛林边境和与英属缅甸连接的山区边界还没有被切断。

我们在昆明着陆前掠过一个平静的湖面，飞机在草地跑道上滑行了一段以后停了下来，在机场边上的一个松树林里是中国空军的司令部。昨天下午，兰霍恩·邦德先生在他的香港办公室里，催促我去找中国空军的总顾问，退役的美国空军上尉克莱尔·李·陈纳德谈谈。但现在这却好像是几个月以前的事情似的。

刚刚跨出 DC-2 飞机，我就喜欢上了海拔 6000 英尺高的昆明。傍晚的空气，凉爽而干燥，一条通向某地的道路边上，耸立着两排高大的白杨树——这是我第一个印象。在离我们飞机几百英尺远的地方，是用木头搭成的飞机维修棚，上面有中文、英文和德文做的标志。附近停着一架很大的装着三具发动机的德国“容克”JU-52 型飞机，机身的两侧在红白底色上涂着“EURASIA”（“欧亚”）的字样和一个巨大的黑色“卍”字，这种飞机与德国空军在欧洲大战中当作兵员运输机的飞机一样。在中国未被占领的地区，昆明是第二大城市，它是云南省的省会，坐落在这个多山国家最西南的角落里。昆明的人口据估计为 15 万，包括长期居民、逃避日本人的难民和从北面山上搬下来的部落。

我们这些乘客向一辆汽车走去，准备进城，一位从重庆来时在飞机上坐在我后面的英国外交人员解释说，云南的老百姓实际上在第一次看见汽车之前好几年就看见过飞机了：难怪当我们的飞机准备在草地跑道上着陆时，不管是农民还是水牛都没有朝上看！

我们嘎嘎作响的破汽车顺着五英里长的路，一路向前颠簸着，从机场穿过昆明市中心到达法国的“都拉”旅馆，所有过往的外国人都在这里住。街上的每一个人都穿着灰色或黑色的中式服装，或者绿色的军服。苦力在石子路上拉人力车，推两轮车，或者在肩膀上挑着一根颤悠悠的扁担，头挂着一个箩筐。他们身穿短裤，脚踏草鞋，头上戴着锥形的“苦力帽”，脖子上围一块擦汗用的旧毛巾。我看到两个苦力用扁担抬着猪，一前一后往前走，猪的四只蹄子用绳子绑着，朝上挂在扁担上，头朝下尖叫着。行人在人行道和马路中间慢吞吞地走，只有偶尔一辆开得很慢的汽车按喇叭时，才吓得往两边闪开。这些小汽车属于政府要员、银行老板、在昆明的八个领事馆的官员，或者属于另外少数几个住在城墙外边的外国人。

除了两座优美的 15 层高的塔以外，林荫路两边的木房和泥屋，没有一座高度超过两层。沿昆明主要大街的两旁有饭馆、一家电影院（上映带有中文字幕的法国老片子）和卖土布、草鞋、蔬菜和大米的商店。所有的商店和饭馆都朝着大街敞开着，没有一扇装有玻璃的门或窗户，小窗户上糊着白窗户纸。所有的标志和广告只写中文。

云南受法国的影响很深，主要的外国语是法语，警察戴的也是法国兵的头盔，穿着黑色的制服和灰色的网球鞋，站在主要十字路口的水泥岗台上指挥车辆，并且在偶尔有一辆汽车或公共汽车开过来时，把行人和牲口赶到路边上去。法国的影响主要产生于“米歇林”一条窄规格的单轨铁路，在印度支那（现越南）的河内到中国境内的终点站昆明之间，沿着山脚蜿蜒向上。这条铁路是 75 年前勇敢的法国工程师，为了连接这两座城市而建造的，从东京湾的海平面一直到海拔六千英尺高的昆明。自从英国人屈服于日本人的要求，停止通过中国香港地区向中国内地提供援助以来，中国所获得的全部军事和非军事物资，都是经过这里运来的，英国政策的牺牲品之一就是中国西南运输公司（所谓我的雇主），这家公司就在1939年我到香港的前几天，被迫从香港销声匿迹了。

在“都拉”旅馆费劲地用筷子吃第一顿饭时，我坐在一位德国外交人员旁边，了解到他对中国的政治和军事形势的看法。德国继续支持日本，又支持中国；向后者提供顾问，并通过俄国和横跨西伯利亚的快车提供武器；对日本则通过经常来往于布利斯特（在被占领法国的德国潜艇基地）和横滨之间的德国和日本潜艇，获得尖端武器的最新资料和蓝图。尽管有官方的轴心国（德—意—日）盟约，这位外交人员表示，德国还是非常倾向蒋委员长的。他并且举例说明，蒋的一个儿子不是刚从波茨坦的德国“西点军校”毕业吗？日本不是第一次世界大战中协约国的成员之一，而且占领了德国在华的殖民地天津和青岛吗？用德语教授全部课程的中国同济大学，虽然由于日本的推进已经两次向后方转移，却仍然在中国后方继续开课；另外，欧亚航空公司的首席驾驶员赫鲁兹驾驶的标志鲜明的德国运输机，在上个月被一架日本战斗机狠狠地开火乱打了一通；显而易见，德国有充足的理由要帮助中国。

这个外交人员向我解释说，在中国现有十几个省份的省长自行收税，有自己的军队和警察，并制定自己的法律，蒋委员长要把这许多省的势力组成一支国家的军队，并置于中央政府的统一指挥之下是不容易的。按这位外交人员的看法，由于当时的国民政府和共产党人正在合作，努力抵抗日本侵略者，中国人民还没有受共产党太多的影响。他还说，另一个中国的傀儡政府——在日本人的控制下——统治着“占领区”和它的四亿人民。

第二天一早，我乘公共汽车回到机场去会见总顾问克莱尔·李·陈纳德。陈纳德的母系祖先，与美国南北战争的罗伯特·E. 李将军有亲缘关系；他给人一种坚毅的感觉，方下颏，头发乌黑发亮，目光锐利。他原来是路易斯安那州的一个学校教员，后来成为美国陆军航空队的一名驱逐机飞行员。他退役后，于1937年被蒋夫人召到中国。他的名字是由一位在华飞行的美国人和一位访问过美国陆军航空队基地的中国空军司令告诉蒋夫人的。当这位中国空军将领在该基地访问时，陈纳德还在这个基地研究一种他认为在未来战争中很重要的战斗机战术，他这种不墨守成规的做法，使他与喜欢搞轰炸飞行而低估战斗机效用的美国高级军官发生龃龉。

我拜访陈纳德时，他讲得很少，看了我的德文简历资料后，他告诉我，他认为在以后几年内，中国政府将会面临被隔离的困境，所有的供应都将被切断，日本人一定会这么干的。因此，仅配备有铁锹、十字镐和爆破筒的成千名的苦力，正在另外建造——而且即将完工——一条生命线，滇缅公路。这是条很窄没有铺路面的公路，穿过难以置信的地形、山脉、峡谷和铁索吊桥，在它直通中缅边界村庄望亭的五百英里路程中，没有一个服务站。陈纳德（当时被授予中国空军上校衔）催我去见荷·诺斯曼，他是当地的法国雷诺/提萨卡车装配厂的德国经理，这家工厂与中国交通部订有合同。陈纳德说，此时此刻，如果我能够对中国的地面运输有所帮助，我可以为中国做出更大的贡献。尽管陈纳德上校可提出由中国空军雇用我，但他感到这样做还是太早，而且他以后随时都可以和我联系。然后，他亲笔写了一张便条给张先生，昆明中央银行经理，让他帮我从67幢“外国人住宅”中租到一幢。

张先生把“模范村”里仅剩下的一幢欧式住宅分配给了我，在城外半英里处。中央航空公司的飞行员鲍勃·安格尔和他的太太——一位前美国海军护士住在第66号住宅，陈纳德住在第65号。我得到了第67号。模范村住宅里的其他居民都是欧洲人，都是直接或间接为蒋委员长的政府工作的医生和工程师。

模范村的四周用泥墙高高地围了起来，以保障安全和不受干扰。在它的每一幢小巧、现代的平房里，家具简单但足够使用。在两间卧室和一间起居室之外，每幢平房还有一个壁炉、一间带有西式厕所的盥洗室（但没有浴盆或淋浴）、玻璃窗，甚至还有一扇通往花园平台的玻璃门。每天早晨，厨房和盥洗室的用水得由苦力用桶从附近的滇池湖挑来，经过又窄又陡的木板梯，倒到撑在柱子上的水箱里去，每幢住宅一个，当然，这种水要煮沸几分钟才能饮用。这里只在白天供电，从早 6 点到晚 6 点半，当英国广播公司的新闻广播结束时间一到，供电便停止。我还有一个女厨和一名留宿女佣，长辫子在背后一甩一甩的，在我家里每星期工作七天。他们是由中国银行提供的，中国银行与中央政府签有协议，要妥为照顾“友好”的外国人。平房住宅的房租和佣人的薪金甚至都没有商量。

我搬入这个村里几个月以后，一位名叫布朗的美国领事馆的官员，奉命返回美国，把他那台很大的菲利浦牌短波收音机留给了我，报答我为他修好了他马力很大的哈得逊牌敞篷汽车的刹车。我就像所有外国人一样，虔诚地收听每天下午 6 点，英国广播公司从伦敦向东方播放的广播。精彩的新闻广播开始时，先是英国议会大钟的钟声，随后是广播员著名的低音：“我们在伦敦播音，现在是新闻……”这是我们获得外面世界报道的唯一来源，向伦敦的英国广播公司致敬！

在昆明市外的雷诺厂，20 辆柴油发动机的卡车，正准备好要首次登上还没有完全修好的滇缅路。我做了自我介绍后，经理问我：“你愿意带领这个卡车车队去缅甸边境吗？”这些卡车将装载锌棒和钨棒，从中国经仰光运往美国。车队将载回一桶一桶的航空汽油和柴油，一箱一箱的机关枪子弹和每枚 500 磅重的空用炸弹。如果我能写一份道路情况的调查报告，并附有呈交给经济部的适当建议，那就更好了。我感到很有吸引力，就答应了。

全由人力修建的滇缅公路

“我们什么时候去？”

“两星期以后。”

我的助理司机和另外19辆车上的38名司机都是中国人，我每天都到雷诺厂去协助检查每一辆卡车的发动机。使我非常失望的是，我发现我在香港学到的广东话和我最得意的手势，在昆明一点儿也用不上。完全是同样的中国文字而读法却完全不同，使我和我的同事之间谁也听不懂谁。

车队出发前的一个星期，空袭警报器的一次尖叫，向昆明市民表明了“是要发生什么事了”。在陈纳德的帮助下，中国人建立了一种简单但很有效的预警系统。在市区里最高山丘上竖起一根高杆，悬挂起一个直径五英尺的红球，从各个方向都可以看到，告诉大家在离昆明200英里的地方听到或看到了有“来历不明飞机”，正在明显地向昆明飞来；45分钟以后，发现这些“不明飞机”已到了50英里远的地方，正在明显地向昆明飞来，第二个红球升起来了；十分钟以后，飞机已经离省城不远而且足以被认定是日本飞机了，第三个红球升了起来，和另两个红球挂在一起，在任何道路上都禁止再有任何行动。天空中由九个银点组成的 V 字形，在阳光下闪着光，肉眼几乎看不见，几秒钟之前刚刚在 23000 英尺的高空上穿过昆明市中心，现在正在城外我们头顶上嗡嗡飞过。在空中这些银点下面，亮光一闪，看起来就像有传单撒向大地，但随后一声轻微的尖啸声由弱渐强，等达到如雷鸣一般时，空气便开始震动，一连串的爆炸，沿着地面以每小时 200 英里的速度，震撼着大地。那些小点点不是传单，而是在阳光中闪闪发光的炸弹。每次爆炸就像一座爆发着的小火山，这是我第一次“挨炸”——这也是对昆明的第一次轰炸。那一天，我在精神上迷惘多于害怕。

30 分钟后，第一次空袭结束了，警报解除，红球落了下来。后来我步行进城，去看看情况如何……令我毛骨悚然。在这座“未设防的城市”的市中心，横七竖八到处是死人，五脏六腑露在外面，各种颜色简直令人难以相信；受了伤的男人、女人和儿童躺的到处都是，流着血；哭号的人们跪在他们死去的亲人身旁；木头房子在燃烧，两只水牛被弹片撕成碎片，撒在我所进入的北门附近的人行道上。

在随后的每次空袭里，我都吓坏了，由于自私的天性，唯恐日本的轰炸机飞行员里，会有一个把他应该对准昆明市中心投下去的炸弹，晚投了几秒钟，而把距城墙半英里远的模范村炸成粉碎；我也担心飞机与地面之间的逆风和顺风的计算错误，或是炸弹会在飞机弹舱里多停留了那么一下，都有可能会把我们给毁了。

不管是中式房屋还是模范村都没有地下室，当第二个红球升起时，我们外国人就从家里跑出来，在穿过我们村子的道路下面的一个直径为四英尺的水泥排水管里，挤成一团躲炸弹，住在我们附近的中国人，总要靠得离我们外国人近近的，一个农民告诉我，他们相信我们这些“洋鬼子”能知道炸弹往哪儿掉，往哪儿躲保险。

除了星期天，昆明几乎每天都是在上午 10 点整挨炸。据后来一个被俘虏的日本飞行员供称，27 架日本双引擎飞机，编成三个 V 字形，每个 V 字形九架，每架飞机投掷五枚炸弹，把昆明当作训练靶标。中国人民具有惊人的恢复能力；第二天一早，他们就已经掩埋了死人的尸体，清除掉了堵塞主要街道的碎石烂瓦。男人、女人们把大片倒塌的泥墙用铁锹堆成一大堆，再用水和成泥，就开始做新的土坯，摆在太阳下晒三天，如果在随后的 72 小时里没有再轰炸，就用这些土坯立即重建他们被毁掉的泥屋。多亏窗户都是用纸糊的，没有因飞起的玻璃碎片造成损伤。

这座城市没有自来水系统，昆明救火队救起火来，就像吉尔伯特和苏利万歌剧里的一幕；灭火用的一桶桶的水，由一个有 500 多人参加的手里拿着桶的救火队运来，灭火桶从滇池湖这么远的距离接连地传过来，然后再传回去重新添水。救火队长身穿色彩鲜艳的制服和镀克铬米的头盔，站在一座庞然的高台上，以便指挥众人。中国人的适应性还可以从其他方面看出来；在经过两次 10 点钟的空袭之后，很明显地，每天的轰炸也可以成为一种生活方式了；每天早晨从 8 点到 9 点，人们毫不慌张地从城里出来，赶着牲畜，用竹扁担挑着所有可以收拾到筐里去的家当，或者装在车里，从四座城门川流而出。在离城几英里远的地方，商贩们在路边撑起摊子，出售他们就地做熟的或烤的食品，手摇警报器发出“解除警报”之后，人们又回到城里去看他们是否还有个家或者做买卖的地方。

尽管昆明不得不改变它的生活规律，外国人居住的模范村却几乎没有受什么影响。我的厨子和女佣以及他们在我邻居家里的同事，在空袭中几乎都没有离开住宅，他们非常天真地跑到餐桌底下躲炸弹，头上顶个大锅。佣人们直到听见“紧急”警报才停止做家务，5 点钟晚饭又做好了，好像什么都没有发生过。几个倒霉的警察和救火队员不得不留在空城里，因为在轰炸的头几天有小偷。尽管物主能够证明东西是属于他们的，他们也不得不在当天晚上，从公开的小偷市场把被偷去的值钱的东西再买回来，其逻辑是售赃的人自己还要付钱给中间人（通常就是小偷）。小偷抓住后，在天黑前进行公正和严厉的制裁。用一根短铁链连在一起的脚镣，锁在罪犯裸露的脚踝上，把脚踝磨得血肉模糊；他被牵着绕城游行时，手里还得捧着用另一根沉重的铁链子连着的大铁球；如此的示范足以震慑住大部分别的潜在罪犯。

尽管每天都有轰炸，昆明的生活还是有它幽默的一面。我还记得饭馆侍者如何从客人手里，诱惑出更慷慨的小费的巧妙方法（他们共同分享）。每一个离去的客人的名字和他给的小费的钱数，在他离开之前，都由侍者领班用低而洪亮的嗓子，向全体用餐的客人宣布，这么一来，自然就使人在给小费时不敢小里小气了。

城里的每一个人时常都要雇人力车——由瘦而有力的苦力拉的两轮车。这些头脑简单、没有受过教育、无知但很诚实的人，对于荣誉和骄傲有他们自己职业的标准，一旦事先讲好价钱，即使因为桥被炸断了而跑路的时间比预计的要远两倍，也从不吵着要更多的钱。苦力还会拒收小费，就算把一个体重很重的客人拉上陡峭的小山，他们也会认为那是一项成就。大部分外国人比起中国人来体重都要重，块头也大，特别是胖女人福芳·海瑞奇，一位为中国政府工作的德国工程师的夫人。她被赋予一个超尺寸的屁股，她简直是不得不把她自己塞到人力车狭窄的座位里去，有时候她非得要把她的屁股扭晃几下才能把它安顿好。有一次她进城，拉她的苦力没有顾虑到她的重心高，在全速往山下跑的时候，路上的一个急转弯没有转过去而翻了车，靠了包括我在内的过路人的帮助（我正好骑车由出事地点经过），花了好几分钟的时间才把海瑞奇太太从翻侧在地上的车里拉了出来。

在进行了三个星期的装备检查和装东西后，在驾驶座位下面装着二十辆引擎的雷诺卡车队，出发向缅甸边界开去。调整敏感的柴油注入泵所花去的时间，比工厂修理预估的要长，因为中国机械师对柴油机缺少经验。每天的几场阵雨使红土路面泥泞不堪，如果这些超载的卡车中，有一辆一滑坡，就无法阻止它慢慢侧滑，翻落到几百英尺深的山崖底下去，消失得无影无踪。为了在车从路边翻下去之前能够紧急跳车，弃车逃命，我在从昆明出发前，就把车门、车窗甚至司机的挡风玻璃都卸了下来。就是在晴天，对司机和卡车也有许多危险；滇缅公路一段段的沙质路面，在每一个轮子所承受的重量和压力下，很容易塌陷。在每辆车轮底盘和大轴之间，都安上了质地坚硬的柚木块，以便可以超载行车，防止卡车的钢板被压断。

预计走完到缅甸边境580英里的距离，要用八天的时间，再用八天的时间回到昆明。每小时平均行车五至十英里，包括不断地停下车来从路上清除掉从陡坡上滚下来的巨石。政府所预计的损失是由20辆卡车组成的车队，每跑一次就损失一辆。

这伙儿中国司机足智多谋、情绪高昂，对“无法解决的”问题，他们总能找出实际的解决办法。例如：当一台发动机中涂有软金属的五个主轴中的一个出了故障，迫使整个车队停了一天，我把卡车马达上的滑油壶取出来，躺在马达下的泥泞地里，一连几个小时，琢磨不出办法；一个司机建议把他的毡帽切成条，然后把这些毡条包在曲轴上，代替原来轴承上熔化掉了的软金属，使轴承能继续使用。千真万确，吸滑油的毯子成功了！离开昆明九天以后，我们到达了边境城镇望亭——仅由于滑坡损失了一辆卡车，车上的人员都安全无恙。

出发之前，我得知一个澳大利亚冒险家，带领着一个由20辆英国卡车组成的车队，从缅甸边界进入中国，往东向昆明驶来。我事先就担忧，当两个车队相遇的时候，怎么才能一辆对十辆地互相擦身而过？而“我的”每一辆卡车要通过20辆朝着反方向开的卡车，又要花多少时间？

我们怎么通过从缅甸开过来的车队呢？双方领头的卡车一见到对方都立即停了下来，我们车队领队向着对方走去，寻找路面有18英尺或更宽一点儿的路段，以便两辆车刚好紧紧擦身而过。由于没有人愿意在互相挤过去的时候靠着外边开，我们商定，每一辆车轮换着靠路的里侧（安全）行驶。说真的，两个车队交叉通过的过程中，随时都有发生危险的可能。在回程路上我们干得更好，一辆车也没有损失。我回到昆明时脏极了，脸也没有刮，但为这一次独特的经历感到很高兴。

第二天，我先到雷诺厂的经理部门，然后又到交通部报告情况。我建议每隔上一段距离，就用炸药往道路靠山的一边爆破出一个“会车点”。

当我还没离开那间政府办公室时，正巧有一辆闪闪发亮的、1940年型的黑色别克高级轿车开了过来。开车的绅士——在中国内地实属罕见，因为在这儿开车的都是专职司机——向我自我介绍说，他是法属印度支那的总领事，问我是否愿意替他检查和调整一下他的发动机。自从这辆车用火车从河内运来以后，发动机一直运转得不太好。我不仅可以得到“很好的”报酬，而且他还要把我介绍给外交使团的其他官员。

坑坑洼洼、肮里肮脏的雷诺卡车厂的院子，不适于修理这辆娇贵的汽车，我便把模范村我家旁边的泥墙打开了一个缺口，宽度足够让那辆别克车一直开到我的西红柿地上去。很原始，我承认，但这是战争时期呀！

这辆别克车的发动机被修好之后没多久，在昆明注了册的150辆小汽车里的许多辆，就在我的住宅前排了队——而且由于后来每天都有空袭，送来的车辆也越来越多了。车主都希望使自己具有安全可靠的交通工具，以保证在上午10点钟的轰炸之前，能把家里人送出城去。我的邻居，飞行员鲍勃·安格尔看见小汽车停在我们两家的住宅前面，而且顺着道路排下去，便主动提出做我不公开的合伙人，利用每周两次中航公司的飞行，把所需的零件从仰光带回来。我接受了他的提议并通知了雷诺厂的赫·诺斯

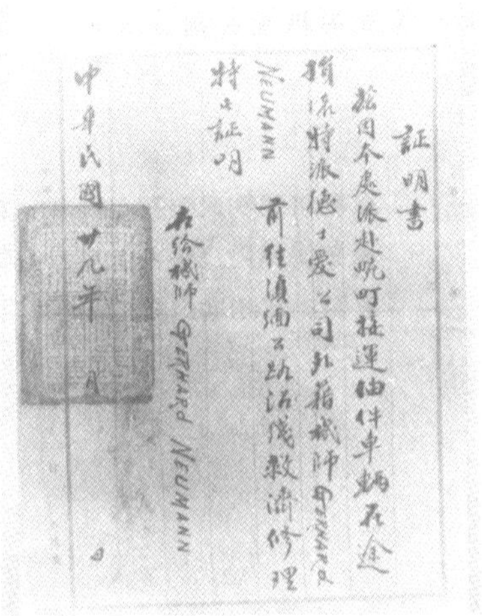


奉派至滇缅公路沿线修车证明

曼，安格尔和我决定开一个修车店，后来一直开到中国空军把我召了去。

我们在离我的住宅不远的地方租了一块空地，建了一座草棚，可以保护十辆汽车免受日晒雨淋，在地上挖了几个地槽，以便在车底下作业。两个星期后，“信得过修车店”诞生，并开始了紧张的工作。我自己在修车店的招牌上画了辆汽车，一个当地的朋友给写上了中文字，在三个月的时间里，不仅外交使团的全体人员成了我的顾客，而且还有国际十字会、“英国之友社”的救护车、在昆明的中国要员，当然，还有克莱尔·李·陈纳德的 1936 年的“福特”。

昆明汽车发动机的通病，是在汽化器或燃油过滤器的细小管路上产生水阻，起因是汽车的主人把汽油桶在后院储存的时间太长，因而进了水。在昆明，炎热的白天和凉爽的夜晚之间有着很大的温差，这使汽油表面和桶盖内壁之间的空气冷凝成水；在五十加仑的汽油桶里剩下的油越少（充有潮湿空气的空间因此就越大），冷凝问题就变得越严重。在汽车的汽化器里只要有一滴水，就能使发动机在运转时声音粗糙刺耳或者干脆不转！

由于缺少应用工具和在白天的空袭之间能进行修理的时间有限，修理工作往往是困难的。我雇用了24名好的修理工人，他们这一伙都是最忠心耿耿和最肯干的，我自己也从清晨到黄昏参加了修理汽车的工作。每天上午9点整，赶在10点钟的空袭之前，“信得过修车店”就把一长串汽车从修车店开走或拖开，停在沿公路的树下继续修理，直到炸弹落下来，我们不得不躲到附近路边的沟里，才停止工作。

我的修理工人和我之间互相都很了解：语言不再是个问题，因为他们原本是广东人，而我在香港时学过说广东话。除去几位要人成了我的顾客之外，从仰光往重庆，去给泊在长江水上的两艘美国炮舰运送补给的美国海军和美国海军陆战队人员，也定期地在“信得过修车店”停下来检修。（昆明是一个妓院很多的地区，使美国水兵们大为高兴；在我的修车店检修他们的车辆，使他们可以借口调整发动机而在此稍事停留两三天。）即使我在世界上任何一家一流的大医院里当个外科主治大夫，也不会比我在云南穿着黑色的工作服，指甲肮脏得像油猴子那样干活的人，得到更多的尊敬和赞扬。当第一辆汽车于1938年来到昆明时，它还是一件表示财富和地位的奢侈品，而到1942年的年中，对于汽车的主人来说，它已经成了生死攸关的东西，他们要在炸弹呼啸着从头顶上落下来之前，依靠他们的汽车安全逃出城门。

我的中国修理工人所干的活，在美国的任何一家都会认为是绝对办不到的。比如：一辆英国总领事普利多克斯·布鲁恩的1937年型的“福特”汽车，它的前方主钢板断了，这辆车因此也就无法再用。在昆明的道路上有着成千上万的坑洼，一个坑洼把这片又长又薄的钢板给颠断了，在仰光买不到可替换的钢板，除非我们用在昆明所能找到的原材料造出一片扁平的、五英尺长、三英寸宽、四分之一英尺厚的钢板，而且要富有弹性和具有减震性能，否则，这辆车就算报废了。我们只能买到长的圆钢棒，我的铁匠——孔，把他的工具搬到修车店开始了他的“克难铁工厂”。炭炉是用铁砧、大锤和用一个50加仑的空汽油桶改造而成；风箱是用一个空心树干加上推杆做成的，用一个带羽毛的鸡翅膀做的气阀。孔是北方人，很瘦，六英尺高，他带了个助手来——他的广东老婆。她又矮又胖，经常当着修车店所有人的面，用两只大奶奶喂她四个月大的孩子，一点儿也不感到难为情。

孔把那根圆钢棒一段一段地烧得通红，然后大声喊他老婆把胖娃娃放下（她实际上是把孩子扔到地上靠泥墙墙角的地方），抓起一柄15磅重的大铁锤，使出浑身的力量“抡”了起来（由于离心力会产生危险，这在德国是禁止的），一下又一下地锤在由她丈夫紧握住放在铁砧上刚烧红了的铁棒上。就这样干了两天，看孔先生、孔太太把那根圆棒弄成扁平的钢板形状，真有意思。

终于，给钢板“淬火”的关键时刻到来了。要使它既硬又有弹性——但又不能脆得再次断裂，专家们会说：“没有热处理的设备是办不到的。”我也是这么想的，但技术熟练的孔先生不这么认为。他事先就在修车店的角落里放了一个又长又窄的槽子，在过去的几周里，让我的每一个工人都往这个容器里撒尿。这时槽子的一半已经满了，孔把通红的钢板在刚到“火候”的时候浸到尿里，把它从冒起的蒸汽里拿出来片刻，看着钢的颜色暗下去，然后再把它慢慢放进黄色的液体里，开始是一点点，然后一下子都放进去……我只是站在那儿，摇着头，不相信这种方法会奏效。两年以后，这辆“福特”和它的前钢板仍完好无恙，而英国总领事也因此而感到非常满意！

一天下午，一辆人力车来到我的修车店，一位显然地位很高、衣着不凡的先生（可以很容易地从人力车上比通常更响的铃铛和充气的轮子判断出，乘车者是个要人）——代表云南省民政厅长李子侯先生——用地道的英语问我，是否可以，“有一大笔钱作为报酬”，为厅长检修一下他的崭新的 1940 年型的“别克”汽车，这辆车刚刚在几天以前才经过滇缅路从仰光的码头运来。“非常不幸，令我的主人万分遗憾的是，这辆新汽车出了大毛病，他都不敢坐它了；发动机的噪声大得可怕，可否请您检查一下这部轿车，看看能不能修好？”我答应在第二天上午第一个报警的红球在防空杆上升起来之前，去看看这辆“别克”。

那辆为要人所乘的人力车，很早就被派来接我了。穿着蓝色的工作服，膝盖上放着装有工具的竹篮子，我被拉到被高墙围着的厅长宅第。一座由锻铁制造成的圆月形大门，在我到达前的数秒钟一下子打开了。我乘的人力车拉上了一条铺好的车道，经过一排车棚，在最后一个车棚里停着那辆“出了毛病的”轿车，最大的“别克”。就在它的前头是一辆流线型的、绿色、四座、1939 年出厂的“标致”敞篷汽车，装着绿色的皮里子，真美极了！

李厅长和他的司机官在他的中国式住宅前面，在我和李厅长互相鞠躬致意后，一名随从开始为他翻译。李子侯对我能来说了很多感谢的话，然后翻译介绍了司机对汽车的毛病及其症状的看法。在他几次开着这辆汽车送厅长和他的家人在第一个空袭警报红球升起来时，穿城而要到城外去的时候，汽车发出可怕的噪声，在其他的场合再没有用过这辆“别克”，李厅长在城里行动时，还是坐他的人力车。我建议把车开出去试验一下，由司机驾驶表演一下那位翻译所描述的噪声。李厅长坐在后边，我坐在司机的旁边，在城里开了只有一英里的路后，我就让司机把车停下来了。

产生巨大噪声的原因有两个：每当汽车陷入昆明大街上慢慢移动着的人群，而且又有行动缓慢的水牛和猪挡在前面时，司机没有把排挡换到较低的一挡；汽车的发动机因此不得不沉重地工作因而发出响声，而这种发动机的点火定时又只适应美国的高辛烷汽油，适应不了已在中国储存多年的、含辛烷量比正常低的劣质汽油，这两种因素的结合必然要导致发动机发出可怕的声音。我没有批评司机，怕让他丢脸，而是做了唯一实际可行的事：我把这辆“别克”汽车的点火定时大幅度地调慢了。我只是拧紧了一个小螺钉，把分电盘的定时调节向后转动，再把螺钉拧松，问题立即烟消云散，这辆“别克”跑起来发动机再没有任何噪声了！（老实说，这辆大汽车因而马力小多了，但又有谁在乎呢？）

你要是看到厅长当时的那副表情就好了，我成了伟人，在他心目中了不起的人物。当我回到他的府第时，我得到了一笔确实可观的酬谢。厅长注意到了我会用赞赏的眼光看他的“标致”敞篷汽车，他通过他的翻译告诉我，既然他“别克”车修好了，他也就不会再用这辆小的汽车了。对于他来说，要表达对我的感激，还有什么比把这辆新的绿色“标致”汽车送给我更好呢？当然，我拒绝了，但毫无作用（翻译站出来说，如果我再继续争执下去就是对厅长的不礼貌了），因此，我突然之间在中国有了一部汽车！我就这样像一只浑身是油泥的猴子似的，却转变成一辆装着皮椅的敞篷汽车的车主了。但这并不是全部，在我离开的时候，守门人又给了我一个牛皮纸信封，在信封里是三张崭新的面值为一百美元的钞票，两倍于我在“提萨”修车厂工作时一个月的收入。我骄傲地驾驶着我所拥有的第一辆汽车回到了“模范村”。

第二天早上我又收到了民政厅长的一封信，由他的翻译执笔，用流畅的英语书写。既然我如此成功地使他的“别克”车得以复原，可否去为龙主席检修一下他由七辆车组成的车队，他自己一辆，四个太太和两个儿子，一个 12 岁，一个 10 岁，每人各一辆。龙主席的几辆是美国的；他儿子的是小型的英国“奥斯汀”，我把这两辆车的刹车、离合器和加速器（油门）的踏板，都用木块增加了高度（顺便说一句，这两个小家伙车开得都很好）。此外，李厅长请求我今后每个月都到他的车棚来检修一下他的“别克”。

一辆崭新的“别克”，驾驶的最高时速不过20英里，不管驾驶技术有多不好，在白天的空袭中，每月行程仅300至400英里，是不大可能出什么毛病的，但我还是要小心些，不要让厅长丢面子，他毕竟赠送了我一份很了不起的礼品。自此以后，我每个月都开着“标致”到厅长家里去一次。当我在上午9点钟到达的时候（日本人把他们在1941年秋季的轰炸时间从上午10点往后推了），我发现“别克”车已被千斤顶支了起来，四个轮子都垫在木头块上，为了让我舒服些，在底下铺着一块红色的毯子。侍卫们站在一旁准备随时出手相助（当然绝无此必要）。李厅长让人把他的大竹圈椅，摆在距“别克”车棚一百英尺远的地方，看我干活，并要确保在我干完活后受到他事先交代部下所应该给我的适当的照顾。

每一次去的程序都一样，在正式问候致意之后，我就钻到“别克”车底下去。这可真是画蛇添足，实际上没有什么可修的（我学徒时候的第一课就是“如果没有坏，就别去动它”，于是我就把滤油器擦洗干净；每三个月换一次润滑油，由于路上尘土多，润滑油也确实变黑了；有时候我查看一下火星塞和点火断电器的接触点，擦洗一下汽化器的空气过滤器和检查一下刹车；还有一次我重装了灭震器。每当我让翻译告诉厅长没有什么毛病，应该减少来的次数时，他总是充耳不闻。（很明显，厅长知道“预防重于修理”的道理）在磨蹭了大约一小时后，我从车底下钻出来，让我的中国主人感到我确实对他的“别克”“下了一番工夫”，以使它百分之百地可靠。一位副官捧着白瓷脸盆，另一位身穿定做制服的副官往脸盆里倒下温水；还有一位副官拿来香皂，托着毛巾侍候我用。厅长家的佣人恭敬地保持着一段距离，围着厅长站了个大的半圆，我当着所有这些人的面洗脸洗手。

战时昆明民众关心国事，石碑坊下看《中央日报》

重庆城内民宅顶上的
竹棚防炸弹架

云南民政厅长赠送的绿色“标致”敞篷汽车

然后是厅长通过翻译每次必问的问题：我是否可以赏光与李厅长共进午餐？回答当然是肯定的。在这种一个月一次的午餐上，在座的总还有昆明的防空司令和昆明市市长，他们都已成了我的主顾。在空旷的大餐厅里摆上一个圆桌进餐，菜一道接着一道；每上一道菜，主人都要按照习惯，用他自己的筷子（这双筷子他自己进餐时一直在用）先夹起一点儿，放到贵宾的碗里。午餐最后上米饭和汤，主人和客人随口把鸡、鸭或鸽子的骨头吐到地板上，他的两只狗等在桌子底下，立刻过来给吃掉。吃饭时很少讲话，每个人都专心吃饭。

有一次上的米饭是加有佐料的（我不知道也不可能知道这一点），我熟练地用着筷子，碗端到唇边，把米饭扒到嘴里，满满一大口。直到这时，我才发现这种米饭对我来说是太辣了，无法下咽。我努力去咳嗽，这时眼泪已流了下来，我噎住了，一口把饭喷了出来，剧烈地咳嗽着。饭粒喷了一桌子，我连忙道歉，但听到的却是翻译说："厅长万分遗憾地请你接受他的歉意，这种饭实在是上不了桌面的，尚请见谅。"中国传统的待客之道，实在是无与伦比。

## 飞虎队员

- 受陈纳德邀约参加志愿队，放弃“修车店”，改修飞机
- “德国佬”进入美国生活圈，入境问俗
- 宣誓加入了“美军”，但不知“敌侨”有特别限制
- 摸回废弃基地修好三架飞虎战机

地点在昆明，时间是1941年12月8日（远东时间），一个晴朗的冬天的早晨。我刚要离开屋子往车库去的时候，我的邻居克莱尔·李·陈纳德正要坐进他的老福特汽车，他叫住我：“你听到日本空袭珍珠港美国舰队的消息了吗？”我没有听到这个消息，甚至珍珠港在什么地方都不知道。陈纳德简单地说了说那个星期日早晨在夏威夷发生的事件，并证实了一个公开的秘密——在缅甸有三个由美国人组成的驱逐机中队使用美国P-40飞机，其中一个中队几天后即将在昆明降落。他是这三个中队的司令，中国空军给他的军阶是上校。

陈纳德问我是否愿意放弃修车店的工作，参加退伍的陆军、海军和海军陆战队的飞行员跟机械师组成的队伍。这些人提前终止了和美国政府间原订的四至六年的正式合同，他们要和中国空军一起参加美国的秘密军事

行动。三个中队的美国人全部是志愿者，他们从 1941 年中期开始，已经在仰光以北根据陈纳德上校制定的规则进行了密集的再训练。当时他们所用的柯蒂斯 P–40“战斧”飞机，还是由中央飞机制造公司在缅甸腊戍附近装配完成的（该地为中缅前线的英国防区，用以躲避日本的空袭）。252 人和 2 名护士组成了第一个美国志愿飞行大队，即 AVE（AVG，American Volunteer Croup），继第一个美国志愿飞行大队进入中国以后，在汤姆·柯克兰指导下，华盛顿秘密厘定了另外两个志愿飞行大队的长远计划；柯克兰是富兰克林·D. 罗斯福总统的密友和有名的“神童”之一。此时，在中国有一个意大利战斗机大队，又有几个俄国战斗机和轰炸机大队，由于都是西班牙内战时用过的过时装备，实际上对中国帮不了什么忙。

我当场决定：“好，我参加。”这一个仓促的决定，在久经世故、见多识广的人看来是轻率的，而我的答复是来自对 17 个月的邻居陈纳德的信赖；事实证明这是我有生以来做出的最好的决断。我把“信得过汽车修理店”交给了两个月前到店里来的一位德国难民，把心爱的绿色敞篷车“标致”还给了民政厅长，会同前两个中队的美军人员一起住进了“第一招待所”。

队里约有 50 人，部分志愿人员是在珍珠港事件前六个月，冒充旅游者从美国到缅甸的；他们在护照上填的职业从音乐家到银行副总裁，干什么的都有。这些人和两名护士都是穿着运动衫、戴着草帽、挂着照相机，乘坐“Jaeggers Fontaine”号荷兰游艇来的，他们全都有罗斯福总统的特别批准（据说连国会都不知道这件事）。我对在昆明见到的第一批美国人的印象如何呢？我喜欢他们。他们都对我很好。这些多数为大学毕业的军官与被征召的士兵，在对待中国人（特别是对待中国姑娘）的言行上有着很明显的区别：一般来说，在美国军队里服役多年的士兵爱喝酒、打扑克，又粗又野，互相之间直呼其名，在这里的美国军人则不同，他们把装在皮夹里的父母姐妹和狗的照片拿给我看，他们不怕麻烦地教我学美国生活方式。过去我从未听说过木屋牌枫树糖浆烤饼和方格煎饼，当我在吃早餐时听到一个美国人喊：“山姆，把果酱干掉！”我不明白他说的是什么意思。我也从来没见过，甚至都没听说过什么棒球赛和美式足球赛。有一次，我和他们中的一个人走在街上，前面有一个穿紧身丝绸衣服的漂亮中国姑娘，这位得克萨斯州人叹了口气：“……我真想咬她（ass）一口，就是让她把我弄得精疲力竭一命呜呼也在所不惜！”我实在想象不出他脑子里装的是什么念头，我既不懂这三个字母“ass”代表的就是屁股，也不明白他为什么宁愿为此而死。不过，当他们给我起了个绰号叫“赫尔曼”时，我都了解了；在整个战争期间，“德国人赫尔曼”这个绰号一直跟着我，甚至到现在有时候还用绰号。（1944 年有一次，我收到一张明信片，是一位在印度的朋友寄来的，明信片上收信人地址写得很简单：“寄中国，美国空军赫尔曼收”。）

和这些大兵相比，美国志愿飞行大队里的大部分军官和飞行员都很内向、安静而彬彬有礼，他们始终与地勤人员保持着距离。在志愿人员中没有正规的军事礼仪或衣着规定，根据陈纳德的指示：我们在中国是为了与日本人作战，不是为了展示军容，不必拘泥于衣着和礼仪细节。

1941 年 12 月中旬，珍珠港事件以后，美国人到昆明参加防卫作战，昆明市民的生活就大大改善了。日美空军在昆明的第一次交战中，由于中国有一套优良的预警系统，美国志愿队在日本飞机到达前一个小时便进入警戒状态，并有充分时间飞到高空等着日本飞机。那次空战中，九架没有战斗机掩护的日本轰炸机，事出意外，仓皇应战中，被打下五架，其余几架也受重伤，可能在回去的路上坠毁了，因为据发自河内的可靠消息报道，只有一架轰炸机返回了基地。5 日后，又来了九架轰炸机，又被打下五架。日本轰炸机行动笨拙，速度慢得出奇，而且在回航之前必须拐个

纽曼教中国空军机械士修护P-40

180 度的大弯，这时，缺乏掩护的机腹和机翼部位就成了飞行缓慢但火力猛烈的美国 P-40 飞机的理想目标，因此日本飞机极容易受到攻击。这次空战后，习惯以 V 字队形飞行的日本轰炸机，再也不到这座“不设防的城市”来了。

在 1942 年 3 月仰光陷落于日本陆军以前，美国志愿飞行大队中最后的一个中队（由于敌人的行动和事故已损失了一些人员和飞机）从缅甸转移到了中国，分布在东部和南部前线。这三个中队频繁地从一个基地转移到另一个基地，以便阻止日本肆无忌惮地进攻中国的任何地区。我们在飞机螺旋桨壳盖下画上了鲨鱼牙齿，与某些德国的 ME-109 战斗机一样。飞虎队的队徽则是华德·迪斯耐创作的，是一只带有蓝色小翅膀的老虎飞跃进一个大 V 字母（V 代表胜利）。美国志愿军很快就成了中国和美国的英雄，因为他们对敌机的击落率为 14∶1（即每击落 14 架，自己只损失 1 架）；这个比例令人瞩目，尤其是在 1942 年头几个月，受创的盟军急需鼓舞人心的战事新闻的时候。美国志愿飞行员有一个条件比日本占便宜，即

纽曼(右)和中国神明各持不同武器的趣景

他们可以在“中国领土”的上空，跳伞离开受了巨创的飞机，并且保证得到好客的中国人极其友好的接待。相反地，尽管日本人提出悬赏，交出一个美国飞行员就给一万元现金，中国人却把飞行员立即送回基地。日本飞行员根本连降落伞都不带，他们被中国人抓住以后，必死无疑。

日本人很快就领悟到空中优势不再专属于他们了，并随即做了调整以对付美国志愿航空队，从此只有当他们在数量上占极大优势的时候，日本飞机才来袭击我们的基地。1941 年 12 月在昆明遭受巨大损失以后，假若没有零式战斗机护航，日本轰炸机再也不敢对美国空军基地进行白天空袭了。

与蹩脚的轰炸机相比，零式战斗机却很高级。它有两挺 30 口径的机关枪从螺旋桨处射出，机翼上各装一门 20 厘米的机关炮。比起机身重两倍的美国战斗机，日本的零式战斗机机动性好得多，航程远，爬升快，飞得高。零式战斗机的发动机功率和我们的一样，但是飞机重量只有我们的一半，因而 1937 年设计的战斧 P–40 飞机的性能和零式战斗机相比之下就显得很笨拙。但结实笨重的 P–40 飞机被打得满身是洞像瑞士奶酪一样时，还能继续飞行，而零式战斗机被 50 口径机关枪射出的燃烧弹击中时，便爆炸成一团火球了。

美国志愿航空队当时只有数量很少的飞机，但要防卫中国的大片地区，为了欺骗日本人，中国木匠用竹子和木头做出惟妙惟肖的 P–40 飞机，假飞机上画了中队的队徽，甚至飞虎队的鲨鱼牙齿也画上了。因为伪装得非常像，以至一次警报响起时，一名有点喝醉了酒的飞行员，把假飞机误当作他的飞机，从木头翅膀爬进了驾驶舱。到了晚上，他们把假飞机搬到另一地方，让每天早晨从高空飞越我们基地来侦察的“偷摄者”（我们这么叫日本侦察机），搞不清我们实际上到底有多少飞机。

1942 年中期，日本空军开始把飞虎队当作“真正的对手”，认真地对付起来。他们派一架飞机在桂林机场上空散发传单，传单上写着：“我们天皇空军飞行员，向你们飞虎队飞行员挑战，定于 6 月 28 日下午三时进行一场决斗。”我们所有的人都怀疑这是诡计或阴谋，只有克莱尔·李·陈纳德例外，他非常了解日本人。他命令另一个空军基地的一个中队，于 6 月 28 日当天，和已在桂林的空军中队一起参加决斗，四架 P–40 飞机在约定时间前 10 分钟飞到机场西南方，在上空的有利地位，保持背朝太阳。两个中队里剩余的 26 架 P–40 飞机的发动机启动，并保持慢车在跑道尽头整装待发。

6 月 28 日，差 15 分 3 点时，陈纳德将军命令飞机起飞。快 3 点时，零式战斗机十分准时地出现了，地面无线电刚向上空的四架飞机发出警报，60 架天皇空军的挑战者已进入空域。一分钟内，二十几架已经升空的 P–40 飞机，已用最高的爬升速度进入上空。正在盘旋着的四架我们的飞机，从太阳里钻了出来，向零式战斗机猛烈地射出一连串致命的机关枪子弹。头六架零式战斗机被太阳光迷住了眼睛，还没有看清进攻的飞机，就冒着浓烟螺旋坠地或在空中解体了。我们的 P–40 飞机早就得到命令，不要陷入敌众我寡的绝境，必要时以俯冲脱离格斗（我们当时只是怀疑，但并不知道日本战斗机不能快速俯冲）。战斗就发生在桂林机场上空，飞机在四面八方呼啸而过，真是一幅惊心动魄的场面。十分钟之后（好像几个小时一样），双方的燃油都用得差不多了，敌军撤退了。日本人损失 14 架飞机和飞行员；我们有四人跳伞，美国飞行员无一伤亡。

1942 年 6 月底，我们接到通知，美国志愿飞行队不久要解散，由正规的陆军航空队接管。7 月 3 日，美国志愿飞行团解散的前一天，已经闻名世界的飞虎队全体人员，被邀请去参加桂林当地商界举行的晚会。一群身材苗条，从上海和香港逃亡出来、会说英语的漂亮姑娘，穿着轻飘飘的丝绸旗袍，黑头发上戴着一朵花，站在人行道上迎接我们。我们坐卡车从 10 英里以外的机场到城里来，下车以后，姑娘们一个个挽着我们的胳膊，在主人的掌声中陪着我们走进宽敞的餐厅。满怀感激之情的商人们筹备了这个晚会，他们叫"慰劳晚会"。这真是名副其实的晚会，一直开到深夜……

飞虎队干得这么出色，为什么要解散呢？因为陈纳德遭到美国军政部的联合反对。他们不给他补充飞机，不提供弹药，也不给他足够的零件，来支持这支仅仅有 253 人和 2 名护士的飞行大队。美国许多航空队的将军妒忌陈纳德；他，一个中学教师，航空队退伍的上尉，竟成了世界闻名的英雄。最后一个原因（我认为这一个原因是站得住脚的），即美国退伍军人和正规的美国航空队飞行员同样作战，在战争中同样出生入死，但一个小小的空军大队，却从中国政府那儿得到几倍的薪资，而且每打下一架日本飞机还另有现金奖励。

美国退伍军人上尉、中国空军上校陈纳德，被征召在中国重新加入美国陆军航空队。罗斯福总统提出立即给他连升四级为空军准将，陈纳德同意了。思想缜密的陈纳德想得很周到。他事先没告诉我，即向军政部长亨利·史汀生提出要求，让我在美国志愿飞行队解散以后加入美国陆军航空队。他的请求得到了批准，1942 年 7 月 4 日以后，自愿跟随陈纳德留在中国的原飞虎队人员的作战经验，对第一批刚来中国还没有经验的美国十四航空队人员来说，是十分宝贵的。这些留下的人，无论是士兵或是军官，都得到晋级的鼓励；尽管如此，255 人中只有 35 人留下来。

留下的人这么少，是一份“海外征兵法”的威胁造成的，这份文件是在十四航空队正式接管志愿飞行大队的前夕，用非外交语言向集合的志愿飞行大队人员宣读的（根据法令，美国人只能在美国国土上应征服役）。据说，军政部派了克莱顿·比塞尔准将到中国来，是为了尽可能说服多让志愿队的人员留下来，加入陈纳德的十四航空队的。志愿飞行大队的人都爱我们的“老总”，但不要比塞尔插手；可是比塞尔暗示他有完全的指挥权。志愿飞行大队的人教中国小孩站在马路边，翘起中指，对过路的美国人扯着嗓门喊：“Piss on Bissel！ Piss on Bissel！”（臭比塞尔——译注）孩子们当然不懂这几个英文词的意思。志愿队人员掀起的这场对比塞尔将军的“亲善”运动，像野火一般在昆明地区蔓延着，并持续了一两年。有几个志愿队人员回美国后就应征入伍了；绝大多数的人员在外国找了薪金较高的民间工作，在与美国国防部订有合同的航空公司当飞行员，或者为美国厂商装配坦克、吉普车和卡车，这些车辆是在“租借法案”项下，从伊朗南部沿海运往俄国。

为飞虎队举行告别仪式的日期已订好，飞虎队员们即将离去，福斯公司电影新闻部准备把这件历史性的大事拍摄成电影。那些志愿留在中国的人员和当时为交接工作决定多留两星期以协助陈纳德将军的人员编成三个排，以两架漆着鲨鱼头的 P-40 战斗机作背景，虽然我从没受过任何美军的基本操练，但仍被说服去充充数，捧个人场。

P-40战斧式战斗机是志愿队的主力

我的伙伴们和我都知道美国军队的口令和德国的很相似，动作也差不多，但为了保险起见，把我排列在一排人的中间位置，他们告诉我："不要怕"，"当叫出预令时，你旁边的人会告诉你该怎么动"（每一个军事操练的口令都分为两段，前面的"预令"是告诉你将要做什么动作，几秒钟后再发"动命"那就是行动的时间了）。我站在那里还是有点紧张，当口令喊出"散开"时，有的向前，有的向后，有的向左和向右，最后，只剩下我孤零零地一个人站在中央。这样做还算差不多。接着又听到喊"向后……"的口令，这是向后转 180 度，我的邻兵提醒我，三秒钟后喊出"转"字时就应该立刻转向后。最后，动令喊出来了，我也转了，不过美国和德国对执行这个口令的方法就不一样了。我转身向左转到 180 度的四分之三时，突然发现别人都是按美国规矩往右转的。我没有将错就错，而是用左脚跟转回去，然后再按美国方式向后转，福斯公司只好把这段珍贵的新闻影片剪掉几英尺。这是我第一次也是最后一次参加美国的军事操练。

1942 年 7 月 4 日傍晚，在桂林军营里，飞行大队医官杰特里点着昏暗的油灯的办公室，我宣誓加入了美国陆军，当一名中士（虽然按理论

飞虎队与中国国徽重合，象征着中美携手抗日

说，我仍然是德国国籍)。他们给我一块“模压”的小金属牌，这种金属牌是挂在士兵的脖子上，用来鉴别身份的，叫“狗牌”。我的狗牌上刻着 ASN 10500000(Army Serial Number，军籍号码)，他们告诉我，1 是代表士兵，第一个 0 表示无地区(美国分九个地区，用数字 1 至 9 表示各个地区)，而我号码中的 5 这个数字，只是为了使编号看起来更真一点，随便编上去的，不然的话，陆军兵籍编号是 10000000 是会令人无法相信的。我在两张文件上签了名，纸上印的小字连看也没看，因此也不知道一张文件上写着：“为防备被德军俘虏，我只能在日本前线服务”；另一张文件上写着“身为敌侨，我没有资格被任命为军官、被授予勋章，我甚至没有资格进入美国”。一个星期以后，我被提升为上士，后来又升为中队军士长，这是军士级中最高的阶级了。

我在十四航空队开始服务，在第七十六战斗机中队当机务长。第二十三战斗机大队有三个中队，第七十六中队是其中的一个中队。二十三大队由原飞虎队的35名军官和士兵组成，第一任大队长是罗伯特·李·斯各特上校（他后来写了《上帝随我同飞》这本书），他不是飞虎队员，陈纳德将军是他的上司。尽管我们已是正规的美国航空队的一部分，供应却仍然极少（北非战事截留了很多运往中国的物资）；日军到达滇缅公路的西端以后，立即封锁了滇缅公路，此后，除了从印度东中阿萨姆飞越2万英尺高的喜马拉雅雪山的低峰（有很多山峰超过23000英尺），运来一批物资外，中国与世界完全隔绝。一些飞机飞离印度的阿萨姆以后就再也不见了。在几乎终年都是气候恶劣的情况下，他们飞进去后什么也看不见，撞到山峰便坠毁，由之，更增加了补给的困难。

在美国航空队中国特遣队里，我被派的第一项任务，是摸回到已撤退的桂林前线基地，修好原志愿队使用的三架P-40战斗机，使它们能飞到后方去。一名军士和我从天不亮一直干到黄昏，天天如此，终于把飞机修好能飞了。最后一天晚上，中国基地司令为我们俩举行了一个小小的晚会，还请了一位年轻美貌的韩国姑娘安吉拉·艾：三年前这位姑娘从汉城逃到上海，又从上海逃到香港，最后从香港又逃出来，每次总能在日军到达之前离开险地。安吉拉像许许多多的难民一样，步行了两百英里，穿过方块的稻田，才到达安全地区——美国空军前进基地。她父亲曾当过五年韩国驻柏林的大使，她叔叔是韩国首相，1942年被日本人杀害。安吉拉会说流利的德语和英语，几个月后她救了我的命，我后来和她成了知交。第二天我和军士便到云南昆明我们的主要基地去了。

中国政府从我这里得知我父亲去世的消息以后，考虑得很周到，由中国驻柏林大使馆给我母亲去了一份电报。电文说："中国政府将荣幸地欢迎一位帮助中国的人的母亲前来中国。"我母亲先取得一份德国旅行护照，1942年10月，先乘鲁汉沙航空公司飞机从柏林到莫斯科，然后乘火车沿中俄边界到达阿尔玛·阿塔。再在那儿搭乘欧亚航空公司（鲁汉莎航空公司的子公司）的飞机到达昆明，途中在新疆的哈密停了一夜，到昆明时她像往常那样神采奕奕、风度翩翩。

由于我加入了美国航空队，我的老邻居陈纳德认为，让我母亲一个人留在战火弥漫的中国不安全，他向我建议，让我劝她乘一架运输机飞越驼峰，然后从孟买乘英国海外航空公司的飞船到开罗，从开罗坐火车只要几个小时就到了耶路撒冷。自 1943 年起，她一直在耶路撒冷和我姐姐一起生活；1948 年以色列独立战争后，她到了美国，成为美国公民。她生前遍游了欧洲和中东地区。

## 零式之谜

· 接获密令，潜入敌前基地，拼修掳获的日本零式飞机

· 涉险飞回桂林，乐极生悲“零式”降落摔毁

· 伤寒、疟疾加黄疸，韩国姑娘义救垂危

· 有眼不识四星名将“安诺德”，喜获押运“零式”赴美国

1942 年 10 月的一天，看来不会有什么情况，在昆明我们中队机库里，我和一批刚来的美国兵站在一架 P–40 飞机的机翼上，我正在讲解对作战飞机实际维修，以及与在美国课堂所学的差别，高个子布鲁斯 · 凯 · 豪洛威中校（战后成为美国空军副总司令，战略空军司令部的四星将军）大步走到机旁。“纽曼，老总要立即见你。”

陈纳德将军的办公室离机库只有三分钟的路。将军说：“纽曼，我们搞到一架很好的零式战斗机，是中国农夫在海南岛对面，日本人占领的海滩上捡获来的，他们把飞机拆卸后拉到内地来了；他们说是把弄到的所有东西都通过日本封锁线运过来了，但是恐怕有不少零件被损坏或丢失了。我们在过去九个月中打下的很多零式战斗机残骸中，一定还能找到

一些有用的零件。这儿有一张图，残骸所在的地点都标在上面了，要设法拼装出一架零式战斗机，先试飞，再与我们自己的飞机对抗比较，你看如何？”

我一时语塞，千头万绪涌入脑中，德国人、军士、最有名的、神秘的、令人羡慕的日本零式战斗机，还没来得及答复，老总又说：“能使一架这种该死的飞机飞起来，对美国来说是极重要的，除你之外没有人能办得成这件事。”

“谢谢。长官！”我只有受宠若惊的感觉。

陈纳德给了我一张写有中英文的通行证，上面已贴上了我的照片和他的签名，我只需按个手印就行了。通行证给了我在运输方面的优先，提审已收容了的日本俘虏（有关飞机事项），以及取得中国当局最高的协助等。这架飞机蓝图、说明书等什么都没有，要装出一架零式战斗机——美国人手里的第一架零式战斗机，这对任何一个工程师来说都是一个有趣的挑战。我挑选得克萨斯州出生的马凯军士（就是几个月以前，情愿让中国姑娘把他整死的那个美国大兵）当我的助手。有六名中国机械人员，在存放飞机残骸的地方等着我们。这个被列为“机密”的任务，预定在靠近前线的一个紧急备用跑道几英尺外的树林里进行，当然那儿既没机库也没电源，我们干活的工具就是扳手、手摇钻、各种铆钉和锄头，一个用来加热和矫直螺旋桨叶片的炭火炉。我们把连着机翼的机身，架在三只50加仑的空汽油桶上，当我们从其他零式战斗机（这些飞机被打下后都栽在稻田里）上拆下零件时，立即使我们明白这些飞机不是整批生产出来的，这为我们提供了极重要的情报。全部零件在最后装配以前都要锉修，原装的轮胎已被中国农民割掉做了鞋底了，我们无法恢复原状。我们把一架老式的美国霍克双翼飞机上的轮胎拆下来装到零式战斗机上，包在零式战斗机副翼、方向舵和升降舵上的日本蒙布，已被用来做了衣服，为此我们用中国丝绸涂几层漆来代替。

日本的设计原理非常新颖、聪明而有趣。像现在从“日出之国”进口的汽车一样，零式战斗机具有许多创造性的发明。它的冷却器、油箱、美式螺旋桨和发动机装成一个整体，只用四个大螺钉就固定在飞机的火墙上（机头前后的隔板），全部燃油：润滑油、压力、温度和其他管路，都连到一个简单的“快卸”接线盒上，安装或拆卸一台完整的日本发动机以及飞机螺旋桨和滑油冷却器系统，只需 25 分钟至 30 分钟，而美国飞机柯梯斯 P-40 或较新的北美 P-51，干同样的活都需要五至六个小时，这种显著的时间优势，在战地具有非常重要的意义。空中多一架飞机可能意味着赢得胜利；而地上多一架飞机，就留给敌人当作炮击或轰炸的现成目标。零式战斗机的左右机翼与驾驶舱浑然一体，减轻了接头和螺杆的重量，它的起落架很轻，只有 P-40 飞机起落架的三分之一重，瞄准具和氧气装置等其他组合体，与德国和俄国的设计相似或是他们的翻版。

我们敢肯定日本情报部门已经觉察到我们要修复一架日本零式战斗机的行动，他们企图阻止我们探索零式战斗机的秘密；日本侦察机每天在我们工作地区上空盘旋，想找到我们隐藏飞机的地方；但是伪装技术优异的中国士兵，使他们的希望无法得逞。两个月后我向司令部发出飞机能够飞行的密码电报，我们急于要尽快地把这架飞机转移到桂林——我们自己控制的战斗机前进基地去。我们给飞机加了 100 号燃油，在机腹下安装了一只日本的副油箱（这种副油箱可以在飞机参加格斗以前立即扔掉），也灌输了 75 加仑的燃油（现在回想起来，这样做是最愚蠢的）。

第二天上午，一架 B-25 轰炸机在前进机场的短跑道上着陆，随机来的是将要首次驾驶“我们的”零式战斗机的约翰·艾利森少校，他是个技术顶尖的飞行员，也是美国空军在中国的空中英雄。还记得当时的战时歌曲“强尼击落了一架零式机”吗？为了保护起飞区域以及将这架零式战斗机护航至桂林，四架 P–40 战斗机在上空盘旋。我先把零式战斗机滑行到沙石跑道的尽头，然后让艾利森坐上位子，发动机一直没有停车。我站在机翼上，身体俯在驾驶舱里，给少校指出各种发动机和飞行操纵系统安装的位置，以及如何阅读日本仪表；最后祝他好运。我们不想在备降跑道上多耽误一分钟，总是担心日本轰炸机可能随时出现而使我们前功尽弃。我冲向那架 B–25 飞机（这架飞机的两具发动机也一直没停），爬上伸缩梯，钻进了尾炮塔的玻璃舱内，我俯卧着，准备好了照相机。

我们起飞了，在零式战斗机上方低空盘旋，发现零式战斗机的螺旋桨不转……B–25 轰炸机只好再次降落，我赶到少校那儿，较详细地向他说明应移动那个操纵杆可避免发动机停车。两个中国机械士帮着摇动在飞机一侧的曲柄，再次启动零式战斗机的发动机；我建议少校先起飞，然后“低而慢”地飞往我们在桂林的空军基地，使我们的轰炸机能赶到前面去。我想摄下这架珍贵的飞机在飞行时的姿态，然后再赶在它之前在桂林降落。艾利森少校应在机场上空低飞以便我观察起落架放下的位置，如果没有问题，我就给他发出约定的降落信号。

这次艾利森向前推油门准备起飞时，发动机没有停车。我全身的肌肉都绷紧了，但是当我看到零式战斗机先摆动了一下（这是少校对各种操纵系的性能做测试反应），然后便拔地而起，我的心是多么激动啊！少校收起了轮子，以飞行员传统表示“没问题”的方式——摇动机翼，从我们头上飞掠而去，我祈祷上帝保佑平安无事。

一架由美国人驾驶的日本零式战斗机飞到桂林的消息传开了，数百名大兵站在跑道的两侧，陈纳德将军来了，美国驻华大使帕特里克·赫尔利也专程从重庆赶来了。四架 P–40 飞机仍在我们头上高空盘旋掩护，按预定计划，我们乘坐的 B–25 先降落，艾利森向机场低飞通过时，这架零式战斗机在我眼里真是了不起。少校低而慢地飞过，人群中响起了掌声。放

经纽曼修复后的零式飞机摔落在桂林机场

下的起落架看起来也很好，我摇动一面绿旗，准许他降落。

艾利森少校技巧地驾驶着这架美国飞行员从未飞过的飞机。他以每小时六十英里的速度进场，让飞机轮子轻轻地着陆（由于我们没有日本飞机上专用的小电瓶，因此飞机上没有无线电通信，机内也没有起落架放妥的警告灯）。发动机油门收回后，飞机仍以每小时三十英里的速度滚行。突然间，飞机的右起落架向内倾斜，右机翼的翼尖触到沙砾跑道，扭曲了螺旋桨叶，也折断了机翼和机身。75 加仑燃油装得满满的副油箱也被撞得粉碎。令人惊奇的是艾利森少校居然没有受伤。飞机在弥漫的尘土中摇摇晃晃停下来了；跑道上洒了一地的 100 号汽油，飞机居然没有着火。直至今天我仍然不明白当时为什么没有发生爆炸、着火，也没有伤人。

假如你想知道一刹那间从“扬扬得意”一落千丈到“垂头丧气”的境地时，心里是什么滋味的话，只要想想我和零式飞机在中国着陆的情景就够了。我当时什么感觉，糟糕！真的，我都准备好从腰里拔出科尔特 45

手枪自杀。尘土消失后，陈纳德将军、艾利森少校和我检查了残骸，我立即找到了这场不幸事件的原因：飞机起飞时，一小块碎石被螺旋桨吹进起落架的机械装置卡住了，致使机械装置无法锁住起落架（我们这架飞机是日本海军的舰载飞机，甲板上没有沙石，因而它的起落架公差精度比陆军用的零式飞机高）。陈纳德立刻命令把损坏的飞机搬离跑道伪装起来，接着第二个命令呢？让我把这架飞机重新再装好；我简直预料不到会得到这样的信任。

即使在我最艰苦的学徒时期，也没有这么拼命干过，一天工作这么多小时，我的动机不仅仅是因为国家急需这种飞机的性能数据，以便制定作战战术，更为了不辜负将军对我的信赖。

桂林跑道两英里外，有个机库和使用电动工具的电源，由于这架飞机的机尾部分一点没有损坏，我们把它拆卸了下来，装到一辆平板卡车上，让一名中国司机开车把它运到那个伪装的机库。马凯军士和我随着平板车，用手扶住很轻的机尾，不让它被风刮跑了。没想到卡车司机想抄近路，离开公路从两棵大树中间穿过去，两棵树之间的距离不够装配起来的机尾水平尾翅的宽度，司机没有想到这一点。……当我发现几秒钟后就发生什么事情时，我拼命地敲司机驾驶舱的顶棚，可是已经晚了！唯一没有损坏的部分——机尾，现在也需要修理了。

我、马凯和几名中国人一起修复飞机的时候，由于正值 1942 年雨季，和一年前一样，我们中队撤离了桂林，我和马凯军士留下，还有一名无线电报务员和几名以前共事过的中国机械士。当飞机修复工作即将完毕时，由于过度劳累，筋疲力尽，我病倒了。伤寒、疟疾（我过去得过两次）和黄疸病同时来了！我高烧 106 华氏度，每隔 36 个小时就冷得浑身发抖、打寒战，附近没有美国战地医院，就在此时我的韩国朋友安吉拉来救了我的命。她让当地的中国医院安排我住了进去，用挥发很快的航空汽油给我擦身，使高烧退了下来。美国无线电报务员让安吉拉亲自和陈纳德将军的司令部通话，她请求立即给予帮助。不到 18 个小时，我躺在担架上，被安置在专门派来接我的 C–47 飞机里。机上有医生、护士，还有牧师（？）和安吉拉，将军让安吉拉陪我到昆明医院。

医院的大夫立即把我隔离了起来，只有安吉拉和将军本人能来探视。陈纳德不考虑医生的意见，指示主任医师只要我一旦恢复得可以回去修飞机时，就立刻让我出院，零式飞机的修复工作已停顿了，等着我回去。三星期以后，我对医生说："行了，大夫，让我走吧！"医生认为我哪儿都不能去，我们之间发生了激烈的争论，我赢了；可是后来证明医生还是对的。送我的飞机升空后不久，我就喘不上气来，飞机只好在最近的机场紧急着陆，离昆明只有 100 英里。过了两天我又要出发了，这次医生非要我戴上氧气面罩，虽然飞往桂林的高度还不到一万英尺。

我穿着毛里的飞行服，裹着毛毯，坐在零式飞机旁的帆布床上指挥；就这样又艰苦地工作了两个星期，这架飞机又能飞行了。这次是从桂林飞到昆明的空军司令部，飞行员是我的中队长，格兰特·马霍尼少校（他后来死在菲律宾）。为确保不再发生起落架故障，我们决定将轮子保持在"放下锁妥"的位置，450 英里的飞行一帆风顺。安全降落后，我方在这架日本飞机的周围布置了宪兵保护，防的不是敌人阴谋破坏，而是怕猎取纪念品的美国大兵。在我疟疾病治好前，我不得不留在桂林，我所在的战斗机大队长拍来电报："零式机正常，你返回前不再飞行。——豪洛威"。回到昆明后，我再次检查了飞机的各个系统，然后开始比较试飞，用我们的零式飞机与美国各种飞机进行模拟格斗。

概括说来，从每次空中遭遇中，我们都看到零式飞机重量比美国飞机轻一半，使其飞行性能具有极大的优势。它怎么会这么轻呢？除了我前文中曾经提到的诸如机翼与驾驶舱是整体的结构之外，日本军方把飞行员的

纽曼夜以继日地拼修零式飞机

装甲保护全部都拆除了，又去掉了一英寸厚的自封油箱（在被子弹打穿的情况下，自封材料是很有用，但却减少了载油量，也减少了飞机的航程），他们还把发动机的电动启动机去掉了，电动启动机不仅自身重 10 磅，而且还需要一个很重的电瓶和粗铜线来带动启动机马达（在航空母舰上有的是人力来摇曲柄），他们使用更轻的铝合金，采用聪明的设计思想，在每一个微小的细节上去节省关键性的重量。

但是，事情总是有利必有弊。零式飞机太轻、太单薄了，纤维蒙布的飞行操纵面又是如此脆弱易损，因此当它要甩掉跟在尾巴后面的美国重型战斗机时，却不能很快地俯冲；这种情况很少发生，但确实还是发生过。我们的飞行试验评估之后，司令部向在中国的飞行员发出指示："只与零式飞机交手一个回合，发出全部火力，然后赶紧脱离、俯冲！绝对不做一场英勇缠斗的念头……"豪洛威上校叫我写一份有关零式飞机的情报，给俄亥俄州戴顿城怀特基地的技术专家（敌机的资料在该地做分析）。我努力用英文写完了报告，信差将它送到美国；我收到的回条这样写着：纽曼军士，请你用德文写报告，我们不懂你写的英文。

1943 年 3 月 15 日以前，零式飞机与我们在中国所有各种可飞的飞机，做比较的鉴定飞行完成后，华盛顿美国空军司令部命令将这架飞机运往美国。飞机先从一个城市飞往另一个城市，去兜售战争债券，然后由设在戴顿的美国技术情报组织对它做检验。

第二天，我和马凯军士乘一架 B–25 轰炸机，飞在零式飞机的前面，越过驼峰（喜马拉雅山的丘陵地带），穿过印度，从汀江（阿萨姆）到喀拉蚩，曾在亚格拉和包格普两地停留，在每个停留地我们都对零式飞机做检查和维修。四架派来保护这架日本飞机的 P–40 飞机都出了问题，在长途飞行中的每一段就有一架飞机出毛病，结果没有一架美国飞机到达喀拉蚩，零式飞机却什么毛病也没出。马霍尼少校驾驶着这架飞机，一路从中国飞到印度西海岸港口降落的时候，没有任何美国的掩护飞机；那儿的人看到有一架零式飞机停在他们的跑道中间，都感到非常惊奇。（如果有一架美国飞机把它打下来，那会多么令人啼笑皆非呢？）

零式飞机要在喀拉蚩分解，然后用货船经澳洲运往美国。我们降落几小时后，驻印第十空军司令比塞尔少将来看望我们，表示可向我们提供我们可能需要的任何帮助。三天后他的车再次出现，守卫在我们分解零式飞机的英国 R-101 巨型飞艇机库门口的两名宪兵举枪致敬：一位头发灰白、身穿皱褶短皮大衣的绅士和比塞尔少将一起从车里走出来。这位年长者绕着飞机走了一圈，飞机一部分已拆卸下来，机身又架在三只汽油桶上；然而这个老头爬上左机翼并且要进入驾驶舱的样子，我告诉他飞机放得不稳和这架飞机对我们空军是多么重要，请他立即下来。

我注意到了他领子上的四颗小星，但没有多去想它，我想他一定是一个来收集纪念品的新闻记者。（我从飞机残骸里挖出来的日本飞行员的领子上，也有类似的小星作为军阶标志；我见到的美国少将陈纳德和比塞尔，每人领子上都是两颗大星。）这位灰白头发的人顺从我的要求从飞机上下来，道了歉，然后自我介绍："我的名字叫安诺德。"

"很高兴见到你。"我说。"我的名字叫纽曼。"

比塞尔将军吓呆了。他示意我到一边，悄声说："这是我们的最高司令，海普·安诺德将军。"我很尴尬，反过来向这位四星大老板道歉，而实际上是没有必要这样做的。他非常和蔼可亲，因为我没有认出他来而乐得合不拢嘴。他了解我的过去，指示比塞尔将军通知陈纳德将军，他已经命令我到西海岸去，等装运那架零式飞机的木箱到达加利福尼亚或奥勒冈后，由我来重新组装零式飞机。

两星期后，印度木匠做好了三只大木箱，其中一只特大的箱子是装驾驶舱和相连的机翼。为了在美国重新组装方便，我把所有重要的连接部分都做了标记，然而我的美国之行却未能实现。美国政府派驻新德里的官员，查看了我在 1942 年 7 月 4 日签字的入伍文件，底下印着一行小字——禁止我进入“美国大陆国境”，他便取消了我的美国之行。我气疯了！一个小文官竟可以违抗四星将军的命令，这种事情在德国是无论如何不可能发生的。陈纳德将军没有命令我返回中国，而是让我在加尔各答基地医院彻底休息，疗养一个月，这是我几年来的第一次休假。

我有一种美好的感觉，在中国不仅陈纳德将军赏识我，而且我的中队长和大队长也都很喜欢我。1971 年，四星将军布鲁斯·凯·豪洛威——战略空军司令，在对空军年会的讲话中，谈到他在第二次世界大战期间，在中国担任我的中校大队长时，是这样提到我的：“有纽曼当我的机务长，就如同由凯德林先生来管理一个当地的雪佛兰修车店一样……”（查利·F. 凯德林是通用汽车公司有名的工程师、发明者和研究顾问。）

对纽曼有救命之恩的韩国友人——安吉拉小姐

零式战机机翼下漆着中国军徽，准备飞赴印度装船运美

## 空袭台湾

· 不耐印度优渥疗养享受，再度请命回桂林

· 自中国大陆直接突袭台湾（新竹）日军基地，全胜凯归

· 派任战略情报局（OSS）中国战地工作

· 与中国游击队出生入死于敌前敌后

我在加尔各答的那段日子过得还不错，病床上铺着舒适的垫子，有热水浴，军人伙食也挺可口。加尔各答是一个国际性的都市，我常到那些时新的咖啡馆坐坐，吃着冰激凌，瞧着那些白色的“神牛”，满不在乎地在闹市街头徜徉，阻塞了汽车和有轨电车；这样的街景正像我在 1939 年飞往中国途中见到的一样，不过，最吸引我的还是美国红十字会的姑娘们。每日清晨，她们在加尔各答用沙袋和茅草搭成的后方医院里往来穿梭，给病号分发牙膏、平装书、口香糖之类的小礼品。她们年轻，长得又漂亮，身穿淡蓝色平整的制服，明眸皓齿，个个都很惹人喜爱。在中国，除了从挂在卡车上的白床单上，看到电影或偶尔有像金凯丝 · 福尔肯伯格这样的明星来看看我们以外，我们几乎都忘记了世界上还存在着女人。

我深深地迷恋上了一个红十字会的姑娘，她叫弗吉尼亚，加利福尼亚人，一头金色秀发（40年后的今天，我们仍然是朋友，偶尔还通信）。每天清晨，当她来到我们病房时，那些病号们就对她起哄吹口哨，我为此十分恼火（在德国，对姑娘吹口哨被认为是侮辱行为），并和邻床的一个家伙大动起干戈来，他也是一名军士长。末了，以我的鼻青脸肿和他的右臂骨折而告终，院长只好出面为我们调停，并友善地向我解释说，如果一个漂亮的美国姑娘没有得到美国大兵赞美的口哨，她就会因此而感到沮丧。

我在那里消磨的时间也许太长，我开始不安起来，后来我终于离开了医院，搭乘一架飞机又回到了中国，等待着新的任命。离开中国已经七个月了，我原来所在的那个中队的人员都已经轮换回国了。现在，我须在战斗机的维修工作中再培养另一批新手。

我是机务长，手下有60名中队维修人员。其中只有不到一半是属于“说干就干的人”，他们全心全意地工作，使仅有的几架飞机能在前线执行任务；其他人则整天对恶劣的工作环境、缺少工具和零件、单调的伙食以及见不到美国姑娘而牢骚满腹，我主要和那些愿意干而又认真干的人一块工作。两个月的雨季，我们都无所事事，中队长送给我一本戴利·卡耐基写的书《怎样交朋友与感化别人》，他希望我能按照卡耐基的忠告鼓舞我的全班人马，努力工作。借助我那本破烂不堪的英德字典，好不容易把这本书读完，据我回忆所及，卡耐基的主张是“为了友谊，所有的事情都可以让步”，这种观点，我完全不能接受，不过看在这个老学究的分上，我还是试一试为妙。果然不错，照着卡耐基的心诚意挚地去做，我交上了许多朋友。我的这些“被冷淡了”的人们和我的关系突然热络起来了，他们邀请我打扑克玩二十一点，到了晚上，还要我陪他们到附近的镇上去玩女人；然而我却没能够感化他们把工作干得更多更好。一个月后，我还得按照我的老套——和那些志同道合的人一起干，我们的中队就能保持最佳状态。让“怎样交朋友”见鬼去吧！我们这里是在作战，飞机妥善才是头等大事，有朋友没朋友无关紧要。

在没有飞行任务的时候，一切都按部就班。我们阅读过期的杂志，那些杂志经常不断地运到中国；杂志上的一篇广告引起了我的注意——津普公司的广告上，两名飞虎队飞行员站在有鲨鱼嘴的P–40飞机前面，用津普打火机点香烟。飞机发动机应该有六个排气管，而广告上只有五个，我写信给津普公司，指出他们广告中的差错，这种差错很可能会影响他们的技术声誉，如果津普公司答应送给我中队每人一个打火机，那么我就不将此事透露给任何人（中国做的火柴常常不灵，打火机也买不到）。这件事我原本打算开个玩笑，但六个星期后，我竟收到津普公司总裁的一封友善的回信，还送给我们一箱打火机。

为了提高发动机维修的可靠性，我要求中队机械士“自愿”参加他们自己修好的单座战斗机的试飞。飞行员坐在机械士的大腿上，因为座舱罩太低谁也不能坐在降落伞上，我自己就同那位高大的中队长罗伯特·科斯特洛少校这样飞了几次。他坐在我的大腿上，飞行高度在二万英尺以上，才能找出发动机的毛病。飞行员对我的计划是热烈地支持，对维修质量有很大的改善。天色已黑，整个机场仍荧光闪烁，仿佛是萤火虫的世界，那是技师们工作的手电筒，用以检查管路或接头是否牢固，唯恐第二天我建议他们“自愿”参加试飞。

为使我们的飞机上天，我们需要零配件，但运到中国的零配件总是不够用，所以我们只好从“机库皇后”（被拖进机库，再也不能起飞的飞机）身上拆卸零件。我们用这些零件维修同一型号的飞机，有一次，我还用锯子和锉刀把一块一英寸厚的坚韧而不导电的水牛角，做成了一个分电盘的打火头，用以代替刚用不久、但已出现毛细裂缝的胶木。这一故障会使

15000 至 200000 伏特的高压点火的电弧，在高空的稀薄空气中跳过裂缝，造成发动机点火失灵和损失马力。水牛角做的零件使用寿命和飞机原来的一样，也是一年，用它来代替胶木，材料专家对此一定会感兴趣。

有一架 P–40B 的机炮发射同步器坏了，结果机炮把自己的螺旋桨叶打穿，由于缺少螺旋桨，这架老的 P–40 战斗机九个月以来都在桨叶根部带着三个枪眼。要是放在美国检验官身上，这架飞机是绝对不允许再飞的；但由于缺少备用轮胎，我们只好把飞机停放在跑道的尽头，没有轮胎的尾轮下面垫上空子弹箱，然后让飞行员把发动机加到最大马力，同时紧紧地踩住刹车，直到飞机升力把尾部抬起，机身呈水平状态，飞行员突然松开刹车，这样飞机就可以在尾轮没有轮胎而又不触地的情况下安然起飞。运输机的轮胎也很缺乏，橡胶被锋利的炸弹碎片划得遍体鳞伤，这些弹片散布在沙石平面的跑道上难以清除。我们的一架道格拉斯 –47 运输机，在只有一个橡胶轮胎的情况下，飞了整整一个星期。而另一个轮子则是用了一条直径一英寸的马尼拉麻绳紧紧地捆在轮圈上。

战争期间，我在桂林度过了最令人兴奋的春季和夏天；每天早晨黎明之前，看到机工长们在黑暗中找寻他们的飞机的情景，真是令人振奋不已（P–40 机夜间疏散在机场边缘）。发动机要做“预热”“试大车”，每架飞机的 12 个排气管都排出明亮的火焰。骇人的发动机和螺旋桨的吼声震撼着大地，划破了整个前进机场的寂静，这种震撼也许只有那些热爱发动机的人们才能理解。数分钟后，天亮了，刻画出桂林圆锥形山峦的风貌，当太阳爬出山腰时，机械士把他们的 P–40 滑行到飞行员待命的帐篷前，一辆敞篷卡车从营房运来了一筐筐炒蛋三明治和咖啡……

夜间又如何呢？我们在中国待过许多空军基地，不管大的还是小的，唯有桂林才在夜间遭敌机多次轰炸。原因很简单，远东当时几乎还没有什么导航设备，但那条从广州（附近日军有一个主要轰炸机基地）到桂林的铁路，在明亮的月夜下，那两条闪光的铁轨是敌人领航员最理想的参考目标。在收到中国部队地面防空网发出“发现不明飞机”的警报后，我们通常起飞两架或三架 P-40 机，在空中等候敌机。日军夜间轰炸机有个先天性的致命弱点，其排气管口没有遮蔽火焰的装置，在夜空里喷射出明亮的黄色—淡青色的火焰，是非常理想的追击目标，不少日军轰炸机飞行员因此而丧生。一天夜里，中队长约翰·艾利森少校，在五分钟内就击落了两架日军轰炸机。

到了 1943 年中期，用飞机撒传单成了一种新式的战争。新成立的中美混合联队的一架飞机，向日本占领的中国香港地区为中国人散发了一封信：

> 你们的朋友谨向你们致意，这张传单是由联合国的飞机散发的。现在每天都有越来越多的飞机在日本占领区的上空飞行，向日本侵略军阀讨还血债。我们一天天在强大，日本在新几内亚、所罗门群岛和南洋的战场一再溃败。我们摧毁其飞机，击沉其军舰，他们的五艘航空母舰已葬身海底，在中国的盟国空军，所向披靡。联合国永远也不会忘记你们所遭受的种种苦难，妇女遭奸淫、生灵涂炭、财产被掠夺，也永远不会忘记日本强盗迫害你们的奇耻大辱。你们要振作精神，同中国军队的弟兄们站在一起，我们一定会回到香港。（注意上面所提到的“联合国”，这些传单是联合国宪章在旧金山签订的前两年撒下的。）

双十节那天，一架教练机在我们头上散发传单，结尾说：“我们没有忘记送给你们一点礼物来振奋你们的精神，我们希望你们和我们的民众共同欢庆，谨致。”

1943年并不全是在“战争是地狱”的情况下度过的。士兵们总是要寻找机会到最近的城市里轻松一下，我们的士兵总是不难找到愿意合作的年轻女人，但这种消遣可太昂贵了。珍贵的汽油用来驱车进城；轮胎被嫉妒的中国男人割坏；醉酒的士兵被抢劫。在中国，士兵们染上性病的越来越多，陈纳德将军不得不去寻找一个办法来解决这种由来已久的职业性问题。为什么不采取严格禁止士兵进城，把山搬到穆罕默德面前的办法呢？一座木造的两层楼房在桂林机场的入口处建了起来，地面一层设有带酒吧的舞厅和自动钢琴演奏机，播放着流行的“不知道楼上在干什么”。楼上都是一些小卧室，还设有医疗室，对于每个离开这栋楼的人都要做检查，不管他是“圣人”还是“情夫”。军官们可以在双数日自由地出入“百老汇旅店”，单数日是专门招待士兵的——就好像20世纪70年代单双日汽油配给制一样；但星期天一律谢绝……

那时候，不知什么原因，可以在桂林弄到日本和安南的上等啤酒，不过没人敢问酒是从哪里运来的，是怎样通过日本的前线的？我们也用不着管这些，在我们面前摆着带有“上海制造”商标的啤酒，其他的带有“河内制造”的商标。没有冰箱，但想喝冰镇啤酒却难不倒这些聪明的美国大兵。在飞机副油箱的顶部割开一个洞，来一个“啤酒飞行”，这个空中“电冰箱”里装的不是油料而是啤酒瓶，飞机在15000英尺高空飞行十分钟后，储存在飞机副油箱里的啤酒就变得冰凉爽口了。

1943年终于过去了，中国南方的雨季，迫使我们第76战斗机中队，向北转移到华中的衡阳。就在感恩节的前两天，当天已经黑下来的时候，我和一部分地勤人员在没有一点准备的情况下，秘密地飞往遂川，这是美国在中国最靠东南方面的一个机场。在过去的一年里，中国工人在距离日军占领的从长沙到广州铁路线200公里以外的地方，修建了一个临时的跑道；几百桶汽油被稻草掩盖着，用两辆水牛车拉着通过了敌人的封锁线，这次秘密的行动显然是极为成功的，不管我们还是敌人，都不晓得陈纳德将军要干什么。第二天晚上，一个老式的柯蒂斯 P-40 型中队（15 架飞机），降落在沙石铺成的跑道上，跑道上的灯光是用 20 个手电筒组成的。30 分钟后，20 架美国最新、最快、航程远的北美 P-51“野马式”及洛克希德 P-38 战斗机出现了。P-51 型机前一天才运到中国，是从北非战场上直接运来的。几分钟后，一个 75 毫米炮管伸在机头前的中型米契尔 B-25 型轰炸机中队，也降落在遂川机场，飞行员穿着黄色的救生衣。这一切都是怎么回事？不管是飞行员还是我们都不晓得。前飞虎队王牌驾驶员，空军上校德克斯布尔是这次行动的指挥官。

意外的问题发生了。P-51 战斗机比我们老牌战机 P-40 机更富有流线型，有自己的发动机冷却剂，滑油散热器位于机腹下方，飞行座舱的后段，不像 P-40 机那样在螺旋桨的后面离地面那样高。毫无疑问，从空气动力学方面来看，这是一个极好的设计，但在中国跑道的实际情况下，这则是一个大灾难。这里的跑道不是铺沥青或者水泥，而是用沙石铺成的，其后果，同 18 个月前在桂林我们的“零式”飞机失事非常相似。螺旋桨产生的强大气流卷起了无数的沙石块，以极大的力量撞击在 P-51 机身下蜂窝状的滑油和发动机冷却剂散热器上，结果至关重要的冷却液严重渗漏。几乎所有新运来的 P-51 机第二天都不能再飞行，除非我们更换那些被损坏了的冷却器——而这也是不可能的，必须就地立即采取行动才行。

我想出了一个在今天看来似乎有些荒诞的主意。我们派了四名美籍华人机械士，到附近的一个村子里（敌人占领区的中国居民都站在美国这一边），买了四部旧自行车。我们卸下车轮，拆下钢丝，切掉它两端的螺纹，将钢丝插入散热器漏油的蜂窝内，漏油管路的两端用自行车内胎剪下来的两块垫圈封住，再用螺帽拧紧，这种装置居然成功了。

第二天大清早，也就是1943年的感恩节那天，P-40机离开了临时机场，向北飞去，欺骗那些可能向日本谍报机关告密的人。30分钟后，全部P-51、P-38和B-25机，以密集的队形起飞，向东南的台湾海峡飞去。一直到此时，我们才被告知这次飞行任务，才明白为什么飞行员都穿黄色救生衣。那是一次远距离的越海飞行，保持直线飞行，节省每一滴燃料是多么重要，只有这样，飞机才能返回遂川。

时间一小时一小时地过去，我们忧心如焚，无线电全部静默，使我们无法得到这次突袭的进展。能成功吗？我们的飞机能否找到他们的目标？几年来，美国的侦察机为陈纳德将军提供的照片显示，那里的机场集结着大量的战斗机和轰炸机；那个岛被占领了50多年之久，他们知道，台湾在P-40机的航程之外，因此美国战术轰炸机就无法在P-40掩护之下，对台湾进行攻击。这就是为什么日本人选用了“安全”的中国台湾（在那里设有完善的跑道和一整套飞机供应设施），作为从日本到南太平洋诸岛的海中集结输补基地。

我们的战斗机和轰炸机经过周密的计划，彼此互不妨碍，密切配合，他们必须以紧凑的顺序，精确地飞抵目标上空，“有限的”燃料不允许发生任何差错。起飞前的任务提示是正确的，我们的飞行员发现日本的战斗机和轰炸机是机翼挨着机翼在跑道两边排成两行，我们的P-51、P-38和B-25机作超低空飞行，掠过中国的稻田，越过台湾海峡，日本的雷达防空系统一点也没有发现。

这次突袭获得了百分之百的成功！只有一架“零式”飞机在最后时刻起飞离地，但它的起落架还没有来得及收起，就被揍了下来。

三个半小时过去了，越来越多的小黑点出现在地平线上，我们兴奋地数着降落的飞机，从我们遂川临时机场起飞的飞机全部安全返航了！那些提前起飞的P-40飞机在北面搞了个佯攻，也在三个小时前就返航了，加油之后，又盘旋在遂川机场的上空，以防日机前来报复。我们很快地为返航的战斗机和轰炸机做好了准备，不能让日本人给我们来个措手不及。这种担心看来是多余的，日本人已经被这次来自中国大陆的空袭搞得惊慌失措，人仰马翻，哪里还会有心思想到报复。

美国人唯一的差错就是错误地判断了台湾的风向，燃烧着的日军飞机黑烟滚滚，遮住了机场的一部分，使日本人保住了几架飞机。根据我们的高空侦察机洛克希德 P-38 机空袭两小时之后所摄照片，63 架日本飞机彻底被摧毁，更多架受重创；美国飞机没有 1 架中弹。

1943 年感恩节那天稍晚我们才返回常驻基地。陈纳德将军非常高兴地给我们发来一封电报："谢谢你们全体人员，感恩节的火鸡明日运到你处。"他命令一架载满火鸡的 C-47 运输机，从印度飞到衡阳，凡是去过遂川的人都吃到了火鸡。我们这些技师们都做了感恩节祈祷，由于我们拆了几辆自行车，才使得所有 P-51 机能够参加这次成功的空袭，并能安全返回。

在天气不好的季节里，我总得找点别的什么事干，我被调到了第 322 部队运输中队任空勤机械员，在各种天气的情况下，我们都照常飞行，走遍了我们在中国的每个空军基地。有一次，离衡阳不远，那里距敌人占领区也很近，我们没有武装的 C-47 飞机与三架"零式"战斗机遭遇，我们的飞机擦着树梢和稻田低飞，又伪装得很好，终于躲过了敌机。飞行不无乐趣，但只持续了几个月，一项紧急任务，又使我转到别的地方去了。

几年来，我从中国士兵那里学了不少"丘八话"（与美国语言学校教的普通话大不一样），我可以同他们顺利地交谈。由于这样，我被派到第 5329 空军地面部队资源和技术部，那是战略情报局的一个分部，实际上就是战时的中央情报局（CIA）。11 个月之中，我一直是两人小组的成员之一，该小组的任务是，不仅搜集日本人的情报，也负责报道中国盟友方面的情况。（小组另一成员，也是我同一帐篷的伙伴，约翰·伯奇中尉，中国出生，性情温和，他的父亲是一位传教士，能说一口流利的中国话。20世纪60年代的那个反动组织“约翰·伯奇协会”的名字，就是以这个已故军官之名而命名的，但谁也搞不清楚为什么以他的名字来命名。倘若伯奇中尉在天有灵，一想起此事与他有关，也会感到不寒而栗的。）

日复一日地活动在敌后地区或附近，我们或坐小木船，或乘吉普车，有时也步行。有一次执行任务，我和一位海军上校戴着中国式的苦力帽，竹扁担在肩，扁担两端挂着竹筐，走在又窄又滑的稻田间的小路上。连续走了几天，找到什么就吃什么，睡在农家，通常都由一伙穿着黑色衣服、佩戴着德国造毛瑟手枪的中国游击队保护我们。我们的任务之一是用无线电来指挥对日军的攻击，通信设备就安装在我们的吉普车里。我们隐藏在茂密的竹林中监视敌人的行动，无线电发报机的电能由手摇发电机来提供，我们俩轮流着拼命地摇发电机，这个工作比间谍任务本身还累人。

敌人非常清楚有人在直接指挥美国的飞机攻击他们隐藏的地方，但又搞不清这个指挥来自何方，因为我们不断转移我们的吉普车。运输日军的船只、轻型坦克和摩托化部队，是我们最好的轰炸目标，我们用密码准确地向基地报告并建议出动多少架飞机，使用何种炸弹。飞机起飞前和飞在途中的时候，我们一直使用密码联络，当飞机飞抵我们上空时，一般都在一千英尺的高度，我们便改用英语直接通话，以便将那些正在渡河的日军消灭。根据我们的报告，即使飞行员看不见地面的目标，他们也准确地知道在何时何地投下杀伤弹或是高爆性炸弹。

根据陈纳德将军和蒋委员长达成的协议，空军基地的地面保卫由中国军队负责。

中国的士兵都是勇敢的，但指挥不力，不但缺乏武器，甚至弹药也不

桂林机场全由民夫一锄一担修筑完成

足。没有指挥官命令不准开炮，因为只有那几发屈指可数的炮弹。有一次日军准备用驳船渡过零陵附近的湘江，那里有我们一个半月之前才撤离的重要空军基地，我困惑不解地看着，中国军队的大炮占据着非常有利的射击地形，伪装得也很好，隔着湘江只有500码，这样的接近射击肯定会置日军于死地。日军的驳船已开始启动，在这关键的时刻，一名中国士兵找不着他的长官，他急得团团转，没有长官的命令，他们是不能开炮的（据说这位长官大人带着一位年轻姑娘，坐着轿子已不知去向）。结果是：中国的大炮没放一发炮弹，就从河边撤走了，日本军队未伤一根毫毛就过了河，几小时之后，日军就占领了离河两公里的零陵空军基地。这样的事屡见不鲜。在1944年夏季和秋季，日军仍能占领大片中国领土，抢占美国的空军基地，掠走大量给养，这些物资我们还没来得及销毁（我总算抱出了几瓶草莓酱）。

当我们这两位情报员完成任务返回桂林时，我们发现我们在桂林的主要基地，正在做撤退前的销毁工作，留下来的美国人把供应站、兵营和飞机跑道统统销毁掉。这些工作是在零陵失守一个星期，撤出衡阳两个星期后开始的。很明显地，日本决心清除美国在中国所有的空军基地，这些基地一直是日本人的心腹大患。

1944 年夏秋两季，我出席了有关中国战况报告会，在会上看到了一种明显的士气崩溃的危险信号。中国下级军官向他们的指挥官的报告总是与事实大有出入，例如：关于铁路线的报告“从 A 地到 B 地已被拆毁，铁轨和枕木都扔进了附近的河中”。如果真是如此，日军前进速度就会受阻，我们的空军就会有更多的时间撤退，或利用此机会对敌多发动几次空袭，但事实并非如此。当然中国高级指挥官并不了解这些，他们还自以为以他的下级军官报告的情况为根据，做出了相当正确的战略决策呢！但他们所依据的报告是不准确的，或完全是编造的。（这对我后来的事业是一个最重要的教训，就是：“弄清事实的真相！”）

1944 年 10 月中旬，陈纳德将军从他的昆明总部发来一封电报，命令我尽快地向他报到。那时雨季刚好开始，在中国东部飞行是不可能的，处境极其困难的中国军队再也得不到空中援助了。和我一同去昆明的那位战略情报局的上尉，好不容易弄到一辆情况不算太坏的吉普车。他和我在这条 550 英里长的崎岖又泥泞的路上蜿蜒行驶，每小时只能走 15 英里。我们所带的汽油足够走完这条路。马不停蹄，昼夜兼程，饿了就吃冷干粮，我们到达第十四航空队总部时，已经是饥肠辘辘、蓬头垢面、满脸胡须、疲惫不堪了。就像著名的贝尔·穆尔丁的卡通片中的角色一样。

我立刻被送到将军的办公室，这是一间简陋的泥巴地面的办公室，与我 1940 年第一次见到他时一样，那时他是一名退役陆军上尉，现在他已经是美国第十四航空队的司令了。

陈纳德将军详细地询问了我同中国军队相处的感受，并问我，他们是否有能力坚持下去。

“守不住！”

经过了一阵询问和回答，陈纳德将军按了桌子上的电铃，把他的助手叫来。

“斯垂克兰德上校，”将军指着我说，“这是纽曼军士长，他刚从东面回来，我想让他立刻去华盛顿，向战略情报局局长杜诺万将军报告，请给他开个通行证。”

“将军，我知道纽曼军士长，当然他应该去美国。”上校犹豫了一下，然后咕哝了一句，“但他去美国是不合法的，长官……”

“就是让他非法进入美国，那又怎么样？”将军对他的助理斯垂克兰德上校怒吼着。将军缩在他那简陋的司令部的木头办公桌后面，拳头猛捶桌子，把杯子里的茶水都震了出来。“这个人为我们立了大功！”

我站在离司令几英尺的地方，身上仍穿着溅满了泥浆的飞行服。我从柳州南方空军基地，开着吉普车在泥泞的红黏土路上，马不停蹄地跑了36个小时，550英里。陈纳德把我叫到昆明他的司令部来，听取了我对东部前线最新的观察报告，并打算派我去华盛顿向战略情报局局长当面报告；由于我获得的机密数据，他还想让我得到战地任命，成为军官。

战略情报局的局长就是第一次世界大战的英雄，国会最高荣誉勋章得主“野比尔”杜诺万将军。现在我有了第二次去美国的机会了。（18个月以前，在印度新德里中、缅、印战区司令部的一个无名小卒，拒绝执行美空军四星上将海普·安诺德让我随日本零式战斗机去美国并帮助推销战争债券的第一个命令。现在，陈纳德将军是第二次努力让我到美国去。）

可怜的斯垂克兰德上校，他很清楚将军为何如此大发雷霆。斯垂克兰德知道我的事，也知道那个小文官儿不让我去美国是根据副官署署长的规定。他吞吞吐吐地再度对陈纳德将军说：“将军，纽曼军士长去美国是非法的。”

陈纳德拍着桌子反问道：“打仗的事谁说了算数，国务院还是军队？”然后他指示斯垂克兰德上校别管那些繁文缛节，立即用打字机打一份旅行命令，派我去华盛顿“执行陆军第十四航空队司令秘密口头指示”。这样，路上谁也不能问我了。

“把命令拿到这儿来，”将军吩咐上校，“军士在这儿等着。”

斯垂克兰德走后，他对我挤挤眼。“在饭桶文官找麻烦以前就离开。”说完，他伸手从最上一格抽屉里拿出一张三乘四英寸大小的钢笔画，画的是他那张坚毅的脸。

他在画上写了“向纽曼致最诚挚的祝福，克·李·陈纳德”（他这张画仍经常在我的桌上摆着）。十分钟后，斯垂克兰德上校回来了，把我的旅行命令交给了将军。陈纳德签了名，对我说：“感谢你为我们所做的一切，军士！”经过令人不可思议的幸运的三年，一个德国公民终于以美国空军军士长的身份将第一次踏上从中国去美国本土的旅程。

# 初访美国

- 入境美国成“贵宾”，“德国佬”游纽约如进“大观园”
- 盘石公园乍见“下棋姑娘”，缔结此生万里姻缘
- 局长努力难如愿，“军官”“公民”两落空
- 沉湎享乐非正途，再返中国战场追随陈纳德将军

一位军士长站在昆明空运指挥部木制柜台后面，简直不相信他的眼睛，他从来没见过由这位司令官亲自签署的出差命令，如此简单而又神秘；一分钟之内，我就被带到一架往返于中国和阿萨姆之间的柯蒂斯 C-46 型运输机上，当我爬上飞机的时候，右边的发动机已经起动。一把牙刷、一个刮胡刀、洗脸毛巾、绿浴巾、绿内衣内裤、绿色手帕，还有我那架照相机，这就是我第一次去美国所带的全部行李。我的那些在中国的伙伴们，不管是士兵还是军官，都知道我从没去过美国，在美国也没有任何熟人。在过去的几年里，他们把他们父母、兄弟姐妹，甚至情人的地址都给了我，希望有朝一日我到了美国，可以给他们挂个电话或去看望他们。这些伙伴向我许诺：“告诉他们你见到了我，他们就会为你准备最丰盛的牛排。”我在一本黑色的小本子上整齐地记满了州名、城市名、他们亲属的

名字以及他们的住址和电话号码等，我把这本宝贵的招待证件装在飞行服左上边的口袋里。

我乘坐的这架“突击号”柯蒂斯 C–46 是一架货机，装着锡和钨，准备运往缅甸，在那里卸下，然后再转往美国，没有供乘客的座位。飞机从阿萨姆返回中国时，主要是装载航空汽油、炸弹和弹药等；四年前，也就是 1940 年，我们曾用雷诺牌卡车经过那条崎岖的滇缅公路，向中国运送同样的物资。现在从印度到中国的这条空中运输线显得格外重要，因为那条老的滇缅公路已被日本人切断，美国工兵正在新修一条日本人够不着的“利多公路”，但还没有完成。飞行员告诉我，航行中尽量使用氧气，因为在没有密封座舱的情况下，飞机要在 21000 英尺的高度连续飞行两个半小时，他们警告说，飞行中随时都有失去知觉的危险。他们给我套上毛皮衬里的飞行服，让我躺在货物上面。飞机起飞后，我坐起来看了昆明最后一眼，多么美丽的滇池啊！那峦峰垒起的群山、平展的稻田，渐渐离我而去。

我们在喜马拉雅山的上空航行了三个小时，终于在阿萨姆的汀江（印度西北）着陆；一名缠头巾的印度搬运工人打开了宽大的舱门，上下打量着我。一股湿热的丛林空气扑面而来。60 分钟后，我又登上了另一架柯蒂斯C–46运输机，这架飞机将经由亚格拉（印度）、喀拉蚩、开罗、突尼斯，飞往濒临大西洋北非海岸的卡萨布兰卡。飞机在几千英尺的高空飞行，棕褐色平坦的、干旱的印度大地一览无余，这是一段温暖而舒适的飞行。快到亚格拉的时候，飞机降低高度，我们一眼就望见白色大理石的泰姬陵，四个伊斯兰式的尖塔尤为引人注目。泰姬陵建于 17 世纪，宏伟精美的建筑令我们赞叹不已。

亚格拉是美国在亚洲最大的空军基地，许多崭新的战斗机、运输机和轰炸机都排列在跑道的两旁，这些都是分配给美国在缅甸、中国和菲律宾的部队使用的。抵达亚格拉之前，飞机的一个螺旋桨出了故障，预期一个小时就可以修妥。在滑行道的一侧，有美国红十字会的一个大帐篷设在那里，免费招待多纳圈和可口可乐。帐篷里面，美国大兵们坐在空子弹箱上玩着扑克和二十一点，两名士兵在帐篷的另一端下棋，我在一旁观战，最后我和那个赢家下了起来，原来他也是德国人，他是随美国第二十航空军前往中国去的（他们的任务是轰炸日本）。

像美国军人在异地相遇时一样，我们彼此也问了“从哪儿来？”“到哪儿去？”我告诉他有关中国的情况，他也大概地介绍了纽约和华盛顿的情况。当我问他美国姑娘会不会下棋时，他奇怪地看了我一眼，不过，他还是想起来一个，她是司法部的一位辩护律师。我赶忙将那位会下棋的姑娘的名字和住址记在一张纸条上，塞在飞行衣那个带拉链的口袋里。他还证实那些在中国的小子们对我说的：华盛顿独身女子特别多，“男人得用棍子赶才能摆脱她们的纠缠”。姑娘与小伙子的比例大约是十比一（余下的九名姑娘怎么办呢？我心里嘀咕着……）。第二盘棋还没下完，麦克风里就喊起了我的名字，让我立刻回到那架 C-46 飞机上去。

飞机在开罗须作定期保养，所以我们在开罗又耽搁了六个小时。趁此机会，我搭上陆军的一辆交通车到城里看看。一路上，只见许多古老的房屋和伊斯兰风格的尖塔，与那些现代化的建筑鳞次栉比，旧式帆船缓缓地在尼罗河上往来。在当时（1944 年），一条有轨电车从开罗市区直通到金字塔和狮身人面像那里，那个狮身人面像的下巴用许多沙袋支撑着，以防被炸弹震坏。电车站附近，有一些埃及小孩在那里游荡等候着美国大兵；我下车以后，两个小男孩跟上了我，故意往我鞋上撒白灰，转身就跑，真可恶！我刚要去追他们，另外两个带着擦鞋工具的小孩跑过来，马上把我的鞋擦干净。显然，这是串通好了的，为的是挣点小钱。

我和另外三十几名美国军人，在一个最高大的金字塔前面站住，仰望着宏伟的建筑，不由得令人惊叹：几千年前的人们竟然能把这一块一块巨石叠起来！我们这些大兵还想看一看真正的木乃伊，在一个导游的带领下，沿着一条又窄又陡的黑洞，我们一个拉着一个向上摸索前进，这个黑洞一直通向金字塔几何图形的中心；到了最里面，变得平坦了，但却漆黑一片，什么也看不见。我们的导游让我们给他几个皮阿斯塔（埃及货币），他就给我们点火照亮（在黑暗中伸手就可以摸到古怪形状的埃及货币）。导游收了钱之后，点燃了一块红色的镁块，镁块发出耀眼的光亮，但由于光太强，刺得我们的眼睛什么也看不见，半分钟后，镁块燃烧完了，周围又是一片漆黑。我们又给导游加了一些皮阿斯塔（只值几分美金），这次他打开了大约是几年前安装的电灯；大厅一片通明，一个没有盖的石棺，安放在潮湿的方形的墓穴里，据说已有四千五百年了。我们跑过去一看，里面空空如也，什么也没有，导游告诉我们，葬在这里的法老王的木乃伊，几十年前被弄到伦敦大英博物馆去了。我们深一脚浅一脚地沿着狭窄的小径走了出来，外面是阳光的世界，照得我们睁不开眼睛。

一个贝都因人缠着要我在他的骆驼背上拍张照片，我给了他几个硬币，便爬到骆驼鞍子上。过去，我从没留神过骆驼是如何站起来的，我也不晓得它是后腿先站起来，臀部高高地撅在空中，然后再站起前腿。当这笨拙的动物将臀部抬起的时候，我整个人从它的脖子一直滑到耳朵，险些摔下来。后来，在从开罗飞往卡萨布兰卡那段路上，我才发现我那本记满人名地址的小黑本子不见了，可能是我从骆驼背上险些栽下来的时候丢掉的。我记得我向骆驼背上爬的时候，那个小本子还在我的敞着的上衣口袋里。这对于一个在美国举目无亲的旅行者来说，无疑是个可怕的打击！

C–46 机在 15000 英尺高度沿北非海岸线飞向突尼斯，五年前，我曾乘一架法国航空公司飞机做过一次反向飞行。脚下我们清楚地看到托布鲁克要塞外面的大片坦克残骸，1942 年，德英两国部队曾在这里进行过两次血战。

从卡萨布兰卡越过大西洋，我乘坐的是一架四具发动机的道格拉斯

1944年美国《生活杂志》11月号封底刊出纽曼的半身照片，标题为“大兵陷于窘境”

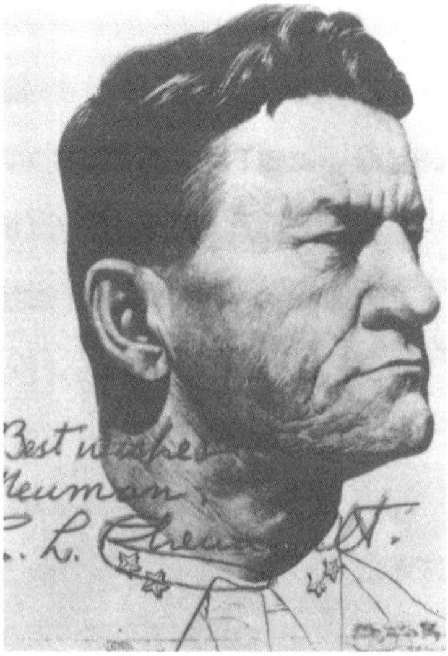

陈纳德将军赠送纽曼的亲笔签名素描像

C-54“贵宾”专用的豪华运输机，途经亚速尔和百慕大。飞机抵达美国前一小时，一名机务员给我一份海关移民登记证。那上面列有一大串问题，诸如：美国家庭住址？是否携带外汇？有无申报物品？等等。“在上一次何时离开美国”一栏，我填上“从来没有”。

哈！美国，我来了！

1944 年 10 月 26 日，早上 6 时 30 分，天气多云。每周一班的邮务机从印度飞到了纽约，降落到拉瓜迪机场。官阶最高的官员先下飞机，我是飞机上唯一的军士，我最后一个走下 C-54 机，由两名联邦调查局的先生组成的“欢迎委员会”正在等候着我。在一家小店用过咖啡和多纳圈，他们问我：“从来没有来过美国是不是真的？”我说这是真的（一定是机员将我这个古怪的大兵的情况，用无线电通知了他们）。他们还问我，在美国没有任何住址是不是真的？我说也是真的。我的护照在哪里？在中国香港，在英国人手里——或在日本人手中。他们问我打算在美国干些什么？“这是机密！”他们看了看我的出差命令，摇摇头，然后悄声交换了一下意见。其中一个人去隔壁房间给华盛顿那里挂了电话，杜诺万将军的战略情报局总部肯定给我派了个保票，并告诉那两名调查员，总部正在等着我呢！

转瞬之间，我竟然变成了“贵宾”，也得到了富丽堂皇的接待！他们给我叫来了一辆专车，又在纽约萨顿旅馆给我包了房间；一位身着深绿色美国陆军制服的女司机把我送到旅馆，这个旅馆是军方专为过境人员提供的临时住所。

在旅馆登记完毕已经快 10 点钟了，离开大厅便向我的房间走去，沿着走廊走不远就找到了我的房间。在走廊里我看见一间开着门的洗澡间，里面全都是用白瓷砖贴面。我住的房间虽然不大，但家具倒也齐全，有一面是窗子，另外两面都有门。我打开一个门看是壁橱；另一个门，我不想费心再去开。我赶快脱了衣服，将绿浴巾围在我的腰上，急忙向那个白瓷砖的洗澡间走去，它的门仍然开着。

这真是迫不及待！第一次洗澡——在地地道道的洗澡盆里……多少年了？甚至一年前在加尔各答后方医院里也只能洗个淋浴。想想就在前几天，我最后一次刮脸是在水田里，用钢盔盛着浑浊的泥浆，水蛭就挂在我那毛茸茸的腿上；我现在能在热澡盆中轻松一下，这真好似在天堂一样。当我在澡盆里洗得正来劲的时候，有人砰砰地敲洗澡间的门，“谁让你用我的洗澡间？”真丢人！我赶紧跳出澡盆，把身子擦干，对那位早已不耐烦的中校做了些解释；回到我的房间才搞明白，那扇没看的门里，就是我的洗澡间。(在战前的欧洲，如果您能住上每层楼有一个洗澡间的旅馆，就算您走运了。)

在萨顿旅馆的一个电话间里，我查到了纽约无线电广播剧女演员艾姆·安的电话号码，她是我所属中队一个少校的妹妹。我曾答应过少校，一到纽约就给他妹妹通电话。幸运极了，没有小黑本子我也能记住她的名字，那时她也正在家。“啊！是的，军士长，我从哥哥那里听到过您的情况，我期望见到您。6点在圣·里吉斯旅馆前厅镜子下见面，怎么样？”“我可怎么认出你呢？”“别担心，”她说，“我会找到您的，您也会认出我的。”我没有机会对她说我根本不知道“前厅”这个英文名字的意思是什么。

在旅馆的服务台上，有陆军新闻署的一位上校给我的一封信。信上说，他将乐于会见我这个刚从中国战场上回来的人，并邀请我共进午餐。当上校看到我穿着飞行衣，知道我再没有其他军服，他叫人给我弄来了两套咔叽布军服，军士长的臂章和空军军徽已缝在上面，这一切都是在下午3点钟以前弄完的。然后，他给我解释了什么是“前厅”，在我那本又薄又简单的袖珍英德字典里没有这个字。他之所以十分关心这些事，是因为明天上午10点钟，他要让我在新闻署举行的记者招待会上露面，招待会就在离萨顿旅馆不远的他们的会议室举行。上校还对我说，他将坐在我的旁边，假如需要我回答“我的确不知道……”的时候，他就踢踢我的腿（不管我知道还是不知道都没关系），否则，我就得照实回答一切问题。他还建议：如果我想看一看真正的纽约，最好还是乘地下铁车去圣·里吉斯旅馆，赴我那个6点钟的约会。

此时此刻，在我踏上美国国土的第一天，真令我感慨万分。摩天大楼、私人用的洗澡间、白肤色的人群、出租车、带窗子的公共汽车，还有两套新军服；一个全新的世界在向我展开双臂。

我穿上了新军装以后，将飞虎徽章别在前胸右口袋上，美国空军徽章在左边，没用多长时间就准备妥当。为避免搞错，我事先计划了一下：我将镍币和银币分放在右边和左边的裤子口袋中（为什么五分硬币比一角的大呢？），在附近的地下铁车站，我夹在上下班的人群中，匆忙地走着。人群将我挤到一排旋转式的栅门前，我急忙把一个硬币塞进栅门上的一个狭孔里，但栅门一动也不动，再投一个硬币还是没动，我又投了一个，排在我背后的一个人拍了我的肩膀，“当兵的，你把钱塞错地方了！”闹了半天，我为别人付了钱，隔壁的人推开栅门，愉快地过去了。

下午 5 点 45 分，我终于找到了圣·里吉斯“前厅”大镜子底下这鬼地方，在这里，我就与艾姆·安小姐见面了。除了在电影里，我从来没有见过这样奇特的地方，富丽堂皇的大型吊灯，雅致的陈设。“前厅”里挤满了高贵的妇人和年长的先生，一位极其漂亮的少女出现在人群里，她披着一件皮毛大衣，长着白金色的头发，径直地朝我走来。哦！就是她，艾姆·安！当她拉着我的手去隔壁酒吧时，我的心激动地跳着。我从没见过美国的酒吧，更不用说坐在它那高高的凳子上了。“您喝点什么，士兵？”酒保问道。我不知道要叫什么，除了啤酒和中国的米酒之外，我什么酒都没喝过。正在我不知所云的时候，我那位漂亮的同伴不无同情地问我：“军士长，您喝点硬的（指烈酒）还是软饮料？”她的问题使我莫名其妙。什么硬的，什么软的？对我来说，所有的饮料都是液体的。她给自己要了个什么“双料”，为了快点做决定，我只要了一杯可口可乐……

我们正在谈论中国和她哥哥的时候，一位上了年纪的绅士从前厅来到了酒吧，她指着他说：“干爹来了。”（谁？）经简短介绍，我开始回忆起埃迪·里肯巴克上尉和他的第九十四飞行中队在法国飞行的历史，这个“干爹”在 1918 年的时候是这个中队的成员。这位老先生的名字，我在中国时也曾听说过，他现在是一个公司的总裁，他请我和艾姆·安在楼上一间豪华餐厅共享了一顿美味的晚餐。好多年了，我没有从正式的菜单上点过菜。最后，一个带玻璃罩的甜食小车推到我们桌子前；吃了三年的稻米和发面饼，现在吃到了维也纳蛋糕和巧克力派真是一番享受。当我和他们道晚安时，艾姆小姐让我下次来纽约时再给她电话——但我失去了勇气，从此再也没有见到她。

第二天早上9点，上校接我去记者招待会。出席这次招待会的有来自《纽约时报》《先锋论坛报》《邮报》《每日新闻》以及用英文和德文出版的其他许多家报纸的记者，一共22人。一小时左右的采访，发问与回答主要都是有关我在美国军队里的事，以及为什么最近在中国接二连三地失去那么多的空军基地的问题。上校仅仅踢了我两次，那是当记者们问到蒋委员长及其夫人的时候。招待会之后还拍了照片。

第二天早晨，每种报纸我都买了一份，当读到记者报道昨天的招待会时，我几乎气得要死！从同一个招待会中报道出不同而令人难以置信的故事；许多文章非但不真实、不确实和言过其实，简直是地地道道的耸人听闻，这种局面使我窘迫极了。

在所有的报纸中，只有两种报纸的报道是正确的。《生活》那一期，在其海外版的封底上刊登了一幅我的半身大照片，标题是：《大兵陷于窘境》，正确地报道说我是一名美国空军的军士长和前飞虎队员，我刚刚由海外回到美国，还没有领受官阶，因为首先我要得到美国公民权才行。合众社报道也不错，而且它的一个记者还邀请我第二天乘车游览纽约市，从哈莱姆到华尔街，在沃多福——阿斯托里亚用午餐。

新闻署的上校曾通知我华盛顿之行要延迟一天（只有延迟一天才能买到火车的卧铺票），我很高兴地接受了记者的邀请，多看看纽约城。

一到华盛顿，我就马上和大名鼎鼎的将军怀尔德·贝尔·杜诺万先生如约会面，他在第一次世界大战中曾获得国会荣誉勋章。他曾收到陈纳德将军的一封电报。简单介绍了我的情况，并请求杜诺万将军尽可能给我弄一个“校尉级的官阶”，因为我经手过秘密情报资料。这位和气、不拘仪节的战略情报局将军，社会身份为律师，在他的办公室门口迎接了我。我陈述了我所观察到目前中国军队的状况，他聚精会神地听着，然后召唤他的助手（一位海军上校），命令他好好照拂第一次访问这个国家的我，并能看到我正式被任命为一名军官。为表示特殊的欢迎，将军还让人给我准备好十张三日通行证，这种通行证可由我自己填，持此通行证可以畅通无阻。我谢过了杜诺万将军，并答应他在60天之内再去看望他。那些天，我一直和这位将军的助手在一起，他请来一位政府的律师，按照那位战略情报局将军的意思，看看还需要做些什么手续。

“下一步去哪？”助手问。

我想起了那位加尔各答红十字会的姑娘弗吉尼亚，她有一位朋友在芝加哥，我决定去那里。上校预定了火车票，但要几天后才离开华盛顿。就在那天下午，我找到了离盘石湾公园不远的那位会下棋的姑娘的地址，那是在印度和我下棋的一个士兵给我的。因为我把她的地址写在另外一张纸条上，那个小黑本子在埃及金字塔丢了，但这张纸条却还没丢。我按了门铃，无人回答。我坐在楼前台阶上等了一会儿，然后向附近拐角的一家药店走去，这是我第一次进美国式的药店；在这样的药店里，除了药以外，你几乎什么都可以买到。一位女售货员给我调制了一大杯冰激凌，上面放着果汁软糖、巧克力汁和果仁，黑的、白的、粉的、黄的……真是一件珍品，她的老板过来看了看她所调制的——然后拒绝收我的钱。

回华盛顿市区前，我又去了一次“会下棋的姑娘”的家，看她是否回家了。真的！她回来了。克莱瑞丝那美丽的小脸，闪着一双明亮迷人的眼睛，在链子锁着半开的门后露面了。我转达了五天前在印度我曾见到她的那位朋友的问候，然后她才把我让进了她的房间。克莱瑞丝在红十字会捐血刚回来，她接受了我邀请她吃晚饭。

华盛顿的姑娘太多，她们尽力“使穿军装的士兵过得开心”（不管怎样，他们是这样说的）。每天晚上约会一个姑娘很容易。克莱瑞丝甚至让我使用她的1940年德索托牌小轿车和她办公室的另一位年轻的女友外出晚餐，这个约会还是她给我们安排的。

几天后，我乘火车去芝加哥。大约半夜时分，宪兵来到餐车检查士兵通行证，我当场填写了一张事先签署的三日通行证，使宪兵们大为震惊。

在芝加哥，我在城南一家旅馆找到一个房间，每夜一块五美元，然后给芝加哥的一个商人挂电话。这个人是谁我不清楚，我只知道他是弗吉尼亚的朋友。先是一个秘书接，然后另外一个秘书接电话，最后才是他本人——杜安·穆尔索普先生。“啊，是的，年轻人，我听弗吉尼亚谈到过你，明天中午在工联俱乐部的大钟下见面。”当然我不懂得工联俱乐部是个什么样子的地方。

一个大块头，身高六英尺、白发蓝眼、漂亮的男人，大约45至50岁的样子，坐着一辆黑色长长的高级轿车到了，尽管当时汽油是配给制。他拍了拍我的后背，用力地握着我的手，立刻使我感到不那么拘束了。我们的约会很成功，午餐也很丰盛。“把你们最大的牛排端出来，”他对领班说。“这个士兵一二年来净吃水牛肉。”穆尔索普先生接着又请我吃了两次中饭和两次晚饭；各在工联俱乐部、芝加哥体育俱乐部、西大使“水泵房”、东大使——然后又在拉格兰奇他的家——芝加哥郊外。穆尔索普先生那时是维尔林钢铁公司总裁，现在仍然是。他的三个儿子在美国海军，均在海外服役。一次晚餐，他还邀了漂亮的贝蒂·威尔基姑娘作陪，她20岁左右，是美国总统候选人温德南·威尔基的侄女。后来又多次应邀出席了工业界知名人士在拉格兰奇他们的家举行的宴会，参加这种乡村俱乐部式的晚宴对我来说还是第一次。在我回华盛顿之前，穆尔索普先生赠送我一打120型照相底片，这在当时是很难搞到的。

回到华盛顿第二十三街战略情报局的宿舍时，我收到两张在巴尔的摩举行的一年一度的陆军——海军橄榄球义赛门票，座位在最好的中线位置。这票是芝加哥我的那位想得周到的朋友穆尔索普先生送给我的，“给你和你喜欢的任何一位女士”。这是我有生以来第一次观看橄榄球赛。我对橄榄球

纽曼乘“突击号”柯蒂斯C-46飞越“驼峰”

的规则是一窍不通，我不明白为什么每隔几分钟，球员们就聚在一起好像在讨论什么；为什么计时钟停下来；为什么球员们老是你压我、我压你滚在一起。这对踢足球长大的我来说，真是难以理解，踢足球是一直向前的。

我碰到的另一个难题是吃早点，每天早晨，当我在小店用早餐时，我要米脆片，店员都问：“什么？”我只好将稻米脆片改为玉米片，店员还是听不懂我的发音。

我遇到许多陌生人，当他们知道我在美国没有家时，就邀请我同他们住在一起。对于我这个敌侨来说，美国人是真心诚意的东道主。1944 年的圣诞节期间，我过着一种梦幻般旋风式的生活；从《十七》杂志的编辑先生在公寓里举行的鸡尾酒会，到卡茨基尔周末的滑雪……真是应接不暇。我在一个晚会上认识了一位归化美国的前德国将军，要去度假，甚至将他在纽约中央公园公寓的钥匙都交给了我。从他的收音机中，我听到了有关德军在比利时的巴斯托尼最后一次反攻受阻的消息，以及在东方另外一条战线上，俄国人以锐不可当的攻势，突破了德国在波兰许多地区的防线，并逼近了我的家乡法兰克福 / 奥德河——柏林的最后一道防线。

往后几个月里，我曾多次见到下象棋的姑娘。我们一起打乒乓球，在华盛顿的盘石湾公园里骑马，她像我一样喜爱狗，并非常幽默。她那辆1940 年的德索托小轿车，由于缺乏汽油并没怎么用。因为我能领到 30 加仑的汽油，对于她来说，我成了一个有用处的人。（每个休假的美国军人不管他有没有汽车，每天配给一加仑汽油。）

1945 年 1 月的一个周末，我约克莱瑞丝在纽约中央公园见面，游览动物园，吃热狗（看得出她并不习惯吃）。我们在纽约歌剧院排了一个多小时队，想买晚场票；当售票窗口挂出“售毕”的牌子时，我们前面还有 20 多人。排在我们后面的一位先生问我，在海外是否参加过作战，当他听我说“参加过”时，执意地要送我们两张正厅前排座位的票（他原打算调换两张其他场演出的票），并拒绝收我的票钱。还有一次，我一个人在华尔街地区游览，一位年老的爱尔兰巡逻警察，邀请我到证券交易所，并尽力为我解释那里的人为什么都狂喊乱叫，手臂挥舞个不停。

感谢有了陈纳德将军和弗吉尼亚的介绍，我结识了工业界和军界以外的著名人士，如最高法院法官弗兰克·墨菲先生，他是前美国驻菲律宾高级专员。他邀请我在他的议事厅用午餐，他还自豪地把他在国民自卫队装甲师服役时的剪贴册拿给我看，在那里，他还是位上校呢！在最高法院下午开庭之前，他把我介绍给其他八位法官，并邀请我旁听法院的一次审案。那天下午，我接受了邀请，并且听了一则诉讼，是联合果品公司对南方铁路的起诉，有关因火车延误而导致香蕉在转运中受损一案。那天晚上，克莱瑞丝问我：“今天你都做了些什么？”我只是轻描淡写地告诉她，我同墨菲法官共进午餐，她肯定那是我在和她开玩笑。由另一位战时的朋友介绍，我又结识了托内特·巴奇尔德小姐，她是罗斯福总统的私人秘书，她邀请我以及总统的一些工作人员，在她雅致的“乔治城”公寓里共进晚餐。

一天晚上，克莱瑞丝和我决定铺张一下，到古典式的雷利旅馆的餐厅共享一顿节日似的盛宴。招待我们的服务生——指着舞池那边的一个餐桌说：“那位先生荣幸地邀请您和您的女朋友作为他的客人。”说实在的，美国人对他们的士兵和水手确实是真心诚意地好——尤其对那些刚从海外回来的。因为他们军服上佩戴着色彩鲜艳的勋标，一眼就能分辨出来的。

六周之后，我如约前去拜见杜诺万将军。他告诉我一个糟糕的消息，尽管国防部已尽了最大的努力，但我还是不能像陈纳德将军建议的那样成为一名美国军官，因为我毕竟是来自敌国的侨民，而不是来自中立国家或参战友邦。事实上，国务院已私下向战略情报局表示，既无护照又无入境签证，我在美国已属非法。杜诺万将军说，现在已经是毫无办法了，不过他表示他要继续解决这一荒谬的僵局，“即使需要把它提交给国会，我也会处理妥当”。我没有重视这种想法，因为在中国时，我们负责军需的军士，当你要多领一双袜子时，就经常使用这种表达方式。我感到失望，但我也要面对现实。我给陈纳德将军写了封信，请求他调我回中国，尽管杜诺万将军认为我有相当丰富的“海外服务经验”，完全有资格留在美国。我觉得我不应该在美国沉湎于每天只想着和这个姑娘一起骑马或与那个姑娘共进晚餐的享乐之中，我告诉杜诺万将军，我宁愿在中国当一名军士长和陈纳德将军在一起，也不愿在美国当个上尉。

1945 年 3 月陈纳德将军发来一份电报，命令我“尽快赶回中国”，并向他的总部报到。

1945 年 4 月，克莱瑞丝驱车将我送到了联邦火车站，是道谢和告别的时候了。我俩商定，她把我送到火车站分手后，都不要回头看。我提着沉重的行李袋走过了站台上的旋转门，在我所接触的姑娘中，我最喜欢的是克莱瑞丝。想不到我也会有这样的时刻，我的喉咙哽塞了。

# 特别公民

· 5200 官兵同船共煎熬，23 天海上当宪兵

· 女友不在转赴西岸，洛城谋职又靠修车维生

· 飞机工厂研究工作刚入正轨，将军在华急电召往协助

·“下棋姑娘”自德返美奔赴洛城闪电成婚

欧洲的战争已接近尾声，希特勒鼓吹的千年帝国摇摇欲坠。同盟国在整个太平洋地区的战争，除中国以外，进展得都很顺利。中国的军队仍无法制止日本人的进攻。1945 年 4 月 12 日，当我抵达开罗，才离开美国 14 个小时，罗斯福总统去世的消息就已经传开了。

当兵的都感到这是一个大遗憾，因为我们的统帅未能活着亲眼看到同盟国的最后胜利。

一周以后，途经亚格拉，我向我的一位从加尔各答调到那里红十字会的朋友弗吉尼亚，讲述了我访问美国的情况，并且在月光下看到了印度皇帝为其皇后在亚格拉用纯白色大理石建筑的壮丽的泰姬陵。随后回到了陈纳德在昆明的司令部，我向这位老总报告了我的美国之行，并转达曾热情招待过我的那些将军的朋友对他的问候，并感谢他为我所做的一切。由于

德国濒临失败，人们预料第二次世界大战最后的决斗将在中日之间进行。传说上百万盟国军队（主要是美国、英国和澳大利亚），将很快地从中国大陆的南部和东部登陆。出自强烈的个人意愿，我向将军表示要像1942年那样，一来就投入战斗；善始善终，重返第一线。他理解我的心情，把我从OSS调离，并指派我到新近组成的第二十八侦察中队去，成为我原来所属的第二十八战斗机大队的一部分。该中队由马浮·卢伯纳少校指挥，三年前他还是少尉，是我刚开始工作时的一位技术军官；现在，到了1945年，他已成为一位空中英雄，而且是第二次到中国服行勤务。除卢伯纳少校和他的指挥官埃德·瑞克特中校（原飞虎队的空中英雄和1942年时我的中队长）外，没有其他留在中国的老朋友了。

1945年5月的一天，我收到了华盛顿拍来的电报："关于公民资格的提案，今天已提交国会，恭喜您，克莱瑞丝。"这是令人难以置信而且完全没有想到的事情。比尔·杜诺万将军遵守了他的诺言，因为他曾答应努力克服那些使我无法取得美国公民资格的障碍。他促使众院军事委员会的纽约众议员安德鲁斯提出了一份提案，并请国会考虑到我的特殊情况而不受归化要求的限制。我做梦也不会想到，国会竟专为我一个人的事，通过一条法令；连克莱瑞丝也不认为我的问题能够列入国会的议程。

在欧洲，反希特勒的战争已经结束。由于盟国在太平洋地区的进展，以及预期美国军队将从欧洲调来加强战力，日本人在中国战场也已经全面停止进攻。他们的高级将领开始从中国内地将部队撤出，并准备加强防御已占领的沿海地区和自己的国土。日本人自美空军基地撤退时，机场设施又遭到一次浩劫，现在跑道正在重新修复，填平炸弹的弹坑，以备我们使用。

8月7日凌晨4点钟，我被帐篷外的几个士兵喧哗声惊醒："……当轰炸员从两万英尺高空投向日本的炸弹爆炸时，他从座位上摔了下来！"我叫他们住嘴，因为我们还要睡觉。这时一个家伙从我的帐篷卷起的一侧跑进来，激动地朝我的蚊帐小声说道：“真的，军士长，我们在广岛投掷了一枚炸弹，一切都被炸得粉碎！”此刻，和我睡在一个帐篷里的其余五个人都醒了，周围的大兵们也都醒了。我们想那两个家伙不是米酒喝多了，就是关于辐射枪和巴克·罗杰斯的连环画看得太多了。到了吃早饭的时候，这个消息开始在飞机场附近的营地传播开来，看来一件特别的情况是发生了。我们的一位无线电报务员，收听到在旧金山军事电台的消息说，教皇向杜鲁门总统拍发了急电。但我们中间仍然没有一个人相信这个荒诞的流言。三天以后，又传来了更加令人振奋的消息：另一枚“不可思议的”炸弹投到了第二个日本城市——长崎；据报道，整个城市都在燃烧。仅仅一枚炸弹？真是令人难以置信！紧接着，我们的新统帅亨利·杜鲁门总统，以广播向驻扎在所有地区的全体美国部队宣布：“战争结束，日本无条件投降了。”

虽然我们分享着驻扎在全世界几百万军队的欣慰，据说有的地方朝天鸣枪，以示庆祝，但在中国的战斗机基地，却是一片沉寂。在中—缅—印战场上的许多士兵，特别是自愿回到中国来执行第二次任务的士兵们，感到很痛苦。我们的头儿，从 1937 年起就开始帮助中国，但到后来，却受到一些将军们不公正的对待。罗斯福总统生前一直尊重陈纳德，但已不可能再出面保护这位退休的前任军官了。1943 年，温斯顿·丘吉尔曾在罗斯福总统的椭圆形办公室里会见过陈纳德将军，当我们头儿离开办公室后，据说他曾经讲过这样一句：“能有此人在我们这一边，真是太幸运了！”现在我们知道出于某些健康方面的原因，陈纳德将军距战争结束前仅六个星期的时刻，从中国辞职了。大多数美国人都熟知陈纳德将军是“飞虎队的象征”，而且已成为一位大众景仰的民族英雄。他在全世界的声望，使得他衣领上的两颗星星，比中—缅—印战场上其他将领的星星更为明亮。

使我们这些在中国待了很久的人感到最痛心的是几天以后，我们的最高司令部居然没有正式邀请陈纳德参加在东京湾密苏里战舰上举行的日本投降仪式，只有道格拉斯·麦克阿瑟将军问一个下士：“陈纳德怎么没来？”

在陈纳德将军于1945年6月底离开中国之前，我收到他寄给我的一封“辞别与祝福”信，催促我一旦战争结束必须立即飞往印度的喀拉蚩，登上运兵船，以便在美国入境时成为“上千个返国士兵中的一员”，这样才能减少被那些他称作“惹是生非者”将我拒于美国大门之外的机会。考虑周到的陈纳德将军甚至还附上一封致任何可能的雇主的推荐信。

我的名字连同我的中队长卢伯纳少校，都被列在返回美国的第一批名单上。1945年8月18日，离别了中国——我的第二故乡，我不知道今后是否还能再回来。离喀拉蚩港不远的沙滩上，给成千上万待返的士兵搭建了一个很大的帐篷城。大喇叭一天二十四小时都高声广播着即将随第一艘运兵船回家的人们的军阶、姓名和军籍号码。那是一艘“胜利号”船，已停泊在港口，正在将货船改装成运兵船，打算装5000名官兵和200个护士回美国，而不是任何战争物资。在码头附近的印度沙滩上度过了十个夜晚。等待着改装工作。为以后的日子做准备，我在喀拉蚩城里买了一套典型嵌花的孟加拉湾黄铜鸡尾酒会餐具，连同我在中国买的三顶人力车夫戴的草帽，想使几个美国姑娘高兴高兴。除了沉重的黄铜餐具外，我还有一支一二〇低音键的霍纳手风琴；我的琴艺，虽然不高明，但曾用这个手风琴响亮地为志愿队的士兵们演奏过凯蒂·史密斯的歌，像《月亮爬上山》或者英克·斯鲍兹的《当光芒重新照到全世界》等。它从1941年志愿队成立之日就开始在中国陪伴着我，加上德国的普劳贝尔照相机和照相册，随身携带的东西很多。但说实在的，我也只有这些东西，连一件便服都没有……我想象着三个星期都将在海上沐浴着阳光，经过阿拉伯海、苏伊士运河，再经过西西里岛和直布罗陀，跨过大西洋然后回到美国。

随着“纽曼军士长10500000号”的叫声，我登上胜利轮，身后跟着若干个士兵。恰如我设想的航海计划一样（但并非按“捷足先登”的原则），先上的可以随意选择自己住哪个舱，我们被送到舱的底部，整艘船从底舱开始装人！每个士兵只允许上船时携带自己能拿得动的所有物品。但更难为人的是，一位管补给的军士在喀拉蚩发现了由印度汽轮错运来的几千套冬天穿的军大衣，所以命令每个人将一件大衣放到行李袋中再带回去。那位站在船踏板前的海军上尉很同情我，并允许我分两次将我的东西拿到船舱底层我的床铺前。甲板上的舱位是军官和护士们住的。我的吊床是三层铺中最下面的一个，离船的推进轴的盖罩仅一英尺远。吊床之间的垂直空间太小，只要一翻身，膝盖就会碰到上面那个家伙的后背。出于某种不得而知的原因，一部分士兵被指定为在海上23天旅行中担任宪兵，我有幸被选中；但庆幸的是整个回程中，派我在最高一层甲板上执行勤务。从来没有任何人告诉我们当宪兵应该监视些什么？

尚未离开喀拉蚩以前，胜利轮下面的第五层舱就热得像烤炉了；白天外边的温度为华氏150度，晚上降到90度。由于我们的位置在海平面以下，连个新鲜空气的送气孔都没有。启程后每天给我们吃两顿饭，无地可坐，要站在狭窄的船尾突出部用餐；吃得很简单，浓缩的牛奶、脱水鸡蛋、缩水的土豆，一切都是缩水的（船上的海军船员住得舒适而且一天能有三顿饱饭）。离开印度四天后，盥洗用的淡水用完了，这以后只能用咸水淋浴，擦了肥皂后身上黏乎乎的。启程后疾病开始蔓延，400人挤在缺乏空气的第五层底舱，炎热之中散发出一种恶臭，每天只有两次（各一小时）到甲板上放风，透透新鲜空气——使得人无法忍受。我发誓，今后永远再不乘船了。

船在航行中还要受战时灯火管制的限制。军官和护士们便充分利用灯火管制和温暖的夜晚，在我们船上的许多隐匿处、角落里和救生艇的蒙布之下约会。我对宵禁之后的“社交活动”并不介意，但我却讨厌那些把栏杆拉直的铁索。夜间执行宪兵勤务时（不允许打手电筒），每次要有四个小时在颠簸的船上摸着栏杆走，我右脚的外胫碰到了这些倾斜、间距不规则的铁索上，正好在膝盖以下五英寸。尽管我在黑暗中想尽量避开，但仍被尖锐的铁棍刮得疼痛肿胀，右外胫的肿块三年之后才恢复原状。

经过运河后，按计划在苏伊士城停留一天，加油、加水、加补给。在我们到来之前，水手长传统的哨声一响，船长尖刻的声音从扩音系统传来：“请注意！本船长现在讲话，我知道在你们中间有许多人抱怨船上的服务。服务确是差些，伙食也不好，空气使人难以忍受，我表示歉意。在苏伊士，你们有一个极好的机会离开这艘船，自己回到美国去。对于那些忍受不了的，我要说：‘悉听尊便’；对其余的人，我要说，‘闭上你的鸟嘴’。”结果，没有一个人离开。

回国的海上天气极坏，而且海面也不平静。5200 人的重量与满载的货物比起来是天壤之别，船在汹涌的大海中忽上忽下。北大西洋波浪滔天，我们通过直布罗陀后，大浪把胜利号的推进器时常推出水面，结果使大轴超速，使船身嘎里嘎啦作响、抖动，特别是推进器的罩子。那些可怜鬼们（包括我在内），在它旁边简直无法入睡。我责怪自己为什么不找个机会乘飞机去纽约（空军人员有权飞回家去），却落得在船上活受罪，但也感谢上帝在过去四年的战争中把我安排到了空军而不是海军。

离开印度的第 23 天，船上广播宣布，我们将于当天深夜抵达纽约，并在港口外停泊，等待天亮和涨潮时进港。港务局通知船长，纽约将有很多船来欢迎这艘运兵船，5200 名军人都准许站在甲板上，观看进入港口的情景。随后则是我最担心的：船长最后提醒士兵只准许从床铺到甲板带一次东西。“完毕，祝你们好运，上帝保佑你！”我们以和他修好的精神鼓了掌，无论如何船长总算把我们安全运到了纽约。

终于，期待的时刻来到了！运兵船上的最后一个早晨，所有的人在破晓前已经起来，走到甲板上沿船栏找个地方来观看进入纽约港。两面红色与金色的旗帜写着：“第一批自中—缅—印返国的部队”，分别拴在船头左、右舷的栏杆上。由于在担任宪兵勤务时，对上甲板的“地势”了如指掌，我领着 20 个人从烟囱旁边的隐蔽楼梯，爬到比上甲板还要高 30 英尺的狭窄平台上，恰在船的雾号之下。我们占据了这视野最好的地方，拥挤一点又何妨！

7 点半船起锚，离港区入口处只有半英里。几百条私人快艇开出来欢迎我们，有大有小。斯坦顿岛的轮渡和港口内所有的船上，都装饰了五彩缤纷的信号旗，灭火船喷出高大的水弧，一支妇女作战辅助队的军乐队，在游艇上奏起德国的战争歌曲《莉莉・马丽娜》来欢迎我们。每艘经过的船只，无论大小，都鸣号、鸣笛或摇钟三响表示“欢迎回家来”。我们头顶上的雾号，对每次致敬都报以三声震耳欲聋的深沉的吼叫，空气激烈地振动与颤抖，我们不由自主地担心起自己的耳膜来了。现在已不可能再离开平台，下面的每寸地方，包括隐蔽的楼梯都挤满了人，真是令人难忘的一个早晨。太阳正好在这时钻出云层，照耀在自由女神、帝国大厦和曼哈顿岛林立的摩天大楼上。

美国人如此庄重而热烈地欢迎他们的儿女，使得许多坚强的战士也不免热泪盈眶，四艘拖轮把我们的胜利号逆流拖上哈德逊河，然后泊在新泽西州的陆军码头上。

广播命令所有士兵返回甲板下，站到自己的吊铺旁，按照后进先出的顺序，等候第一批部队下船，预计全部人员登岸需两个半小时。我晓得除非出现奇迹，我是不可能将我全部的家当一次带出去。每层甲板到另一层根本没有楼梯，只有带垂直扶手的铁吊梯，从第五层底舱到甲板。看来只

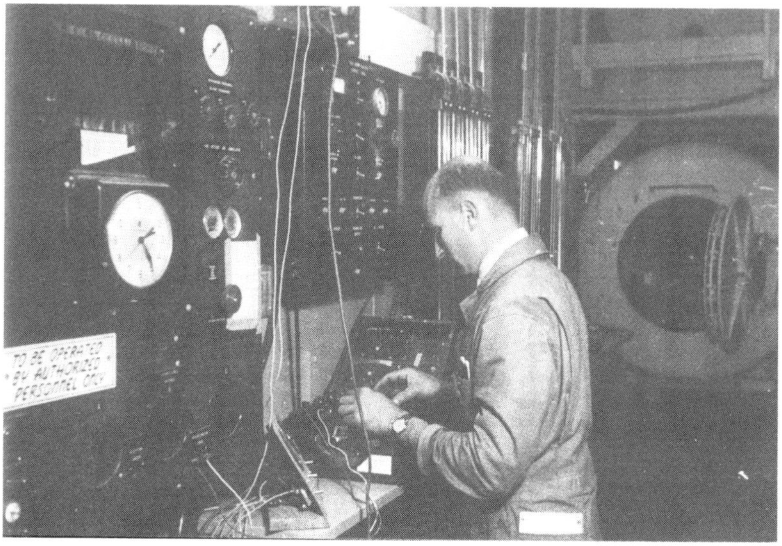


在道格拉斯厂开始了在美的第一次工作

有一个方法能出得去，那就是我需要用裤带子穿过手风琴盒子的提手，挂在脖子左侧；三顶人力车夫帽子用帽带背在背后；笨重的德国相机挂在脖子右侧；装着（陆军剩余）大衣的行军袋、沉重的孟加拉国铜器、我的相册和所有的军服都扛在肩上，用左手扶住。我要靠右手拉着五层垂直的梯子，一格一格、一凳一凳地爬上去。而且这个计划还要靠另一位同伴的帮助，他得用头上的钢盔顶住我的屁股，我才可能每次几英寸地从这一层爬到另一层。我向一个小伙子谈了我的“登陆计划”，他同意助我一臂之力爬上五层扶梯。我待了三小时之后终于轮到我们了，在我下边士兵的巨大顶力之下，我们总算到了甲板之上了。我满头大汗，咔叽布衬衫像湿毯子一样黏在身上，脖子一圈都在疼痛……

我们下面，在码头上，海军的乐队在不停地奏乐。我向下望去，看到红十字会的姑娘们给每个上岸的士兵一些吃的或喝的。我在甲板上挣扎着到跳板处，那里竟窄小得容不下我和手风琴同时过去。“动作快”是严格的要求，也没同我商量，那个曾把我顶上来的士兵，把我的手风琴抓起来，放到跳板的木栏杆外面就撒手了，简直要把我的脖子拉断了。沉重的行李袋挂在一只肩膀上，空手扶着栏杆，我顺着陡直的跳板蹒跚地走下去，浑身汗透，双膝抖动着。

踏到地上了。一个红十字会的姑娘把麦管插进纸盒包装的牛奶送进我嘴里，并捧着纸盒在我左边同我一道走。我一面吸着牛奶一面要赶上前面的伙伴，他急急地走向等待着开往新泽西州狄克斯堡退伍中心的运兵车。另一个红十字会姑娘拿来两个包在蜡纸里的三明治，后来才知道里面涂满了草莓酱。由于我需要用两只手来平衡一直要从肩膀上溜下来的行李袋，送三明治的姑娘只好把它塞进我湿透的衬衣里。我回过头来谢谢那两位大笑的红十字会的姑娘，就在那时，我前面的士兵突然停了下来，因为他的行李溜到后面快拖到地了，我一下子摔倒在他的背包上。这下子可惨了，这一跤摔开了我衬衣内的两个蜡纸包，果酱流进了我的裤子、内衣，然后再到袜子和军鞋；到火车站250英尺的距离，果酱滴了一路。一个小时后，到达狄克斯堡，我被允许第一个去冲个澡，换上一件干的军服。

每个从国外回来的士兵，在上岸后的第一晚都能享受一顿牛排，由德国战俘伺候，第二天清早便是迅速地体检。每个士兵还可以给美国任何地方免费打一个电话。填完服役记录，给一份荣誉退伍证，然后给退伍金；从狄克斯堡到你原先入伍的地方，每英里五分美金。轮到我时，管出纳的军士简直不敢相信自己的耳朵，从狄克斯堡到中国的桂林有一万里？“不可能！”

他找来了一位少校，这位少校做了所罗门式的决定：“我们可以把你用飞机送回中国，或者由你选定你计划安顿的美国任何一个地方，我们将按每英里五分美金付你到那里的费用，明白吗？”

“是，长官。”

没有问到我的公民身份，陈纳德是对的。但我给华盛顿的免费电话却大失所望，克莱瑞丝此刻正在阿根廷的布宜诺斯艾利斯。她的室友说：“没有，她没有给你留下任何口信……不？我不知道她什么时候回来。”算了，我想，还有其他姑娘呢。我要到加利福尼亚州去找莫沙普夫人的小妹妹贝茨，她曾从加州的埃尔辛诺写过信给我，由通信结识的贝茨十分漂亮。

退伍了，但仍穿着军装，我搭上空军运输司令部的飞机，从拉瓜地机场到旧金山；票价五毛美金，那是租一具降落伞的钱。我打算去洛杉矶，大多数美国的飞机工厂设置在那里。这架飞机总算是到了金湾，我和20个在旧金山区退伍的大兵挤在一辆灰狗巴士里，低着头站了八个钟头才到洛杉矶。巴士沿着加利福尼亚州美丽的A1海湾公路，过了卡米尔、圣路易、四角羊、圣大巴巴拉。这些城镇真美，我们心情为之兴奋，歌唱欢呼，就像一群孩子。

在洛杉矶的比尔特摩饭店，我和美丽的贝茨小姐见面了。我们是通信认识的，她是一位专业的模特儿，就是1944年我在芝加哥遇见的那位钢铁公司的总裁的姨妹。她丈夫是B-24的轰炸员，在1942年的一次出击任务中失踪。在往埃尔辛诺的两小时行车路上，我们相互了解了很多，我在她们尤加利树围绕的房子里，同她家人度过了轻松的一天后，我们已成为好朋友了。以后几天，贝茨每天开车送我到洛杉矶附近的飞机制造厂去，我希望能找个活儿干。也去了一些服装店，希望在贱卖的衣服堆里能找到适合我穿的便服，这可不容易，因为自1942年以来在美国一般已不再制造便服了。

陈纳德将军的引荐信，在我约谈的四家飞机厂中的三家还算管用；尽管那时成千的工人和工程师们被解雇，他们还是同意用我。我接受了道格拉斯在桑塔·莫尼卡工厂的研究与发展工程师的职务。洛杉矶郊区西木村的“巴洛克”商店，有适合我穿的战前做的服装，从头到脚，从里到外，一应俱全。范格·R. 是道格拉斯厂里管聘雇人员公共关系的女孩，她工作效率很高，在桑塔·莫尼卡峡谷的海边，帮我找到了一个单身汉的床位。

我打算好好地干活了——我在美国的第一次就业。但是道格拉斯的安全部门惹起了麻烦，他们不同意给我发通行证（没有它我就进不了实验室）。因为我仍旧是敌国的国民。道格拉斯知道华盛顿的众议院已经通过了 H.R.3341 归化提案，但参议院小组委员会却刚刚在考虑这个问题。“休息一下吧！”道格拉斯向我建议，并保证不会把留给我的工作再给别人。

无所事事——无限期的等待——不是我的格调。洛杉矶时报上有几百个招聘退伍机械师的广告，战争期间在美国绝大多数汽车保养不当，需要修理。到第一家只面谈了几分钟，我便被西木村的雪佛兰/奥斯莫比推销商布列斯和派顿公司选中。我买了辆二手货的自行车以便来往于桑塔·莫尼卡，再从附近的“希尔斯”买了一身工作服和一套工具。第二天一早，我在美国的第一个工作就开始了。

车行是星期一到星期五每天上午 8 点到下午 5 点营业，尽管我喜欢在离开我租的屋子半条街远的海边度周末，但我还是找到一个周末的工作，从星期五晚 6 点到星期一早 6 点，在加州汽车俱乐部（CAC）的车库里。并不是我缺钱花，或想多赚点钱（那些需要 CAC 帮助的车主们，总是慷慨地给小费），主要是这样我就可以随便使用 CAC 的工具和设备，包括他们的液压汽车吊挂在内。周末我可以保养我自己的汽车——当然在当时我还没有一部车。过了没有很久，我花了 200 美元买了一部 1933 年“庞蒂艾克”轿车（从前的天之骄子）；价格之所以这样低廉，是因为八个汽缸中只有三个能工作，车身上的漆快掉光了。四个星期以后，发动机像小猫一样得意地咕噜咕噜叫，至于喷漆，我用女主人的真空清洗机的气枪，把“锈迹斑斑”变成了“光亮照人”。我把“庞蒂艾克”卖了 600 美元，然后买了一部我有生以来最漂亮的汽车——淡蓝色的 1939 年的雪佛兰。

有了自己的汽车，我可以按自己的心愿去约会了。为表示感谢为我在太平洋海边找到舒适的住处，我邀请道格拉斯的范格去喝上两杯（至今我仍喝不了多少），又去好莱坞有名的“颂歌”餐馆边吃边看节目（当着我女朋友的面，售票员撇大了嗓门问我是买“十五美元的好座位，还是七块五毛便宜的座位”）。

从戏院出来，范格建议到山上去，看电影城灿烂的夜景。大多数单身汉都知道落日大道延伸到高高的马赫兰得路，在断壁前无路可走，停车靠在悬崖边可以看到探照灯在夜空里交叉照射……

那些成双结对的人都是这个念头。我们在汽车群中发现了一个空当，面对着万家灯火，小心又小心地，我把我的雪佛兰开进两车之间的黑空当里，前面是万丈深渊，我踩住刹车，但我的雪佛兰仍然往前走，非常慢，朝着仅仅几英尺外的峭壁深渊走。我使尽全身力气踩住刹车，而且用尽浑身力气来拉手刹车，但车仍滚向不可避免的断崖。我顿时浑身冷汗，我绝望地朝范格喊道：“跳出去！跳出去！”——她跳了，直到这时我才发现——真把我窘透了——当我刚停下来时，在我左边的一部车正开始往后倒。眼睛的错觉，使我感到我的车仍在动，这是常见的现象。我的女友小心翼翼地又坐进我的车，我送她回家的路上，谁也不作声，我感到自己简直是个大笨牛。

还在生着自己的气，我比预先设想的时间提前回到家。我的英国女房东已把她的拿手点心——巧克力派放在我的房间的门口。平常，总会勾起我控制不住的食欲，当即就吃完，今晚却一点也不想吃。我把巧克力派放到桌子上，关上灯，躺下就睡。夜里 2 点我醒了，想起还有一块巧克力派，我一只脚站在床下，够到桌边，把装派的盘子拿过来，就坐在床上，摸黑吃起来。吃到一半，感到有东西在脸颊上爬动，然后是脖子上，几秒钟后在我的舌头上和喉咙里……我不再继续吃了，想知道是什么东西，打开灯一看，一群黑蚂蚁在床单上、我身上、手上，以及我的巧克力派上四处乱爬。我跳下来，跑进浴室，开始呕吐起来……死的和活的蚂蚁从我嘴里出来，我肯定是吃了几百只。这一夜，我敢发誓，绝不是一个愉快的夜晚。

在西木村的雪佛兰车行里，我开始对美国一般民众多一些了解。他们比较纯朴，用车比较老式，但人都很和善而且更易相处。无论是教师还是农民，对于将他或她车修好的人，这些坦率的人们总要找到你，给你两毛五美金，并且友善地说："买瓶啤酒吧！"而那些拥有"拉·赛拉斯""别克"或"克莱斯勒"这类大车的有钱的主儿，连谢字也不说就走了。

每星期三个晚上我去洛杉矶的加州大学温习工程课程，这是"士兵权益法案"所允许的。我不仅是复习七年前在德国学的知识，而且以前在德国学的公式是简单的"公制"，现在要改成复杂的、难以应用的"英制"。为了怕万一在我为道格拉斯工作之前发生了什么事儿（例如参议院或总统不批准通过我为美国公民的提案），我学习了联邦航空署（FAA）的飞机和发动机机械课程，通过了考试，获得FAA的许可证；这样作为一名飞机机械师，我总可以在民航公司找个活儿干。

但一切如愿，道格拉斯的人不断地追踪我的提案在华盛顿的进展情况；等参议院通过之后，杜鲁门的签署只是迟早的事，他们就要求我即刻开始工作。我仍保留了加州汽车俱乐部的周末工作，这样可以多赚点钱。有一个星期六早上，在车行接到一位"帕卡德"豪华轿车主人的电话，他说："电瓶用光了。"他说他在桑塔·莫尼卡银行前已经空了的停车场等我。我看到一位颀高、灰白头发的男子双手叉着，靠在他黑色"帕卡德"车的前挡泥板上，一位瘦小的女人坐在后面。为找他的坏电瓶，我打开了

“帕卡德”发动机的右盖（那种型号的车上有一个钢琴的铰键），看到发动机旁竖放了一块木板，上面有许多不同长度的管子，一根根地排列着。我很快放下车盖，绕过去打开左侧盖，也有一块板从上到下挡住了看发动机的视线。但这块板上缠了许多电线和线圈，于是我弯下腰从驾驶座位一侧往底盘下面看，根本没有电池！这是怎么回事？我抬头望了一下正在看着我的那个人。

“我是鲍里斯·卡洛夫”，他自我介绍。（此人为首演“科学怪人”的英籍男红星，当年是老少皆知的名人。）

“我叫杰哈德·纽曼。”我答道。

“你不认识我吗？”

“不。”

“你没看过法兰肯斯坦因吗？”（当时最流行的科学怪人电影。）

“你是说城堡吗？没有，我从没去过莱茵河。”

这个高大的男人沉凝地看着，他的身材仿佛变矮了些，然后他解释了找不到电池的秘密。他的车共有四个电瓶，都放在后座椅垫下面，这四只电瓶同时带动着一台电风琴。琴键装在驾驶座和后座之间的隔板玻璃后面。

那位卡洛夫夫人，当她丈夫在银行待了很长时间时，一直在弹琴，电瓶给她用完了。我把“帕卡德”启动了以后，鲍里斯·卡洛夫问我能不能看懂一本德国车维修手册，并邀请我去他在比佛利山庄的家。那里他还有一辆“世界上最好的车”，一辆梅赛德斯·奔驰 300SSK，他是无论如何不会送到任何车行去的，还说他的车仅需要认真检查一下就够了。他有许多朋友，男、女演员们，他们有高级的外国车，他又补充说：“如果你能在星期六去他们家里检查车，他们将会很高兴。”这可太妙了！我停了汽车俱乐部的工作。开始跑一些好莱坞著名影星的家，包括英格丽·褒曼

Seventy-ninth Congress of the United States of America
At the Second Session

Begun and held at the City of Washington on Monday, the fourteenth day of January, one thousand nine hundred and forty-six

AN ACT

To provide for the naturalization of Master Sergeant Gerhard Neumann.

Be it enacted by the Senate and House of Representatives of the United States of America in Congress assembled, That upon compliance with all other provisions of section 701 or section 702 of the Nationality Act of 1940, as amended (56 Stat. 182-183; 8 U. S. C. 1001-1002), Master Sergeant Gerhard Neumann, Army of the United States, Army serial number [illegible], may be naturalized pursuant to either of said sections as may be applicable, notwithstanding the fact that at the time of his enlistment or induction into the armed forces of the United States, he had not been lawfully admitted to the United States and was not a resident thereof.

Speaker of the House of Representatives.

President of the Senate pro tempore.

APPROVED

杜鲁门总统所签署，由美国国会直接通过的特别公民文件

就是在这儿执行宪兵勤务

（Ingrid Bergman）的家。我自己预定两个月内每周六跑两家，从那时起，我就能在海滩度过我自己的周末了。

那么在道格拉斯的工作又怎样呢？那是最令人满意的。我逐渐熟悉了和同行们一起工作，在高度技术气氛中做试验、撰写或编辑技术报告。我有时白天工作，有时白天、晚间一起来。派给我的任务有研究雾分子对飞机操纵系统的影响；座舱增压器主轴故障分析；喷气发动机后燃器的研制（那时，喷气发动机的这个组件由飞机厂负责，而不是发动机厂管）。我曾见过老邓诺德·道格拉斯两次，他是我们公司的领袖。我和我的顶头上司，以及同事们，甚至我那可爱的金发秘书（我与其他六位工程师共用）相处得都非常好。

一石冲破了这宁静与美好：陈纳德将军从上海发来一份电报，他提出要我在他将要在中国组成的一个航空公司里担任特殊计划工程师的职位。他已经从战后剩余物资的清单中，购买了两打全新的C-46运输机，

目前尚在夏威夷。他给的薪金比道格拉斯多几倍，而且不要纳税。我知道自己的兴趣是什么，给他回了个“敬悉”的电报，并告诉他很快就会答复。

克莱瑞丝当时在德国担任美国司法部派在那里的检察官，我们经过几次电报来往，她于1946年10月飞越大西洋到纽约和华盛顿，然后到波尔班克的洛杉矶机场。这是克莱瑞丝第十次到西部来。那天天气非常好，能再次见到克莱瑞丝真是喜出望外。车上有两根香蕉可以在到桑塔莫尼卡的路上吃，我竟把香蕉扔了，而把香蕉皮留在手里……48小时之后，我们结婚了。

我简直不敢相信这一切。来自华盛顿的律师，我在美国第一次请吃饭的女友——这个充满活力的小生命，克莱瑞丝很快飞回她在康涅狄克州的家。把她的“德索托”双座车开回到桑塔·莫尼卡，里面坐着一只六个月大柏林出生的硬毛猎犬——“西普斯先生”。我通知了道格拉斯（他们很慷慨地向我提出无论何时从中国回来都可再雇用我），并电告陈纳德将军将去两个纽曼加上一只狗。我卖掉了心爱的雪佛兰，和克莱瑞丝一起列清单，哪些应装进“德索托”，哪些应装到几只能用船运到中国的木条箱子里。清单中还有狗食、睡袋、行军床、烘干的咖啡；两只漂亮的“哈列伯登”铝皮箱子装满了冬装夏衣，以及一个“克莱帕”的橡皮艇，是克莱瑞丝从德国买来送给我的。运输公司向我们保证会把“德索托”放到甲板下层，受到严密的保护，这将是一艘慢船，一周内离开旧金山。

1947年1月，我乘联合飞机公司的DC-4到檀香山。我们相互告别——“上海见！”第二天克莱瑞丝同西普斯在旧金山搭上了过去的运兵船“海猫”号。

## 重返中国

· 双双投入支持飞机修护，机场奔波甘苦与共

· 战乱再起撤回广州，东行返美“空”“海”交通停航

· 独发异想，开车横越亚洲大陆，西绕欧洲回故乡

· 万里之行三十岁生日出发

1947年，夏威夷群岛瓦奇奇海滨只有三家旅馆。我和同机人员住在莫纳旅馆，准备将陈纳德将军从战时剩余物资市场购买的24架新C-46运输机中的一架，飞渡到中国。陈纳德将军新近组成了中国善后救济总署航空大队（联合国救济总署空运队），后来改称为民用航空运输公司。经过30分钟的环岛试飞，俯视了“钻石头”和“珍珠港”，便可向西远飞了。我们将经过几个中间站，长途飞越太平洋到联总空运队设在广州的总部。这时距日本发动偷袭珍珠港（对美国来说也并不一定是毫无心理准备的突袭），并迫使美国对日宣战还不到六年。

C-46这类型双发动机的飞机，国际民航组织禁止飞越辽阔无际的海域（像太平洋那样），因为怕万一有一具发动机熄火。显然地，一旦意外发生，即使是天气良好，把所有携带的货物都甩掉，一具发动机也不能保

证使飞机保持高度飞到沿海的任何一个机场。

陈纳德将军无暇去顾及这些规定，他叫夏威夷的机械师在每架 C-46 的腹部加装了两个临时的油箱，用来增大越洋的航程；他不希望我们一旦在浩瀚的太平洋上迷失方向，在飞往西方的路途上又没有足够的燃油。飞行计划是每天出发一架，第一站在京斯顿岛停留过夜，这是裸露在太平洋上的一块岩石，大小如同航空母舰的甲板。岛上除了一栋简易的草棚和栖息在沥青跑道上的成千海鸥外，一无所有。到达的飞机必须要嗡鸣数次把鸟赶离跑道，才能降落；第二天清晨还要开枪将鸟轰到天上才能清除跑道起飞。

我们依次在马绍尔群岛的瓜加林岛、关岛和菲律宾过夜。第二次世界大战中被击沉的锈蚀的登陆艇，以及美国和日本的运输船的残骸，仍半截淹没在当时交战的海滩附近，或更远一点被击沉的地方。有些在珊瑚滩上触礁，从空中望去，在熠熠发光的浅蓝色水面上清晰可辨。

复活节在马尼拉休息和游览了三天之后，我们飞向华南的广州，它在中国香港地区北面 80 英里。陈纳德的属下为我在广州郊区靠机场附近的东山租了一座二层楼的房子，克莱瑞丝到达之前，我一个人住在楼上的房间。三周后我飞往北方到上海去迎接她和“西普斯先生”来到中国。当看到她从“海猫”汽轮的甲板上向我招手，以及她和西普斯从陡直的舷梯上走下来时，我的心快乐得发抖。

我们在上海国际饭店住了几天，克莱瑞丝和西普斯有机会进入中国人的洪流中，而且初次尝试了人力车的滋味。随后我们三人飞向广州。

住在楼下的是一对美国夫妇，他们正设法抗拒在公共烟囱里的一群大老鼠，后来那位丈夫——联总空运队的飞行员，干脆用砖头把烟囱给堵死了。楼下厨房的烟囱被封闭后，这些啮齿动物就顺着二楼的烟囱钻进我的厨房里来，它们肆无忌惮地大嚼起克莱瑞丝和女佣从菜市场买来的各式食物。这些老鼠个头有猎狗的三分之一那样大，光天化日之下在我们厨房里厚颜无耻地窜来窜去。有一天，一只最大的老鼠拖住了刚从市场买回的一条大鱼的鱼头，克莱瑞丝勇敢地揪住鱼尾，双方展开了拔河比赛。后来实在是忍无可忍了，我们在厨房里的桌子腿下都垫个灌满水的盆子，老鼠从此就爬不上桌面了；香蕉则挂在屋顶吊下来的电灯线上。我们没办法，也把烟囱堵上了，从前女佣靠烟囱给炉子通风，此后，厨房里开了一扇窗户才能把熏烟放出去。炉子安放在地板上，她弯着腰用蒲扇来回地扇。

广州住所的另一种不速之客是蟑螂，我们每日怀着厌恶的心情和它们奋斗，最后只得偃旗息鼓，听其自然了。每晚在走进卧室、厨房或浴室之前，先顺着门框去摸开灯，赐给蟑螂半分钟宽限时间去匆匆藏到家具和水龙头下面，倘不乘机逃窜，则难逃厄运；它们被鞋底踩在花瓷砖上时，声声清脆。

广州的天气又热又潮，皮鞋、皮带一天就能发霉。我们的女佣不会说英文，但战争期间却很精明地在中国的某地有了一个美国男朋友，当她听说抗战时期我也在中国服务时非常高兴，问我认不认识她的情人。

“他叫什么名字？”

她满脸乐开了花，说：“G.I.Joe。”

有一个月时间，我们每天坐敞篷卡车去尘土满天的机场，后来听说克莱瑞丝的“德索托”已到了上海港口。她同西普斯（狗）先生搭联总空运队的飞机去接，由于没有按惯例给关员“礼貌、礼貌”，汽车过关可真费了不少劲儿。我赶到上海时刚好晚了一天，没能帮上克莱瑞丝的忙，但当她指着满身锈斑的“德索托”时，我却赶上了同她分担沮丧的心情。我们最后一次在旧金山港口看着它装船时，它还是一辆漂亮的光泽照人的褐红色双座车。毫无疑问，汽车是放在甲板上面，任海水冲刷而不像所承诺的那样放在舱内。而且车门曾被撬开，因为车内三箱狗粮不见了。上海虽可以喷漆，但没有颜色样板。我们和油漆店老板在上海最繁华的静安寺路人行道上站了20分钟，看到一辆颜色相同的车从面前闪过，我们向油漆工指出就要那种颜色，最后才定下来；手工磨光由六个十岁的小帮手做的。

那时陈纳德将军打算将总部迁到上海，空运队要求我们中的一部分人也搬到那儿去。大战前，上海是世界级的大城市，比作为省城的广州洋化多了，广州虽离香港不远，但没有人说英语。上海市内有800万居民，大上海则有1200万；数以千计的白俄，数以千计从希特勒统治下流亡而来的犹太人，数以千计的外国商人在市内大肆推销西方货，这些在1937年中日开战以来一直是“稀罕”货。外滩过去是（现在仍是）上海最美丽的街道，它是一条林荫大道，与蜂拥着货轮和帆船的五彩缤纷的港口平行。沿岸是外国的使、领馆。靠近外滩排列着有电梯、餐馆和屋顶花园的现代商店，真是世界大城市该有的都有了。正如闹哄哄的纽约，人们在摩天大楼旁边可以找到小而静的教堂，喧闹的上海毗连着高楼大厦的是小小的庙宇，和尚们在那里静静地念经、烧香。剃度的和尚身披黄袍，脚踏车鞋，手摇铜铃，不时敲打着从屋顶悬吊下来的大木鱼。

中国经历了两年的和平（1945—1947年）以后，在上海从最新式的美国车到德国的电器什么都能买到。它也是世界级的“罪恶之都”，众多的夜总会、跳舞厅、现代化的商场；市中心的跑马厅、赌场；几百万诚实的工人，形形色色中国的和白种人的恶棍；数以千计的出租汽车和人力车；但直到1947年电话却仍屈指可数。

我负责管理中国的机械人员，他们每天忙得团团转地维护从夏威夷飞来的24架C-46运输机，现在为国民政府紧张地运货。管零件的美国经理终日在酒醉中度日，克莱瑞丝不得不协助零配件供应，使联总的飞机能从上海起飞。她负责飞机和发动机的零件库，并建立起料账卡登记制度。起初零件很少，后来从冲绳和塞班岛的战时剩余物资中，接收了许多C-46

飞机和它所用的柯蒂斯·怀特发动机的零件。我至今还清晰地记得，克莱瑞丝身穿肥大的棕色外套在那里开箱，并按照C–46维护手册的简图来核对新到的零件；雇来的中国木匠按她的规格搭起了货架。

一周七天，每晚从肮脏和炎热的虹桥机场回家，只要在门前按一声喇叭，门就会神奇地开启。我们的门房，年约50岁，能操流利的英语，仿佛猜透了我们的心理。他身穿洁净的浆过的白制服，站在（公司配给的）吉普车司机座位那边，手捧着的克铬密盘中，放着两大杯冰水。克莱瑞丝和我常奇怪为什么这样一个聪明而又会讲两国话的中国人愿为我们所提供的菲薄待遇而工作，有一天，克莱瑞丝没去上班却揭穿了谜底。从我们日常起身到机场后一个小时到回家前一个小时，我们家的电话铃隔几分钟响一次，门房在接听电话后又打一个简短电话出去。克莱瑞丝又发现门房有一批人力车和三轮车，由于我们家的电话白天总是闲着，他用来调度车辆，大赚其钱。

1947年时在中国，如想要发财，门道很多，例如美金对国币的官方汇率在上海和香港就不一样，通常差有百分之一到百分之二，这就为某些人提供机会穿梭于两个城市之间，完全合法地自一处兑换钱再拿到另一处去出售，赚取成千上万的美元，这样干的大有人在。

中国官员要想发财致富的门路就更多了。有一天晚上，我接听一个电话，问我是否有兴趣设计一种可在当地生产的汽车转弯指示灯，这种小玩意儿可以装在汽车的外面。此匿名人声称，是警察局长本人打算投资生产大量的这种指示灯，当生产数量足够配备上海所有的汽车和卡车时，警察局长将颁布一项市政条例，命令上海所有的机动车，在限制时间必须装这种转弯指示灯。从布告发布日到安装限期没有几天，这样便无人能与警察局长的指示灯竞争了。

另一个上海官员设法缝制了几千件坎肩（背心）以图暴利，他把坎肩发到市辖的警察局，然后颁布一项指令要求人力车夫，“在马路上干活时”必须穿坎肩。布告的官方理由是：“即日起人力车夫不得在大庭广众之下光着膀子（赤膊）拉车……”，倘车夫没有坎肩（多数车夫除了草帽、围在脖子上的毛巾、短裤袜和草鞋外一无所有），他就会被抓到附近的警察局（那里有背心可卖），然后不得不穿上坎肩。

1946 年，乔治·马歇尔调停蒋委员长和毛泽东的努力失败。到 1947 年从联总空运队的载货情况，就可以看出共产党从他们隐蔽的地方已经开始向南推进。民用货物被更多的武器弹药所取代，来支持国民政府军在北平以北的战斗；回程时载的都是伤兵或能买得起机票的有钱难民。C–46 的妥善率随战争日渐吃紧而急剧下降，我们对飞机定期维修的次数越来越少，又如同第二次世界大战期间一样，只要能凑合就行了。

我们随时从一架停在机库的 C–46 上拆下零件，以应其他飞机的急需，有时飞机刚落地就把仪表拆下来装到另一架等待起飞的飞机上。幸运的是，我们连一架飞机也没被对方地面炮火打下来过。但也出了件令人难以忘怀的事故：一架 C–46 从香港启德机场起飞后，其中一个发动机忽然熄火（因缺少干净的滑油），这时飞机已爬升 5000 尺的高度，企图向 20000 尺爬升，螺旋桨完全停止旋转。为了要用单发动机维持高度返回启德机场，组员只好把沉重的箱子推出舱外，迅速地减轻飞机的重量。箱子掉到稻田里摔散了，更要命的是被扔出去的不是一般的货物，箱子里装的全是崭新的钞票，有好几十亿元之多。武装部队马上被派出去找寻这些箱子。傍晚接到报告只找回不到一半的钱，钞票全散落在荒郊野外去了。

共产党从华北向南推进的态势显然已无法制止，他们进入上海好像只不过是时间问题了。陈纳德决定把主要工作基地转回南方的广州去，我们不得不再次搬家。克莱瑞丝把“德索托”在上海卖掉，随着共产党不断进军，对可靠的美国车的需求也随之增长，她的 1940 年出品的车并不难卖，但从哪儿弄到美金呢？每个人都声称他们没有一块美金，因那时在中国私人持有外币已不合法。他们可以给她白金、黄金条子、钻石、珠宝和每天都在贬值的中国钞票，但我们坚持必须用美元买。后来一个可口可乐公司的经理非常想要克莱瑞丝的汽车，他把在瑞士银行的存款转到了克莱瑞丝的账户上。

赴广州的前一天晚上，我们去拜访陈纳德将军，他决定在这个大城市留到最后一刻。在他家里我们见到了漂亮的陈香梅小姐，她出生在北京，在香港上的学（1947 年圣诞节前她成为陈纳德夫人）。大战结束前我曾见过她一次，那时她才 18 岁，以战地记者的身份访问陈纳德将军。至今，安娜·陈纳德仍很美丽，是华盛顿政界的杰出人物，美国总统的老朋友，我们（美国）政府的高级代表和殷勤好客的社交界名流。她担任一些大公司的顾问，是从韩国到菲律宾远东国家的专家；此外，安娜·陈纳德还写过十几部书，其中一部分畅销各地。

在广州郊区我们租了一处很好的房子，请了一位电工来检查 220 伏特电气系统。这个冒失鬼用两只手分别捏着火线和地线的裸线，220 伏特电流通过电线和他健壮的身体，使他涂着发蜡的头发像豪猪毛一样竖立起来，倘他头发在头上不动，我们（和他）就麻烦了。

我们的新家刚刚安顿好——这是六个月内第三个新家了，谣言传来，广州即将被放弃。新改名称的民用航空大队打算买一艘驳船，装备成一个修理厂以后，拖到原来叫“福尔摩萨”的中国台湾，国民政府已迁到那里。我们俩决定回美国，我写信给那时还在上海的陈纳德，很快便接到他的复信，说经过一段时间的考虑，他认为我在机械工程方面的知识和经验，在美国将能发挥更大的作用。现在面临的是怎样离开中国，这比我们想象的要困难多了，从远东越过太平洋到美国，正常过去的轮船和航空班机已经没有了；若经过欧洲，则飞机票又贵得叫人不敢问津。

船妹协助将“瘦马”推下帆船

被吊在半空中的“瘦马”

在广州，有一天吃午饭的时候，我同克莱瑞丝谈起了这个难题，她“信口开河”地说：“我们何不开车回去呢？我们先到欧洲或者北非，然后乘船回美国。”

什么？开车回去？“怎么可能从中国开车回去呢？”

我知道克莱瑞丝对于中国和欧洲之间隔着的亚洲大陆缺乏地理概念。开罗、缅甸、印度、阿富汗、伊朗以及中东国家我们都得穿过。她也没有想到过当我们随时随地需要汽油时的难处，就算是有可能，战争已使很多的物资供应大不如前了。成百上千英里的丛林、沙漠，没有路，没有住处，没有可饮用的水……只是荒野一片。密林、大山和皑皑白雪，这些我可是一清二楚。开车回家？真不可思议！

但在不到一个小时的时间内，我又“重温”起她的提议。吉普车？靠四轮驱动？几个可装五加仑的备份油桶？带上雪地防滑链、睡袋、搭帐篷的油布和工具？给西普斯一个座位？

我立即离开饭桌，从袋子里找到一幅“埃索”石油公司（ESSO）1942年出版的，包括中国、缅甸一直到印度边境的第二次世界大战时期的地图。我的另一张地图是《国家地理杂志》1946年出版的亚洲政治形势图，它绘上了亚洲大陆和紧靠着的部分欧洲国家。这些小比例尺地图上有一条从伊朗延续到中国的小红线，注明是成吉思汗750年前的远征路线。成吉思汗并没有四轮驱动的吉普，都走过来了，我们为什么就不能呢？我改变了初衷，转而赞同克莱瑞丝的主意。“我们何不开车回去呢？”

决心已定，下一步就明确了；首先我们得找一辆适用的吉普，然后办理打算穿越国家的过境签证。绝大部分是原法属或英属殖民地，那时正处在政治动乱之中，英国为取得对日本作战的支持，曾在1942年向其殖民地宣称，战争结束后两年内允许它们独立。现在英国人要撤离了，地方势力开始争夺对他们国家的政治控制权。如果真要开车离开东方，就必须马上行动，因为阿富汗将进入冬季；我过去曾看过一则消息，说那个国家从12 月到来年 3 月，城市之间的交通几乎全部停止，而我们又不得不等到南亚的雨季过去后才能出发（因道路泥泞和洪水暴发），但必须赶在大雪降临前到达阿富汗，否则无法通过这个“山国”。有一件要做的事是在吉普车有限的空间里能带哪些东西的清单，整个路途上有可能买到衣服、食品、吉普车备件和工具的机会少得可怜。

我们订了两张下午从广州到香港的中国航空公司的机票，1939 年到1940 年，当我被困在香港时就是乘这家航空公司的飞机脱逃的。飞行只需20 分钟。我们赶到机场，这是一架由军用机改装的飞机，座舱两侧改成座位，乘客们已用安全带将自己束在圆背座位上了。机上有 30 名中国乘客，其中的两个妇女在发动机还没有起动之前就已开始呕吐。但那天上午的香港之行却仍未最后决定，美国飞行员提出他的 C–47 一直在漏液压油，他吵闹着要取消这次飞行；可是机长坚持要飞，他对我说那天晚上，他在香港已同“苏珊·王”约会好了。于是我向他毛遂自荐，尽管我仍在为其竞争对手的航空公司（CAT）工作，身为美国联邦航空公司注册的飞机机械师的我，可以提供帮助。我告诉他我的夫人和我同他一样急于要到这个英属殖民地去，机长同意了。我花了两个小时去检查液压油路，并补好了液压泵附近的漏油处，他的 C–47 可以起飞了，但先决条件是在航行中不得收回起落架，这样才能保证在香港安全着陆。飞机的液压油实在漏得太多，剩下的仅够用于刹车。

香港的日报——华南早报的广告栏刊登着皇家空军贱价处理的“一手货”吉普，标题是“请光临惠顾”。吉普有半打，有的发动机不错，但车身破烂不堪，有的车身完美无缺，但发动机已经磨损得太厉害，一律拍卖。所有的皇家空军吉普车盖上都漆上了一个红—白—蓝三色的大圈，以便于从空中辨认。我在维多利亚大街起伏上下的路上，试开了每辆能开得走的吉普车。就每一辆“本身”而论，没有一辆是理想的，但一座好的底盘再配上一台好的发动机就能组成一辆好车。于是我买了两辆皇家空军的吉普车，都是威利厂的产品，一辆车体好，一辆发动机和传动轴好，共花了400美元，还用100美元买了五个新的“赛柏林”六层轮胎。

克劳得·怀特，一位美国人，八年前也就是1939年，他曾雇用我在他的“远东汽车行”干活儿，后来他本人被日本人在香港的阿伯丁监狱里关了三年半，但他仍然精神饱满。怀特对于我们开车去欧洲的决定毫无异议，他准许我在他的车厂里放手做必要的准备工作（谁也不希望在开罗或缅甸的丛林中发生任何机械故障）。

我们申请穿过法属印度支那的签证时，法国断然拒绝了我们开车进入印度支那，因为他们“不能保证”我们从河内到西贡的一号沿海公路上的安全。但泰国、英属缅甸、英属印度这些国家的领事馆，只需等待片刻便在我们的美国护照上签证盖章。远东的大船运公司——太古集团告诉我们，一艘英国近海货轮将于10天内开赴曼谷，如吉普车能修好，赶上停泊在香港港口外的“新珠湾”货轮，便可以把吉普车运走。我们人呢，船上没有乘客的舱房，假若我们愿意睡在甲板上，那太古就不收我们和狗的船费。

大功告成。我们坐火车返回广州去整理行装、睡袋和工具，这些都是九个月前我们在美国时买的。我们在洛杉矶战时剩余物资商店里购买这些东西时，又何曾想到它们竟会在横越亚洲的冒险而又非同寻常的旅行中派上用场呢！我们的女佣泪流满面，我们把木匠为我们做的乒乓球台留给她（这将是她和孩子的床），还多付给她一个月的工资。我们从广州的邮电局给衣索匹亚的海尔·塞拉西国王发了一封急电，提出我可为皇家陛下的新航空公司工作。从最新版的“读者文摘”中看到，环球公司打算替他经营这家公司，但缺少了工程师。我们要求塞拉西国王回电答复，回电可通过香港的太古集团转交我们。

这是我第五次离别中国。克莱瑞丝、“西普斯先生”同我搭上从广州到香港的船，还带上了我们准备横跨亚洲的行李。陈纳德将军在最后一封信中再次提醒我们注意紧张的中东局势，由于美国在联合国提出在1948年分割巴勒斯坦并建立一个犹太人国家，形势更是敏感而紧张，其结果是美国在阿拉伯中东的声望越来越糟。就个人来说，我更关心的是除该带的风扇皮带、四个电嘴和断电器之外，我还需要带哪些吉普车的备件。我们还得买一套轮胎修理工具、一个好的打气筒、一副千斤顶和一根20尺长的橡皮管，以便从吉普车后备工具箱上面的备用油桶上吸油，再灌进吉普油箱内。我们决定从两个电瓶中挑一个较好的，因为买新电瓶太贵，而且我并不介意每天早上用手摇柄来启动吉普。

我们吉普的油箱可装12加仑油，加上八个美国陆军备份油箱，还能装40加仑（它们油箱口朝外，这样不用把吉普车里的东西倒出来就可以从每个桶里吸油），足够开1100到1200里路，在这个范围内，总能找到地方把油灌满吧！第九个备份油箱用来装机油，而第十个盛饮用水。我们从小比例尺的地图上粗略估计了一下，整个旅程约10000里，包括大的弯路和爬过高山的许多盘旋道路。雨季刚过，路面很快会干，四轮驱动的车开起来不应该成问题；当地人吃什么我们就吃什么；至于我们的硬毛猎犬西普斯，它也只好“入境随俗”了，我们这样告诉它。

在怀特的车厂里干了五天，我们把好的发动机和四轮传动机装到好的底盘上，将买来的两辆吉普车凑出了一辆，中国的机械师帮我装上车轮，然后对拼凑的车又试开了多次。1947年10月7日，我们租了一条帆船，打算从九龙的“油麻地”码头装上吉普，连同我们三个送到香港大港口停泊的“新珠湾”轮上。那天早上有台风警报，九龙警察署门前的旗杆上升起了三个红球，使我想起了中国预报空袭的信号，船期延迟了一天。1947

年10月8日是我30岁生日，我们就在那天出发。当时有人用德文喊叫，也有人用英文祝福，你推我拉和相互的叮咛中，开始了我们的万里长征。

我屏住呼吸，一寸一寸地压着两块窄狭而有弹性的跳板，慢慢地把空吉普车从高高的码头越过15尺宽水面，开到低很多的帆船甲板上，克莱瑞丝和西普斯随后也上了船。船夫全是女的（五个女的都只有20来岁，穿着黑绸衫，梳着辫子），扯起风帆，年老的女主人掌舵。历史性的航程开始了！我们把吉普命名为“瘦马”，用来纪念堂吉诃德的那匹英勇的马。

“新珠湾”的四位英籍官员和40名中国水手，眼望着乘帆船而来到曼谷去的奇怪货物，当“瘦马”和西普斯被轮船舷外的一幅巨大的吊网拉上去时，真是惊险万分，我和克莱瑞丝则不得不顺着垂直挂在船边的软梯爬上去。香港海湾就在脚下40尺，船长、官员和中国水手热情地欢迎我们。趁着离香港前还有些时间，我们乘“新珠湾”的机动救生艇，靠岸去维多利亚的电信局，希望能得到衣索匹亚海尔·塞拉西国王的回电。果然，在最后一刻我们收到了回电，我撕开信封，这是一份英文电报，内容是说我们从广州发出的电报无法投送，因为当地有好几个海尔·塞拉西。“您发给哪位海尔·塞拉西？”电报问道。

“新珠湾”的官员指出，在这一周的航行中，他们把舱位让给克莱瑞丝和我，但头一天晚上我们却想和衣在热带繁星密布的夜空下度过。同英国人在一起轻松愉快，他们唯恐对我们这两个美国人照顾不周；他们对我们的国家充满敬意，因为美国在1945年把他们从中国满洲的日本监狱中救出。克莱瑞丝同我下棋、读书、写信，并向可怜的“西普斯先生”许愿，到泰国上岸后一定会有很多树。

“新珠湾”在曼谷市区五里外下锚，移民手续很快就在船上办妥了。他们告诉我们全曼谷那时（1947年）只有三家旅馆，一家非常简陋的“欧罗巴”旅馆，一家中级和一家八年前到中国之前我曾住过的高级旅馆——

东方旅馆。欧罗巴正合我们三个的口味，价格极低廉。二楼光秃秃的房子里配有标准的吊扇，每个床上都有蚊帐，洗脸盆的水还要泼到窗外的街上去。这里既没有澡盆也没有淋浴，但有一个大陶罐装满了水，用水舀把水舀到旁边的马桶里。我们窗下的笼子里关着一只大蟒蛇；一只拴着链子的大猴子，在我们敞开窗子的睡房对面的树上做怪相；完全像电影布景一样。当天晚上“瘦马”留在甲板上。

当地使馆派了一位翻译官帮忙使“瘦马”过关。这里简直没有一位官员相信我们真的打算“穿过”泰国。他们希望知道，连路也没有，如何穿得过呢？当地的官员以为我们想不付进口税而把车弄进去再卖掉。不久又冒出了第二个问题：“你们汽车的牌照在哪儿？”没有，我从未想到还需要牌照。在曼谷警察局整整泡了一天，终于给了我们牌照。城里总共没几辆车，而且还从未给吉普车发过牌照。

跟着又引出了第三个问题，管执照的赤脚官员坚持在吉普右侧装一个转弯指示器；这简直是扯淡，曼谷只有屈指可数的汽车，再说过不了几天我们就要离开了。但警官坚持“死理”，一定要我们在吉普的右侧装上某种行车方向指示器。我绞尽了工程师的脑汁，设法用最简捷的方法在右挡泥板上装个可闪光的灯。与此同时，克莱瑞丝用橡皮筋把一束扫帚苗拴在起动手摇柄顶端，然后把摇柄放到挡风玻璃前下面，原来设计用来放长枪的两个卡槽里，向右推摇柄把，则扫帚苗从挡风玻璃后露出。我逗克莱瑞丝说“简直在胡闹”，就这样可把曼谷警察逗乐了，而且开口大笑，结果免费发给我们两块暹文的车牌，在“瘦马”的前后保险杠上各一个。

纯粹是走运，我注意到警察局屋角里堆放着标有 SM 黑字的白底椭圆形金属牌，这是一种国际通用的标示牌，注有应有的字母，由各国的汽车俱乐部签发，当会员的车临时开出国境时，把它装在汽车保险杠或车身上。我问警察局长如何申请要两块这样的牌子以及随牌的三折国际通用文件。“随便拿吧！多少都有。”局长通过翻译跟我说，他指了指窗台下的一大堆说：“不要钱。”他之所以如此慷慨也很简单，暹罗皇家汽车俱乐部自从日本人 1941 年占领泰国后，一直关门大吉，标示牌和随带文件都是空白，即便填上也无效。上面印的全是暹文，泰国只有百分之二十的人懂暹文，自然出了泰国以后就更没人知晓了！

我同克莱瑞丝回旅馆后就着手工作，小册子封面的每个空行都填满，让人一看就像是官方签发的。我认真地在一条虚线上画出世人皆知的“福特”标记（尽管我们的“瘦马”是“维利”生产的），在另两个空栏里，我按香港皇家汽车空白发票的其中一张，填上底盘和发动机号码。小册子共有 24 页，其中一页需要我们对该吉普加以描述，剩下的页数留给外国政府盖上吉普“入境”和“出境”的戳子。（事实上，这次旅行历经十个国家，各国的边防部队都检查了发动机和底盘的号码，每次都是“OK”，并在我们毫无价值的暹罗汽车俱乐部小册子上，盖了引人注目的大章和签字。发动机序号显然是错的，因为这个序号的发动机已被我们留在香港怀特先生的车厂里了。）

请曼谷的裁缝修改了“瘦马”的顶篷，这样开车时布篷的一半可以卷起来，像旅行篷车一样。天冷时，侧面的篷布可放下来，整个车篷就像一只封口的箱子。我还请一位铁匠在排气管顶加装一节弯管，改变排气方向，使吉普排气管离地高些，这样废气改变了原来由“瘦马”左后侧排出，而是用管子引到吉普地板上从右侧喷出。虽然在丛林中会感到太热，但后来在一万尺高度、怒吼的狂风、一尺深的雪中开车时，它却给我们提供了救命的暖气。铁匠还在挡板上焊了个 U 形扶手，使不开车的人抓住后能在颠簸中稳住自己。木匠又给西普斯做了一个宽座位，牢牢地安装在传动轴的部位上面。

克莱瑞丝同我商妥在这三到四个月的长途旅行中由谁开车，各开多长时间。不管开多开少，甚至不开，我们之中总有一个人轮流在方向盘后坐两小时。我们将从破晓到日落尽量赶路，但决不狂开乱跑（这样最容易损坏发动机）。我们商量好，除了一串香蕉外顶多只带两天的备份食品，一天内只点两次“普瑞摩斯”煤油炉热食物，当地人吃什么我们就吃什么，“西普斯先生”也不例外。

基于多年来的作战经验，我确信第二次世界大战时期，军用吉普是人类有史以来生产出的最可靠的机动车。我们的汽车须在没有修理支持的情况下，在世界上最糟的道路上开一万里。有阿拉伯沙漠的酷热或阿富汗暴风雪的严寒；在水中、雪中或沙阵尘埃中；要使用可能已存放了十年的汽油，满是沉淀和脏物；你须经常用扳手旋紧，否则吉普的弹簧会松动，螺栓会震落。我预计除阿富汗之外，各大城市都可能买到些战后剩余物资的吉普车常用的零件。

我们在曼谷到公开出售偷窃来的物品市场上，买到了一整套扳手和套筒，我估计少不了要补胎，于是又买了一条橡胶轮胎。能预计到的另一个主要问题是不能让汽油耗尽了，只要什么地方有油，我都需把八个备份油箱和吉普本身的油箱灌得满满的。我将成为一个可怜虫，用二十尺长的胶管把油从备份油箱中（用嘴）吸出来，使油能自动流到位置较低的吉普油箱内，而又尽量少喝进一些这种难忍的“饮料”。

我们试着往吉普车里塞东西，但出人意外地发现，“瘦马”的容积实在有限（第二次世界大战时期的吉普车看来个头不小，但实际上没有多少地方）。十个五加仑油箱已在后面占了很大地盘，加上每人一个“荷里伯顿”铝箱装夏天和冬天的衣服，还有一箱工具、防滑链条和吉普零件，还得给西普斯准备一个盘子吃饭、一个盘子喝水。克莱瑞丝和我将坐在“瘦马”中两个羊毛军毯和一个“剩余物资”的睡袋上，我们在美国买的两个带蚊帐的行军床，用油布包住拴在吉普的车顶篷上。两副用过的备份轮胎

西普斯先生坐在“瘦马”上整装待发

纽曼30岁生日当天，“瘦马”被运上新珠湾号货轮

固定在前防撞杠和散热器之间，一个崭新的备份轮胎放到吉普后面通常放备份轮胎的地方。两根管子，油管和输油的长管必须放到容易取到的地方。我们明白吉普车将大大超载而且拥挤不堪。倘若在曼谷能弄到一辆美式运武器车，我倒情愿用“瘦马”去交换……但果真如此，则很可能由于它的尺寸和重量使我们无法走完全程。每样物品都得放置在一个确切无误的位置上，而且要拴得很牢，以免刹车或路上突然陷入车辙时，物品不致往前倾倒而把我们埋住。

克莱瑞丝同我一起查看《国家地理杂志》的地图，上面根本标不出我们须走的道路。我们便选择了穿过一些大城市的路线，诸如仰光、曼德勒、亚格拉、新德里、喀布尔、德黑兰、巴格达、耶路撒冷……以及著名的旅游胜地和名胜古迹，像缅甸边境的卡希马山谷、亚格拉的泰姬·玛哈陵、印度西北边区白沙瓦省的古老要塞、克帕山口（到“禁区”阿富汗的入口）；巴格达附近巴比伦的空中花园、耶路撒冷的圆顶圣岩寺，可能还有狮身人面像和金字塔……这都取决于我们的身体情况及“瘦马”的状况、天气、我们的速度、足够的汽油、旅途开销以及我们是否还能活着。我们并不急于匆匆赶路，没有预定限时完成时间表，但希望于12月中旬能够进入并开出阿富汗。

我们的医药包里有绷带急救包、一瓶碘酒和三小瓶阿司匹林。驻曼谷的美国大使劝我们带上一支柯尔特四五口径的自动手枪，他甚至提出借给我们一支，但我对东方太了解了，谢绝了他的好意。即便出现奇迹使我打中、打伤或杀死一个或两个可能的攻击者，甚至于用枪中的六发子弹打死六个，我们三个也将会在几分钟之内成为僵尸，东方人不占绝对优势是不可能向我们进攻的。靠“西普斯先生”也许比靠枪有用些。我们买了两个哨子，每人脖子上拴一个，然后训练西普斯一听见哨声就朝哨声奔去（以备万一我们在丛林中失散）。后来我在“瘦马”前挡泥板右侧，安上了大使送我们的旗杆和 6 寸 ×12 寸的星条旗。克莱瑞丝会说法文、意大利语、西班牙语和少许俄语，当然还有英语；再加上我的德语和足够的汉语，无论到世界何处都不会有问题，我们只需用语言解决问题就行了。再说我们持有美国护照，1947 年那阵子，在几乎世界各地它都能起魔术般的作用。

基本准备工作就绪，我们就在曼谷市中心漫游一阵。访问了庙宇和皇宫，租了一条船穿过著名的曼谷水上市场。我们甚至发现一个冰激凌工厂，在那里我们买了起码的分量，一加仑美味的香草冰激凌，我们三个坐在皇宫花园草地的树荫下饱餐一顿，直到吃不动为止。

## 横越亚洲

· 西行“桂河大桥”、湄南水急折返曼谷

· 科依玛关吊古战场，渡布拉玛普特拉河眺望世界屋脊

· 记者揭露吉甫神奇行程，岳母在美国喜获爱女佳音

· 西出阿富汗雪覆边城赫拉特，夜入伊朗访小镇

万里西行终于开始了。

我们把500美元的旅行支票好好地藏了起来，我还存着战时用的小型塑料圆边OSS罗盘（有紧急情况时可吞咽下去，曾经有一个人吞下去，过了24小时，再随着大便拉出来），此刻尚用不上它。第一段路从曼谷到缅甸的仰光，沿一条废弃的单轨铁路朝正西走。离开曼谷才几里，我们已开始尝到今后几周要吃的苦头了。道路泥泞，未铺路面的路上，红色的烂泥粘到轮胎和鞋上有一寸厚（同我1940年在缅甸公路上遇到的路面一样），偶尔会碰到一辆开到曼谷去的大客车，车上挤满了当地人，有的甚至坐在车顶篷上，用手抓住顶篷的行李架栏杆，真是惊险万分。

我们的油箱满满的，威利车发动机的声音正常，始终是四轮驱动，每小时连滚带爬也只能走十里路。穿过房屋东倒西歪的村庄，经过保养良好

漆有红色和金色的泰国寺庙。人们向我们微笑，露出被槟榔染黑的牙齿（如果还有牙能剩下来的话）。两小时后，一只锈蚀了的长钉子把我们的轮胎扎破了。这是以后许多次“泄气”的头一遭。它扎透了左前轮的内、外胎。随着行程里数的增加，“泄气”也越来越惊险，轮胎问题可能成为我们被迫放弃“开车回家”的一个主要理由。

由于我们不致妨碍交通（只偶然有一辆客车经过，赤脚的孩子牵着水牛不知从哪里钻了出来，又在漫无边际中逝去；或一只干活的大象，后腿上用链子拖着一根麻栗树树干，这是“公路”上所能仅见的活动），我们决定就地补胎，没有动用备份轮胎。卸下泄气的轮胎可真够费劲的，使了很大劲儿才把轮胎抱下来。无论是这一次，或是以后的许多次，我们都找不到一块比较坚实的地面，放置千斤顶以便把满载而非常沉重的车顶起来。我把车轮的五个螺丝拧松了几圈，把千斤顶放在吉普底盘下使它离地一定高度，然后才能把轮胎卸下来；但未铺筑的道路加上沉重的吉普，使高高的千斤顶不断地向地下越陷越深，而不是把吉普抬起来，一直到千斤顶陷到路面下几寸处的较硬的地基，才算有了着落。

第二次世界大战期间的内胎质料欠佳，刚研制出来的合成橡胶材料会不断地伸张；由于支撑沉重的吉普使轮胎受热，内胎越胀越大。当我费了九牛二虎之力把内胎拉出来后，却找不到一个水盆把打了气的内胎放进去，以便顺着气泡找到漏气的部位。旅途开始时补胎还不太困难，但随着轮胎逐渐不规则地鼓胀变形，情况愈来愈糟。几个月工夫，内胎尺寸胀大了百分之三十，从很小的穿孔，演变成圆周一尺长的裂口。小孔或裂缝补好后，还需把内胎塞进钳住轮廓的外胎里，但胀大的内胎已是永久变形，这几乎是无法办到的事。轮胎补好后全都得人工打气，哪儿去找压缩空气？我统计了一下，每次补胎都要打上 200 下才能打足气，补一次胎要一至二小时。后来，我索性利用晚间克莱瑞丝用仅有的一只锅烧饭的空隙时补胎，白天暂时换个轮胎，才能继续行驶。

第二天傍晚，我们到达一座密丛林中的村庄，从路程表上看应是湄南河畔的康查纳伯瑞。村民看着我们和西普斯，然后指引我们去一处装修漂亮的草顶房屋的院落，在那里我们碰到一个会说德语的暹罗人，他请我们在他家过夜。他在院子中间地面上点起一堆火，使野兽不敢接近。我们的主人是战前泰国驻柏林大使的儿子，他负责管理盟国的烈士公墓，这些坟墓里埋葬的是前日本集中营里的战俘，几千个英国和澳大利亚士兵在这里受到惨无人道的待遇，3000 多人葬身于此。战俘们被迫修建一座横跨湄南河的铁路桥，但这座桥在通行后不久又被这些战俘们破坏了。倘这座桥还存在的话，我们可以直接开到仰光（现在你也许已经猜到，这个充满悲剧而又美丽的村庄，正是著名的电影“桂河大桥”所描述的地方）。我们看到这里战俘的墓地维护得很好，十字架才刷上白漆，年轻漂亮的暹罗姑娘在每个坟墓周围种上鲜花。1967 年越战期间，我在赴越途中，又重返此地，木制十字架已被迁走，代之以大铜牌注明这里曾发生过什么事情。

主人想不出有什么公路能使我们和吉普渡过宽阔而湍急的湄南河；或哪条路能通达仰光。他建议我们返回曼谷，重整旗鼓，不是往西而是向北，穿过整个泰国，在滇缅公路的起点附近进入缅甸，然后朝西到曼德勒，把仰光撇开留至南边。然后从那里往北到印度。看来他是广见博闻的，我们听从了他的建议，返回曼谷后又住进欧罗巴旅馆。吃了几顿好饭，灌满了油箱，买了更多的补胎胶皮和两段沉重的第二次世界大战中飞机着陆用的钢席，打算遇到泥泞时放到车轮下面（事实证明这是一个蠢主意，我们实际上需要四块板，两块垫在吉普下面，另两块放到轮子前面，但四块板又的确太重，“瘦马”上也无处可放这四块沉重的钢板。两块已够瞧的了，将它们安到吉普车的侧面，把车门也堵住了）。我们去交通部，设法弄到最新的道路状况，重填了泰国的出发签证，然后向北开往旧部阿优塞，再到呵叻、廊开和清迈。

在泰国无论开车或步行到哪儿，西普斯总是呆呆地东张西望，好像是刚从月球上下来的傻瓜。到目前为止，每到一处，我们车右侧的美国旗招来的是羡慕与尊敬。从泰国花了两周时间，大约500英里。只有在能望得见城镇的地方才有铺好的路，穿过城市后一英里左右，路况就又变坏了；在浓密的三到四尺的深草中，或在泥泞中行驶；有时被没有桥的溪流截断。我们学会了在丛林中生活，记住走过的路以备返回（这种事发生过几次），以及遇到人时如何打招呼。他们对西普斯有时怕得要命，但对一只大象却无所畏惧。沿路所碰到的泰国人是最友善并最爱帮助人的民族，可是我们只能靠打手势来通话。每到一处，当地人总是双手合十欢迎我们，并请我们做客，住在麻栗树搭的带凉台的房子里（房子建筑在一些12尺高的柱子上，以防蛇和野兽），劝我们尽量多吃而拒绝任何报酬。他们给我们香蕉、其他水果和蔬菜，而且总是伴随着微笑和流露出真诚的友谊。有一次，一个村里的屠户硬要我们从他刚宰的猪上随便挑选任何部位的一块，猪从中间劈开，倒挂在村子广场中的四根柱子上。

一群和尚剃着光头，身穿深黄色的袈裟，竟然砍掉了通往他们庭院的又长又窄的桥上一边的木栏杆，因为两侧栏杆恰比我们满载的吉普窄几寸。每当村民们听到“瘦马”陷入泥泞或浅河床时的呻吟和用力的声音时，便从密林中走出。经过最初羞怯的邂逅后（妇女们初次见到我们时总把孩子藏到她们的长裙下面），所有人，男女老少都来帮我们推、拉，使吉普能爬过泥坑、矮丛林或被倒下来的树堵住的道路。尽管他们有许多机会偷我们的东西，却没有任何人这样做。倘若我们不在泰国人家里过夜，睡在他们高离地面木屋的地板上，就在吉普旁边，把油布拴在树上搭帐篷露宿。西普斯的皮带则放长些。睡在带蚊帐的海军行军床上（克莱瑞丝坚持用白被单和枕套）。我们能听见野兽出没在近处的灌木林，它们可能对于我们和西普斯发出的奇怪声音和气味，就像我们对它们一样地感到惊恐和不安。

有一点应当承认，有许多次我们很后悔不该从事这次旅行，特别是陷入泥坑一筹莫展时，眼巴巴地望着洛克希德的大型星式客机，从我们头顶上空平稳地飞掠而过，就不禁想起那空调的客舱、柔软的座椅、女空服员殷勤的伺候等。可是回过头来想，就我们所知，尚没有任何人曾经仅靠一辆车来完成如此艰巨的任务，一定要干出一番成绩来的心情又激励我们去继续奋斗（据说数年前，英国劳斯莱斯工厂的一个由三辆小汽车和一辆满载后勤物资的卡车组成的车队，曾经从伦敦开到仰光）。有两次一天只能开十分之二英里，当地居民赶做了竹筏把吉普渡过宽阔的河流。遇到无人帮助我们把“瘦马”从深陷的泥沟中推出，或它在烂泥中一直陷到车底盘时，我们只好把车上所有的东西都卸下来以减轻车的重量，把箱子和油桶向前扛几百尺直到有坚实的地面。克莱瑞丝或我用四轮驱动慢慢地开着空车，另一个人在后面推，可是过了几百尺后又再次陷入另一个泥坑。

在泰国北部我们穿出了丛林，到达了一个小城市——廊开，它靠近南北贯穿全国的单线铁路末端，每天有一列货车开过。火车时常停下来以便让农夫及他们的货物上下。我们从自由市场上买了半打鸡蛋（妇人们盘膝而坐，出售的货物摆得有条不紊），克莱瑞丝用一张香蕉叶子捧着，牵西普斯的皮带套在她的手腕上。忽然火车的车长吹了声哨子，同我们的紧急哨音一模一样，西普斯像闪电般地蹿了起来。鸡蛋从香蕉叶上滚了下来，克莱瑞丝也被绊倒了……

当我们大约还有十英里就可离开泰国的密林进入缅甸时，当地人把我们带到一座被高大树木环绕的修建得十分漂亮的英国式小别墅去；它有两层楼，二楼四周是镂空的麻栗木的走廊。在那儿，我的妈呀！竟住着一位年轻的英国小伙子和他的仆人们。他是一家英美烟草公司的特区经理，派来长住两年。年轻人来自伦敦，自然喜欢看到欧洲人或美国人的面孔，他对我们可以说是无微不至。他叫仆人替克莱瑞丝准备了热水澡；晚餐点上蜡烛；每个人的盘子旁边都有一个银的洗指钵，玫瑰花瓣漂在水面上。他自己备有发电设备，我们从他的短波收音机中听到了 BBC 的新闻。他的客房里有电灯，甚至还有一台电风扇。我们根本想象不到是在泰、缅之间，丛林与烟叶田围绕的蛮荒地境内吃饭与休息。当晚我们在真正的床上度过。那位年轻的英国人劝我们在他那儿住一段时间，等一帮有组织的匪徒们过去后再说（他们打算抢劫一年一度从泰国到缅甸的丝绸商队，他告诉我们，“年年如此”）。但我们决定继续向前，因为进展情况比我们预计的要慢，主要的还是担心阿富汗多雪的冬天。

我们并不十分相信那位烟草先生关于土匪的故事（我们同他在一起时，这位种植园的经理正喝着一种比茶更强烈的饮料）。一直走到第二天黄昏，刚进入缅甸几英里处，我们真的同匪徒遭遇上了，此刻除了保持镇静外别无他法。我们把帆布搭在吉普与树中间，紧靠着他们已搭起的帐篷旁边。他们起码有 100 人，包括戴着银首饰的妇女。这伙土匪一半穿着英国军服，一半穿着艾森豪威尔式夹克，携带美式步枪，围坐在“营火”旁。他们的小马在黑暗中吃草，他们有几个中国厨子。邀请我们一同去吃美味的鸡肉晚饭的人看来是个头儿，他能说点英文，我们的交谈是友好的，但并非轻松愉快。9 点光景我们向他们告辞回到吊铺去睡觉，祈望第二天凌晨醒来后“瘦马”仍在旁边，而且没有人的喉咙被割断。

我们早上醒来时，发现土匪们的帐篷已不见，人也销声匿迹了；静悄悄地，连点垃圾的痕迹都没留下，只有吉普的挂钩上放了一个大蛋糕。西普斯为什么叫都不叫呢？我们可真捉摸不透。可能它像我们一样也疲劳不堪了。收拾泄气的轮胎已成为最伤脑筋而且吃力的日常工作，尤其是汽车超载和道路情况差，内胎变得很热，使得旧补丁的胶变脆，而补丁的脆弱性又带来额外的跑气。除了找漏气洞孔的麻烦和在高度潮热的天气用手给每个轮胎打气的艰苦操劳之外，一个完全没预料的问题发生了：气筒和被补内胎气门之间十八寸长的小橡皮管，是第二次世界大战时的产物，已经老化了，我不得不把裂口的管子剪掉，管子就短了一截，一次一次裂开，一次一次地剪短，一直到管子短到气筒放不到轮胎旁边的地面上，只好把气筒放到轮子上，离气门仅四五寸远；庆幸的是最后一段管子终于保留了下来。克莱瑞丝拿两把钳子夹住管子的两头，我把剩下的胶布全都缠到已经裂开的橡皮管上（在印度，一位美国领事送给我们一个新气筒）。

为使四个轮子能平均分担重量，以免轮胎的温度升高，我们不得不经常用四轮驱动来开“瘦马”。然而西普斯在传动轴上面的板子上却坐不住了，直发抖，我在它的背上轻轻拍了几下，叫它坐下来，因为它妨碍了开车时胳膊的自由活动。于是可怜的小狗屈膝俯下，浑身发抖……直到当我看它的座位下面冒出一缕轻烟，才知道传动轴发烫了，我们赶快把排挡换到正常的两轮驱动位置。而且像意料中的提高了后轮胎的损坏率。正如我所预料到的，在曼德勒我们看到不少战争中废弃的吉普，但无一可用。我只好在离合器上加点润滑油，仍旧开着那辆“变速器在我俩之间唱歌”的车。为了使西普斯能舒适些，我们给它加了一个垫子。直到开了 2000 英里以后，我们才换了另一副好的传动轴。

在缅甸的许多路段，我们行驶在 1943 年间日军修筑的坑洼不平、上下起伏的山路上，车行缓慢。我们之中的一个把吉普换到四轮驱动的“低——低”挡，车速每小时四分之一英里。另一个带着西普斯在“瘦马”前面步行，舒展一下筋骨，然后等待……我们从不把发动机开到快车。每天晚上我都要把前后减震系统的螺栓和螺帽重新拧紧；如此悉心的呵护使我们从令人惊异的可靠性中得到了回报。

在曼德勒停留了几天（吉卜林的城市，在 1945 年英日战争中彻底毁灭了），我们得到新鲜的食品，并在一个学校的校舍里，与从灾难中逃脱的美国和德国传教士们住在一起，然后我们离开曼德勒朝缅甸北部边境外的布拉马普特拉河方向开去。所有横跨宽阔的伊洛瓦底江和钦德文河的桥梁，已全部被撤退的日本人炸掉，还尚未修复。我们找到几位留下来准备把政权移交给缅甸人的英国官员，他们答应免费给我们提供一艘驳船放置“瘦马”，由拖轮拖过去。先由伊洛瓦底江顺流而下，然后在湍急的钦德文河上逆流北上，到印度边境的英帕尔——漫长而曲折的山路的起点。六英里的水上航程却花了我们六天时间。我得空把“瘦马”做了彻底的保养，更换了机油，到处润滑一番；甚至为克莱瑞丝的一双鞋削好并钉上后跟。缅甸船员给我们吃从河里逮来的鱼，夜间在村旁停泊时，我们能得到大米、鸡蛋和水果。在曼德勒以北，我们发现了一个母系氏族，妇女做重体力劳动、管理商店、抽雪茄，而男人则留在家里，照看孩子、烧饭，其余的时间就尽量懒散着。

我们开车经过时，正是英国统治缅甸的最后几个月，路边的宾馆都已空空如也，除了床架，一点家具也不剩了。满是尘土，不干不净，其污秽的程度是与日俱增。这些木造平房小旅馆被称作“达喀斯”，属旧政府所有，为过往的官员提供住宿。我们只随便把车停放在其中一座的门前，横竖都是一样，没有人住，门都没上锁；没有窗户玻璃，没有灯，没有厕所，但总算头上有块天花板。我们在太阳升起前半个小时从睡袋中钻出来，在晚饭吃完后或最后一个胎补完时，即刻“上床”睡觉。在附近有个装有手泵的水井，我们可以洗洗，我也能刮个脸。

英帕尔之后的关口叫科伊玛关，到处仍散落着日本轻型坦克和英国大炮的残骸。关口顶部的树桩上钉了一个木板，上面写道：“在科伊玛——1944 年——日本对印度的入侵被阻挡”。三年前这里曾发生过激烈的战争，疲惫不堪的日军，在几团归顺的印军支持下，同英军和仍然忠于英军的印军展开激斗。进攻的日军躲在一群被驱赶或志愿的妇女后面，保护日军不受英军平射炮火的射击，从打得光秃秃的树桩上可以看到当时战斗之激烈程度。它持续了一周多，直到日本人粮尽弹绝。日本人从仰光到科伊玛漫长的供应线，时常被英国和美国的滑翔机部队切断。在英明的英国将军奥德·温格特指挥下，这支部队在日本的防线后面从天而降；在他手下还有一些著名的美国军官，如约翰·艾利森（1942 年他在中国曾首次试飞“我的”零式飞机）。

一英里接着一英里，一天接着一天，一次泄气接着一次泄气（轮胎泄气）。我们起初向西北开，然后折向正西。到了一个地方，有一个灌满沙子的汽油桶上插了一块牌子，标明：“印度边界检查站”，在我们的汽车证件和美国旅行护照上都盖了戳子。我们被告知几周前印度已开始对汽油实行配给，须到为数不多的人工油泵站用油票兑换。油票由区长办公室配发（我们对印度行政区域的划分毫无所知），油价是三毛美金一英制加仑（比美加仑约多百分之二十）。通过了大型茶园我们到了一英里宽的布拉玛普特拉河边，一条由烧木材的驳轮推动的大型驳船，让我们在高哈蒂渡口渡过江。沿柏油路继续向北到西里归瑞，在那里饱览了世界最高峰之一，海拔 28146 英尺的堪钦仲嘎山以及圣母峰（29028 英尺）的风光。进入西藏境内 60 英里后，又折向西南走了几百里较好的路直到恒河。在那里，人的尸体顺流而下，仍然像我 1939 年所看见的一样。宽阔的恒河没有公路可过，只有一英里半的双轻铁路桥横跨两岸。我们这岸的一位印度军官不同意我们通过铁路枕木开过去，他要求我们把吉普装到铁路平板车上过桥，这将耗费起码一整天的时间。经过我们的说服，向他出示了护照“批准”页上乔治·马歇尔的签字，该官员说：“马歇尔将军签署了你们的护照，这就够了，我替你们‘暂停’铁路交通。”当我们确信两边的交通都已“停下”，便开始通过。

克莱瑞丝开车通过缅甸的临时木桥

那位官员得了这么一个印象（我们故意使他如此相信），以为克莱瑞丝和我都是美国官方代表。这是怎么产生的呢？除了我们的护照上印有像是乔治·马歇尔的亲笔签名外（他那时任国务卿，其实每本护照都是如此）；我们还有意无意地显示了一下驻曼谷的美国大使馆给美国驻新德里使馆的一封封好的信。实际上，这是一位女秘书写给她驻在印度的朋友的。克莱瑞丝同我全都穿着咔叽军服，这一切使这位官员确信我们在执行官方任务。吉普同我们三个在几千根枕木上好一顿颠簸，终于到达彼岸。在那里，我们默默地向这位印度官员致谢。

在平坦而有树荫的公路上又轻松地开了几百英里，偶尔会碰上卡车或成群的骆驼。我们路过一个小村庄，那里养了大批两三尺高的猴子，有一只向西普斯挑战，抓它的鼻子并揪下来一撮毛（以后再也没长出来）。这些活泼的动物待在波纹状的屋顶上、树上和马路上——自由自在。

我们终于到达北印度的中部。克莱瑞丝有机会拜访了亚格拉城瑰丽非凡的泰姬·玛哈陵，我认为这是世界上最美的建筑。那里离印度首都新德里只有 140 英里。我们还去了美国使馆，并很高兴地接受 50 加仑汽油的慷慨赠予。

新德里旁边的老德里有个旧车市场，我去寻找一个用过的吉普齿轮箱，我们自己的已经无法再用了；花 10 美元买了一整套二手货，也不知道是好的还是坏的。在新德里我们住的旅馆前面，两天的辛苦奋斗，一个人（就只我一个）拆下车上的并换上这副带前轮驱动沉重的齿轮箱。一试车，真走运！居然买到一副好的。

一个合众社的记者，对我们作了采访。起初根本不相信我们是从曼谷开车来的，他告诉我们新德里西北 250 英里处印度教与回教已开始内战，这正是我们要去的方向。他描述我们一家和我们的吉普抵达印度的文章，后来曾在很多美国报纸上刊出，这也是克莱瑞丝父母长久以来第一次得到他们女儿的音信。当我们去古要塞白沙瓦的途中，到达拉合尔和阿姆利柴时，把印度分成巴基斯坦和印度的计划已成为事实。我们打算经白沙瓦到阿富汗去；200 万的难民，有印度教徒东迁，有回教徒西移，堵塞了道路，被杀死的印度人躺在拉合尔近处公路的两侧。在新德里的一个美国官员也警告我们，试图越过已形成的战线是不可能的；双方的士兵都在各自的战壕里，想从印度进入巴基斯坦极其危险。他说，就是美国官员也无法从各自宣布成立的国家进入到另一国去。我们仍照走不误。

事实证明他们的消息是正确的，可是克莱瑞丝、“西普斯先生”和我越过了战壕。美国人没有想到我有一样秘密武器，那就是照相机。在有刺的铁丝网旁，我提议给他们的军官和士兵们照个相，双方都接受了。于是休战 15 分钟，铁丝网的路障被搬开，全副武装的官兵从战壕里涌出来。为了好玩，我劝说双方在一起摆好姿势，印度和巴基斯坦的士兵们，各自穿着他们独特的军服，并按他们自己的标准立正站齐。我们谢过了印度人和巴基斯坦人，在被打坏的路上颠簸着经过白沙瓦和以风大著称的开伯尔峡谷——从东方进入这个崎岖国家的唯一通道，向阿富汗行进。

我们碰上了1000余游牧人的部落一年一度的大搬迁，赶着羊群和骆驼，孩子们骑在骆驼上，鸡拴在驼鞍旁。领队的头头儿能说两句英语，他告诉我们他有3个老婆（都跟他在一起）和16个儿子，至于多少女儿，他也搞不清了！正如在旧中国一样，头一次婚姻是遵“父母之命”而完成的，这样的结局未必圆满。年轻的新郎只有在婚礼以后，才能看到新娘长得如何，所以常常有不如意的事情发生。有一回一位新娘被揭开面纱，第一次面向夫君，并问他还能让谁看她的面孔，丈夫答道：“谁都行，只是别让我再看到你！”

进入风谷后，地势越来越高，也越来越冷，沿山谷有德国在战前修了一半的铁路和山洞。接近阿富汗首都——喀布尔之前，在未铺筑的路上遇上第一场雪。又碰到爱达荷州波伊西城一家建筑公司莫瑞桑—纽得森的营地，他们给我们提供了住所和食物。

1947年，阿富汗唯一的一条柏油路在皇宫前面。守卫的士兵身穿德国军装，阿曼努拉国王、德国的崇拜者，于1926年加冕。由于他力图把这个落后的回教国家推进到20世纪的步伐太快，而在1929年被罢黜；例如他曾禁止妇女躲在帐幔后面（即不许戴面纱）。

在喀布尔，我们在美国武官那里度过了一天，在他家甜甜地睡了一晚。了解前面的道路和气候情况后，我们买了新鲜食品，获得了所需的汽油，在“瘦马”上装了阿富汗的主食葡萄干和坚果，并弄清楚了顺路要到达的下一个地方——莫瑞桑—纽得森营地。离开了喀布尔后，折向南方环山而行，没有标示的道路，也没有任何方向标志。地面上的雪冻得硬邦邦的，一片荒芜，偶尔看到一根没有线的电线杆或古老的土城堡，才使我放心了，至少大方向没有错。成群的长毛羊已迁到南方。我给克莱瑞丝交换了一件羊毛短大衣；她患了疟疾（可能是两个月前还在泰国时被蚊子咬后传染上的，天气一冷就发作了）。千里之内无处觅医生，而且也没有准备“奎宁”或“疟涤本”药片（治疟疾的特效药）。我只好一天化三次雪给她冲碗“利普登”鸡汤面，这还是我们在香港时买了两打纸袋包装的。我用羹匙喂她，并祈祷上苍让她早日康复。克莱瑞丝蜷缩在睡袋里，我用吉普的安全带把睡袋拴在座位上，西普斯趴在她的膝盖旁，用体温来温暖她。

我们对散热器内的防冻液能起多大作用，始终不敢太确定。有天晚上特别冷，我们不敢关掉吉普车的发动机，就让它以慢车状态继续不停地转。当晚在阿富汗的“宾馆”休息（十间土房，没有任何家具、电灯、洗澡间或可饮用的水，只不过是一个可遮蔽风雪的棚子而已）。我们开过坎大哈的主要街道，两边是土平房和无门的小店，见不到什么人，再往前 200 英里就是莫瑞桑—纽得森的冬季营地。我们代交了由喀布尔美国大使馆转递的信，他们是美国的测量员和建筑工人，有些带着夫人和孩子，集中住在五座活动结构能御寒的楼房里，他们要在那里避四个月的寒。因为带来了信，我们受到了特别欢迎。那天晚上他们为我们准备了美国式晚餐，这之后，我们三口子（包括“西普斯先生”）由于吃过量，竟都生病了。在向他们告别之前，经理把我们的油箱灌满，还给了我们一卷十分需要的补胎材料。

五天后，我们开进阿富汗西部边陲的赫拉特，高踞伊朗之上，天气已不那么冷，大雪覆盖的地上已露出一块块褐色的土地。克莱瑞丝的疟疾有了好转，但每 36 小时还要发一次抖。“瘦马”的表现一直不错，最近 1800 英里，轮胎一次也没有泄气过，真该谢天又谢地！我的双手冻得僵硬，如真泄了气，恐怕也无能为力了。这种天气，我们不得不把所有衣服都穿上，还戴上两副手套。吉普两侧屏蔽全拉下来，封得很紧，排气管弯过来温暖了我们的膝盖，但仍感到冷。每天走 100 到 150 英里。白天趁着天亮开九个小时，晚间同阿富汗人、他们的山羊、绵羊睡在土房里，土房就像爱斯基摩人的冰房子一样。只要一想到在“西方地平线之下”能见到阳光

“瘦马”的“泄气”，使得行程越来越惊险

湄南河畔的密林中，盟国烈士公墓的管理员

热情的泰国民众用竹竿铺地，协助“瘦马”继续前进

和温暖，就使我尽可能地快赶。从阿富汗到伊朗，下坡开 15 英里，穿过无人区，便进入了日落之处。我们见到一个带着可坐人的边斗的老式哈雷—戴维森公司的摩托车，由人牵着一匹马拉着走，主人开着无动力的摩托车，每小时走二英里。

当我们到达很低处的伊朗边界检查站时，天已黑了。端着带刺刀的枪兵，看到汽车前灯的闪亮便跑了过来，卫兵们掀开我们放下来的车篷，但被西普斯吠叫一声又急忙躲开。我们还在阿富汗高原上时就看到了这个特拜特小镇的灰暗灯光。它在伊朗一侧 25 英里的谷地，我们当时就决定在那里过夜了。我们来访问的消息像野火一样蔓延开了，已沉睡的镇民被两个美国人和一条狗乘吉普来访一事所激动。市长邀请我们作为他的客人，然后招呼他已经上床睡觉的朋友。为了表示隆重，他端来一个盘子，中间有块“象牙牌”肥皂，他操着生硬的法语说道：“Palmolive！”（注：他把白色的象牙皂错说成绿色的棕榄皂。）

盛情的宴会持续到深夜，我们三个睡在市长铺有好几层波斯地毯的餐厅里。当地的小学教师请我们去看看他的教室和学生，但我们没有空暇。雪没准儿什么时候就会再下——而且这是决定性的因素。也不知为什么，以前我们以为整个伊朗都是温暖之乡，但现在却令我们大失所望。第二天早晨，我们离开特拜特镇，沿着沙子铺的路朝西北开，到苏联—伊朗边境的麦什特镇，它离此地 140 英里。俄国的感染显而易见：男人裹着厚重的大衣和毯子，在商店门口坐在矮木凳上，吸着水烟袋，在炉火上用铜壶烧水喝茶。我们甚至在一个像样的加油站里灌满了汽油。再往西 500 英里，通过冰凉但无雪、像搓衣板样子的路面，德黑兰便展现在眼前了。

## 渐入佳境

- 车抵德黑兰，行程将尽念家园
- 入约旦抵安曼，“瘦马”试闯“阿伦比桥”
- 皇家武装车队护送，安抵以色列耶路撒冷
- 强渡弹雨峡谷，万里之行终至特拉维夫

整整花了三天的时间才到达了德黑兰，从一片荒野、寸草不生的褐色丘陵地带进入了这座大城市。路边有个路标，从那里你可以看到以德黑兰为起点，向西、向南、向北都有公路。这些公路是第二次世界大战期间，为了迅速向俄国供应武器和车辆，由美国工兵部队铺设的。

我们住进了一家真正的旅馆，沉浸在有热水的澡盆的享受中，这是自新德里以后的头一次（尽管两层楼只有一个澡盆）。我们泡在热水里，搓掉手上冻结的积垢，洗净破旧的衣服，在餐厅里吃了一顿丰盛的大餐，何等的奢侈！我们给克莱瑞丝家写了一封信，告知我们仍然活着，然后去商店和真正中东风格低矮顶棚的市场采购。不管你买不买东西，都有小男孩用有银托架的小玻璃杯给你端出茶来。妇女们蒙着面纱，像我们开车经过的回教国家里的妇女一样。

驻德黑兰的美国领事馆费了九牛二虎之力替我们弄到了下一步到伊拉克、叙利亚和黎巴嫩的签证。那时美国在中东的政治处境实在太糟（正像陈纳德将军所预测的那样），虽然阿拉伯官员接待彬彬有礼，但我们被告知德黑兰的阿拉伯联盟已决定暂时不再给任何美国人发签证，包括过境签证。我们的旅行计划遇到了严重的阻碍……起码有那么几分钟。于是我们决定绕过在火药桶上的中东，改道土耳其，而且也拿到了过境签证。我们改变原始计划向北到伊朗—土耳其边界，经过到埃尔斯伦的一道道的隘口和山路，朝土耳其的首都安卡拉和以金号角著称的伊斯坦堡城前进。

在德黑兰帕克旅馆里的一个舒适的暖气旁边坐着，吃着枣子和无花果，西普斯蜷缩在脚边，克莱瑞丝和我商量着回到美国以后干些什么。1947 年的圣诞节即将来临，此刻我们心照不宣，但两人都很清晰地知道，等到了地中海之后，“瘦马”就算开到尽头了。

尽管我很喜欢西海岸的生活方式，喜爱我以前的工作、道格拉斯飞机公司的同事们以及西海岸的天气，我们还是决定不回加州。克莱瑞丝在桑塔莫尼卡海滨我们租来的房子里度过的三个月正好是冬天，不是雾就是雨。她主张我在东海岸找个工作。固然大多数的大飞机工厂都设在西部，但是飞机发动机公司，像通用电气、西屋、普拉特惠特尼和柯蒂斯·怀特公司都坐落在东部。克莱瑞丝知道通用电气公司在康涅狄格州的布瑞芝波特市有一个分厂，制造小型家用电器，因此我们从德黑兰寄了一封航空信给在布市的通用电器公司，请他们向制造喷气发动机的分厂转达我的求职要求。不必急于回答，我写道，因为在回美国工作之前，我还要“补三个月轮胎”，我给通用电气公司一个回信的地址。

当我们离开德黑兰温暖而舒适的旅馆时，外面下着大雪。我们再度把车捆绑妥当，用我们已匮乏的资金仔细地选购了罐头食品、葡萄干和干果，向土耳其边境前进。我们没有除霜器也没有自动雨刷可以刷洗挡风玻璃上积结的冰和雪；路标清楚的高速公路上除了一辆伊朗陆军的卡车朝着同一个方向行驶以外，我们没有看到其他车辆。尽管四个轮子都装上了链条，“瘦马”仍几次陷在两英尺厚的雪堆里。我们后面的军用卡车有20个友善的伊朗士兵，他们穿着暖和的冬季军装，带着铲雪的铲子，他们为了帮我们把陷住的吉普车弄出来，开车的速度比应有的慢多了。

当我们到达离土耳其边境不到100英里的大不里士时，天已经黑了，此时正是1947年圣诞之夜。一位警察坐在“瘦马”发动机车盖上，指明我们在哪儿可找到一家旅馆和美国领事馆。热情的小旅馆为我们三个的到来，铺下了欢迎的地毯。当晚我们去拜访了美国常驻官员，这两位年轻的领事馆官员正在讨论应订购哪些电动玩具火车的零件，以便在这“远离上帝的地方”有些事干……他们说出了我们正担心的事情；由于下了20英寸深的雪，向北进入土耳其和安哥拉的唯一的道路正式封闭了。怎么办？要么在大不里士冬眠四个月，要么向南穿过整个伊朗，开到波斯湾；或者向正西越过一座高山到伊拉克在摩苏尔的油田。我们还从美国人那里得知大不里士有一个伊拉克领事馆，干吗明天不去试一试？说不定在如此偏远地方的伊拉克领事，还没有听说阿拉伯同盟禁止为美国旅行者签发通过他们国家的过境签证的事。

我们决定试一下运气。为了防止现出任何军车面目，我们把“瘦马”留在旅馆，租了一辆俄式的马拉敞篷车，到了伊拉克领事馆。这天恰是圣诞节，1947年12月25日，伊拉克的领事亲自来开门。他身着西装，是个和蔼可亲的君子。法语讲得很好——唯显得有点孤寂。克莱瑞丝用法语向他讲述了到目前为止我们旅行的情况，由于大雪堵塞了到土耳其的道路，看来必须等到明年春天才能通行，并想听听他的忠告。这位受到奉承的领事劝我们经伊拉克去欧洲，尽管这样做将会偏离我们的原订计划1000多英里。当我们告诉他我们是美国人，在他的国家里是否不太安全时，他倒来劲儿了，坚持说可给我们提供自大不里士以西 200 英里的摩苏尔油田到巴格达的伊拉克过境签证，而且分文不收。推辞再三，盛情难却，我们“勉强地”接受了他的好意。他在我们的两本护照上签署时，给我们端来了美味的糖果。我们和他周旋了足足四个漫长的小时（在等待护照盖章时，我们的心都吊到嗓子眼儿了。我们担心他的办公室会不会给在德黑兰的上司打个电话）。拿到签证之后，我们就到了一个电影院式的暗淡的市集去观光，一行行的网状货摊，用油灯照明，缠着头巾的小贩光着脚坐在波斯地毯上，叫卖银器、波斯服装、食品、成匹的毛料……

第二天朝阳初起时，我们向西到乌米亚湖南岸，朝摩苏尔城前进。领事对于最近阿拉伯联盟不再为美国人签发任何过境签证的决定一无所知，这对我们来说是一次真正的突破，不过他的“一无所知”更配合了他对如何能在二至三英尺深的雪中，从大不里士开到摩苏尔也毫无常识。但无论如何我们还是希望德黑兰和大不里士之间的通信联络，慢得足以使我们的吉普车能从容地通过伊拉克边境。

在这次旅程中，“大雪”第四次给我们添了麻烦。乌米亚湖南边山区里的雪又大又深，没有任何标记指明道路应在何处，在马哈拜德同伊朗当地的司令简单交谈之后，他也成了我们当晚的主人（他为他漂亮的、修长的妻子感到自豪，并说想把她送到好莱坞去）。我们不得不折回到大不里士，此项决定绝非易事，几乎是整个旅途中最重大的一次。或者我们所冒的风险太大，除了中途更换轮胎，我们要不停地开车 36 小时；又到离德黑兰 50 英里的地方，然后急转，上了唯一的另外一条通往伊朗西南哈马丹市的公路，路上有重型油车通过，把雪压踏实了。天黑之后无人开车。

在我们马拉松式开车的第一阶段进展得还不错，以每小时 15 ~ 20 英里的速度，艰难地向前走。但午夜后不久，我们离开哈马丹尚有八小时的路程时，我们的吉普车突然开始失去马力；我们面临着自从离开曼谷以来，第一次纯属发动机的故障，一分钟之内，发动机完全停止了。刺骨的寒风在呼啸，雪下得很大，我们被困在与伊拉克边境平行荒芜的札格洛斯山中——8000 英尺的标高，一片漆黑，没有动力没有热，路上也没有任何一辆其他的车辆。

为了我们的生存，显而易见，在我们冻死之前，我得让忠实的“瘦马”再次开动起来。我打开发动机盖，把前灯中的一个转向后面（原来吉普车前灯安装在一个铰链上，以便向后照到发动机舱），我用冻僵了的手指卸下了管子接头，检查了燃油泵和通向汽化器的燃油管路，然后用手摇柄转动发动机；燃油从松开的接头处流了出来，这样可以肯定毛病是出在汽化器里面了。在冰冷的狂风中，冻僵的手指简直握不住螺丝刀。我卸下了汽化器的油槽盖，松开了几个细微的电线卡子，把它们放在吉普车挡泥板上。在微弱的手电筒光下，我发现汽化器油槽里有一个小冰球，这是水凝聚的结果，我们有了一线希望，但愿这是问题的症结。我拿出了冰球，重新装好汽化器。我惊恐地发现那两个小卡子不见了，风把它们吹下了挡泥板，掉进了地上的雪里。这时已经是后半夜了，我筋疲力尽、浑身发抖，拼命在松软的雪里找那两个头发夹子那样厚却短得多的小卡子。

我用手电筒不顾一切地寻找，终于找到了其中的一个，我只好剥开吉普车尾灯，截下一段电线做第二个卡子。奇迹发生了，我把油箱里的冰冷汽油从油管里吸出，并输到打开的汽化器进气口里，很快地再次接通管路。克莱瑞丝把电门打开，我用我所能聚集的最后一点气力猛转摇柄去启动“瘦马”……发动机转了！当吉普车再次蹒跚向前时，没有言语能形容那种如释重负的高兴劲儿了。发动机转动得很平稳，排气管开始暖和我们的腿，我们不再发抖了，很快便沿着雪山山脉顺坡而下，开向温暖的伊拉克。纯属走运，我想是……

为何如此匆忙？我们是不想在大不里士的伊拉克领事（他告诉我们，

伊拉克军方24小时代为照顾“瘦马”

他手下的人已在我们的护照上注明，我们将穿过靠近摩苏尔油田的卡纳，进入伊拉克）有和他在德黑兰的上司联系的机会，告诉他们他已经给美国人和狗批了两个过境签证；这可能会导致伊拉克边境的卫兵来阻止我们。我们还不知道他是否已经察觉他的下属——纯属意外的收获——在我们护照上，错误地指定了很靠南边的进入伊拉克边境的通过点，恰是我们现在要利用的地方。边防警卫例行公事地检查了签证，过期的暹罗汽车三联单，以及错的发动机号码，等等，显然他们对阿拉伯联盟的决定也一无所知，他们甚至请我们住在警卫室里。我们接受了并作为伊拉克军方的客人逗留了一夜，他们曾警告我们切勿在夜间旅行：“歹徒会杀死你们并抢走你们的吉普！”

1947 年 12 月 31 日，我们渡过了巴格达城外的底格里斯河，住进了赛米瑞米斯旅馆。我们在酒吧里喝了点酒来庆祝新年，但实在太累了，无心去参加庆祝活动。

1948 年的第二天，我们驱车离开既定路线 200 英里，去踏寻巴比伦的“空中花园”。我们敬仰这些“砖块”（我们的义务向导，是一位身着古装热爱艺术的阿拉伯人，他们这样亲切地称呼），造就了千古流芳的著名浮雕。

棕榈树、明媚的阳光、繁花似锦……多好的新年开端！“瘦马”飞跃过幼发拉底河上的桥梁，向800英里之外的哈希姆约旦王国前进。我们在巴格达时已经申请到了签证，我们还得到了叙利亚和黎巴嫩的签证——但没有去申请穿过巴勒斯坦的英国过境签证。

从这里到埃马瑞克是几百英里的单线柏油马路，松软、发热的沙丘一个接着一个，就像在《阿拉伯的劳伦斯》那部电影中一样，一路延展到目光所及的尽头。阿拉伯美国公司戴着方格头饰的工人，正在铺设经埃马佛瑞克到巴勒斯坦海法的一条大的输油管路。在那个沙漠之中的城市，我们不得不抉择是向北开到叙利亚的大马士革，还是向南到约旦的首都安曼。我们把“瘦马”的车速增到每小时25英里——觉得好像在飞一样；仍然是每两小时轮换一次前轮驱动，我们拉出手动油门杆，把挡风玻璃推倒向前，沐浴在暖风之中，威利发动机工作得如此出色！我们在三个加压站驻足，无例外地被邀请住在美国经理设在棕榈树绿洲之中，带游泳池和空调的客房里。

我们又生活在西方世界里了。大自然所带来的灾难已被甩在身后；在暹罗和缅甸奋力穿过丛林的艰苦，在阿富汗和伊朗冰冻的天气里的挣扎，似乎都是多年以前的事了。我们三个体重大大减轻，过去的几个月中，过着地球上最原始的生活，现在感到像百万富翁一样。西普斯仍和我们吃的一样，水果、香蕉甚至还有橘子。每当我们短暂地停下来替换开车的时候，它都能跳出去寻找更好一点的食物，但哨子一吹就回来了，跳到它在变速器上的座位上，而且肯定在想：“等一会儿又会碰到什么？”

在穿越约旦的路上，我们跟上一辆满载着阿拉伯人的卡车，他们挥舞着黑色的旗子和步枪，还举着标语牌：“巴勒斯坦志愿军”和“犹太人必死”。在安曼城外能清晰地看到城市的地方，我们被阿拉伯军团士兵所设的路障挡住了。这是一支训练有素、纪律严明、英国装备，并由英国将军格拉布·帕沙指挥的为数不多的约旦部队。戴有红白方格头饰的阿拉伯士兵，仔细地检查了我们的签证（但对吉普车的发动机和底盘序号却一带而过）。有三次我们被问到是否要去巴勒斯坦。“不，去安曼的美国领事馆。”我们回答。

他们说了一声“好了”，便让我们过去了。

在安曼的市中心我们到邮局询问美国领事馆在哪儿，他们告诉我们美国从来没有承认约旦，因此在这里没有设领事馆，这使我们目瞪口呆，怎么办呢？流言在中东散布得很快；一群不友好的人已聚集在吉普车的周围（在发动机盖上的皇家空军徽章仍然可见，美国的国旗整齐地折叠在我们的衣箱里），约旦人向“瘦马”逼近，流露出一种敌对的神情。我们坚定而有礼貌地通过了人群，并住进了埃拉什德旅馆——安曼市中心唯一的旅馆。我还去理了个发，当理发师拿起一把十寸长的剃刀刮我的脖子时真是提心吊胆。我们很担心吉普车和它里面的东西，旅馆经理劝我们雇个看东西的人；我们这样做了，第二天连人带羊毛毯都不见了。

克莱瑞丝和我决定迅速通过阿伦比桥，跨越介于约旦和巴勒斯坦之间历史性的约旦河。边境离这里有 20 英里，地势低于安曼 3620 英尺，海平面以下 627 英尺！没有英国签证，我们仍希望能够设法靠“说服的力量”来渡过阿伦比桥。我们从旅馆里出来假装先向回走，朝玛弗里格的方向开（来愚弄有敌意的人们）——然后猛然将“瘦马”掉转 180 度，以每小时 40 英里的速度穿过安曼城，在一条高级公路上向巴勒斯坦边境开去。

出了那个城市之后是多么欣慰呀！那是一个晴朗的、阳光灿烂的日子。从安曼鸟瞰约旦盆地和死海，以及远处的侏定山，一切是那样的美丽。弯曲的道路经过一块写着“进入海平面以下”的牌子。附近另有一块石牌，上面记载着摩西在那里打去岩石，而水是从那儿流出来！又过了一英里，我们接近了约旦河，狭窄的、奇妙的小溪在柳树之间流着，当我们最终看到阿伦比桥时，我们想已大功告成。但是意外的事情毁灭了我们梦想的美景：那儿没有我们可能说服而让我们通过的英国卫兵。取而代之的是阿拉伯人已在他们和沿此路向前300码的英国边防警察之间，设置了两个路障。除非冲过约旦卫兵和带刺的铁丝网路障，别无他法。倘若成功一切如意，倘若不成功我们将死无葬身之地。这是我们要做出的另一个艰难而痛苦的抉择。唯一现实的方案是返回敌对的安曼，尽快找到英国皇家空军基地，并请求保护。

“瘦马”毫无问题地爬回了安曼。我们第二次匆匆驶过市中心，碰到几次红灯，后面跟着的人群呼喊着反美口号。我们找到了皇家空军的兵营，那里的卫兵一看到我们吉普车盖板上的皇家空军徽章，就掀起了拦门的杆子，然后又迅速地放下，把跟着来的人群拦开。皇家空军司令道森少将邀请我们住在他的空军基地的家里，直到我们把情况搞清楚为止。我们同他以及他可爱的妻子商议如何离开安曼到巴勒斯坦去，这时候西普斯已待在皇家空军的厨房里，并把那儿当成了它的总部。道森少将建议把“瘦马”丢在安曼，由他派一架皇家空军飞机把我们送到耶路撒冷；但我们犹豫不决，我们不愿“就这样”扔掉我们忠实的吉普。我们随后同意由空军少将飞往巴勒斯坦首都，给我们拿到英国的过境签证；然后他将为我们提供一支武装的卫队，帮我们通过阿伦比桥去耶路撒冷的美国领事馆。

四天之后，一辆装甲车打头阵，我们的吉普车由一名皇家空军的中士开着夹在中间，一辆运兵车载着英国士兵和我们殿后，离开了在安曼的皇家空军兵营，向巴勒斯坦开去。约旦人迅速地移开阿伦比桥的路障；两边的边防卫兵都行礼致敬，毫无检查就让我们的小车队闯过去了。阿拉伯人设在巴勒斯坦东半部的路障没有人值班，因为那天是星期六（犹太人在安息日是不会去开车的）。几小时之后，我们就进入耶路撒冷的市中心了，到了在国际区的美国领事馆门前。

那时，美国领事罗伯茨已从耶路撒冷的英国行政官那里听说了我们的情况。他在领事馆门前等着我们，给予了友好同胞最真诚的欢迎（我们后来听说几周之后，他被阿拉伯的狙击手从领事馆对面的墓地后面射击而死）。罗伯茨警告我们不要去尝试从3000英尺高的耶路撒冷向下到海平面的特拉维夫去，因为在那65英里长的高速公路上，靠近巴布峡谷附近有一段狭窄地带，公路两侧都是悬崖峭壁，这一带是阿拉伯狙击手出没之处。英国人不愿意把他们赶出去，因为英国人正忙于控制从地中海到耶路撒冷的唯一路线。我们置领事馆的忠告于不顾，几天以后我们又启程了，雄心勃勃地要闯一下耶路撒冷和特拉维夫中间、巴布峡谷城外的任何阿拉伯人所设的路障。还没到那么远，出城后仅10英里，我们就遭到了伏击者的射击。一个0.30口径的子弹砰的一声打中了“瘦马”，在最后一个备份油桶后几英寸处，弹头掉到旅行打字机盒里。谁也说不上开枪的是犹太人、阿拉伯人还是英国人，我急速地掉转车头，以“瘦马”爬坡最快速度返回耶路撒冷。我们既然已经安全地开车穿过了整个亚洲，在这多彩多姿旅行的最后时刻，如果被杀了那可太不值得了。可以就此止步了，我们三个都这样认为。回到耶路撒冷后，我们在耶路撒冷邮报登了一则广告，两天之后就把吉普卖给了美国波太施公司，恰好得到一万英里之前在香港买车和轮胎所付一样多的钱。

我们在环球公司飞巴黎的下一班飞机上订了两个座位。飞机四天后将从孟买飞来，然后我们上了三辆带装甲的汽车队——为了给六个带轮胎的备份轮子腾地方，车上的座位都拆下来了——以便正常穿过路障运行，到达特拉维夫。此行绝非一帆风顺，车队在巴布峡谷遭到了袭击，恰巧是美

纽曼夫妇搭乘带装甲的汽车，穿越巴布峡谷

国领事警告我们的那个地方。从海边到耶路撒冷的半路上，一次短暂的战斗是用锯掉枪柄的布朗式轻机关枪和手榴弹展开的；年轻的犹太姑娘把武器藏在她们裙子下面和从英国宪兵那里弄到的外套里。犹太男人从我们所乘的那辆铁甲车后窗户向外开枪（姑娘们藏武器是因为英国巡逻兵不搜查她们）。阿拉伯人用冲锋枪在我们通过拉莫拉赫之前打瘪了每辆汽车的六个轮胎，我们一个乘客的脖子被擦伤了，幸好不会致命。汽车驾驶员们一刻不停（尽管轮胎全瘪了），直到进入友好的领土，助手们才把每辆车里的六个备胎换上。离开耶路撒冷之后五小时，我们到达了特拉维夫市的凯特·丹旅馆。

我们的机票是美国环球公司“星座式飞机”经雅典和罗马到巴黎，每周一班的最后几次飞行中的一次。所谓最后，是由于三个月后英国将停止托管巴勒斯坦，在这里可能会出现不安定，美国环球公司已经宣布它将不再飞往特拉维夫了。为了把西普斯搬弄上从特拉维夫到巴黎的飞机，我们做了彻底的准备。我们在耶路撒冷订机票时，并没有提到我们的硬毛猎犬，对我们来说是理直气壮，但美国环球公司在特拉维夫的人，会不会同意让这样大的一只狗在客舱里和我们一起飞行呢（这架飞机的行李舱是没有增压设备的）？在飞机上从孟买飞来以及离开这里到雅典之前，有两个晚上我们让西普斯（狗）先生在我们的房间里，睡在一个大的棕色行李袋里，头钻出来。克莱瑞丝从市中心环球航空公司办事处拿了一大把环球航空公司的行李牌（通常是系在旅客的衬衣上或行李上的），她在行李袋上缝了几个这种硬纸板做的行李牌。我们扔掉了所有穿破的衣服，所以我们除了手提行李和“西普斯先生”之外一无所有。

当我们到达特拉维夫的利达机场时，离起飞时间还有一个小时，我们没有行李，我的胳膊下夹着装狗的行李袋，它的头伸在外面，当班的阿拉伯籍雇员把我们拦住。

“你们不能把狗带进客舱！”

“喂！”我回答，“我们用这条环球航空公司的‘狗飞行袋’，带着他世界上哪儿没去过？我们刚刚和它一起从中国到这儿来；你看我们的护照，它仅 40 磅重，比两位旅客行李的限量还少 20 磅。”

环球航空公司的雇员检查了我们的护照，看到许多签证。他根本就没想到我们经过所有这些国家可能根本没坐过飞机。他让我们过去了，还说：“环球航空公司‘狗飞行袋’的规定一定是新颁的，我还没有听说过。”他表示歉意，并在机票的行李重量栏下写着：（1）40 磅，硬毛猎犬。

到空中后，我们把狗从袋中放了出来，乘客们和驯服的西普斯玩了起来。

在罗马机场，当飞机仍在滑行进站时，克莱瑞丝问我是否去过这伟大的城市。我没去过！既然如此，何不留下来，再乘下周飞机到巴黎？至于这只狗，罗马机场会有美籍的环球航空公司经理，他一定会比特拉维夫的那家伙更通情达理，我响应道。

无论如何我们就这样干了。我们走下飞机的舷梯，西普斯躲在我夹在胳膊下面的行李袋里。在第一流的“罗马”旅馆里找好了房间，并且在黑色大理石浴盆里给西普斯洗了个澡。我们把狗用皮带拴着，带着它在这座美丽的城市中漫步，多美好的一周呀！当我们在梵蒂冈大教堂内浏览时，一位瑞士卫兵照顾了西普斯，当我们出来时，西普斯刚刚吃完卫兵的三明治……我们三个还去了罗马圆形剧场和安伯托国王的巨型纪念碑。不管到哪儿，西普斯总是跟随左右，意大利人喜欢它。

从罗马出发的关键时刻到了。环球航空公司驻机场的美国经理的麻烦是预料中的事：“这样不行，等等，等等。”

“凭什么？我们带着这条狗已经周游世界，而且刚从特拉维夫搭机过来……你看机票！”

这位环球航空公司的美国职员看了看。的确是那样写的：行李重量：（1）40 磅，硬毛猎犬。“请原谅，”美国人道歉说，“我以前确实没有听到过这种狗飞行袋。”

我们两口子和“西普斯先生”又进入蔚蓝的天空，乘环球航空公司的飞机从罗马到了巴黎。

在巴黎狗跟我们住在一起，坐在街道两侧餐厅的桌子下面，参观了星形广场和埃菲尔铁塔的塔顶。西普斯在一家叫帕姆·帕姆的美国餐馆庆祝了他两岁的生日；在那儿，穿着洁白无瑕的工作服，戴着高帽子的法国厨师，当着一群鼓掌欢迎的顾客们，在餐厅中间的地板上给他端上了一碗浓汤。

我们从巴黎飞到纽约的钱不够了。乘船要便宜得多，我们订了法国 De Grasse 船的舱位，从法国在大西洋的哈弗尔港到纽约。从我们住的旅馆到巴黎市中心开往码头的火车站，尽管预留了足足两个小时的时间，但我们还是差点错过了到哈弗尔的火车。1948年初，巴黎只有为数不多的几辆出租汽车，而且好像每辆都有了顾客；为了吸引任何过往车辆让我们乘坐，我们站在便道上，拼命挥舞着我们旅途中剩下的全部外国货币。一辆装满木桶的啤酒卡车停了下来，当我把西普斯举到啤酒桶上，并急忙跟它爬上去时，克莱瑞丝迅速地爬到了前面司机和助手之间。当卡车在巴黎挂得不太高的交通灯下飞快行驶时，我们不得不尽量地把头往下缩。我们以最快的速度从车站售票口跑到了火车的站台。只差几秒钟就赶不上和船联运的火车了。

一登上De Grasse船，在12天的海上航行过程中，除了每天两次和我们一起在甲板上散步外，“西普斯先生”就待在船上厨师隔壁的狗窝里。3月暴风雨季节的大西洋，一路是惊涛骇浪，船在巨浪中颠簸，就像我在两年半以前乘运兵船从印度回到美国时一样，又晕船了……

在纽约移民局的官员想留下西普斯做6个月的入境狗的隔离检疫，但是我们有一份上海领事馆发的狂犬病证书，除狗和兽医院的名称外，全部用中文印刷的，盖有奇特的红印章和印花税。我们以这份文件说服了官员——当然他看不懂——声明该狗可不经检疫就进入美国。

我们又回到了美国，叫了一辆出租汽车到中央火车站，但我们又不得不在半路上停下来。“西普斯先生”竟然在纽约的出租汽车上晕车了！

## 进入 GE

· 毛遂自荐 GE 公司林恩厂面试，当场新人受器重高薪雇用

· 派随前辈苦学理论，受提升独掌综合实验大楼

· 共进午餐献奇想，受褒奖派新职试制“可调静子叶片”

· 扩建设厂任新职，“核能飞机”动力总设计师

三个月前，我曾从德黑兰给通用电气公司发了一封求职信，尚未收到答复。就我个人愿望，原打算回到加利福尼亚州的道格拉斯航空公司工作，并且希望他们一年前向我许下的诺言——“去留自便”——依然算数。但是，克莱瑞丝愿意留在东部沿海地区，我便给设在布里奇波特的通用电气公司打了一个电话，收到的答复是：“我们已将贴有漂亮邮票的信函，寄往马萨诸塞州的林恩了，我们的喷射式发动机在那里制造。”

翌日，那是 1948 年 3 月的一天，我向通用电气公司三位面试我的最后一位在林恩告别。我说不上来还缺点什么，是没有人问我希望拿多少薪水，还是没有人表示可以给我工作？（三位面试我的人都明显感到，在战斗机发动机方面——尽管不是喷射式发动机，我比他们的任何一位设计工

程师的底子都深厚，都更富有实际经验。）没想到，我所收到的答复竟是“三十天内听候回音”。

“谢谢，”我说，“那个时候恐怕我将在加利福尼亚州了。”我表示我所希望的是通用电气公司当时就能明确地说“行”还是“不行”。

我的这一招打破了通用电气公司“必须首先受到总公司一位专家的认可”的聘雇惯例（总公司设在斯克内克塔迪）。三位面试我的人同他们的总经理商量了10分钟之后，其中一位对我耳语道：“甭跟别人说，我们每月付给你425美元，这比任何一个初出茅庐的工程师的薪水要多得多。”

我同意了。我从未妄想过自己的工资要高于通用电气公司30万庞大员工阵容中的某一个普通人，而我只打算在通用电气公司干个两三年，有足够的时间了解一下喷射式发动机，尽管如此，我还是依据美国“士兵权益法案”，借贷了一万美元（4%利息），为我们自己和“西普斯先生”购买了一幢独门独院的新英格兰式的旧房子。房子前面是纱窗围成的大走廊，后院生长着越橘的灌木丛和许多树，可供西普斯活动。我们便在波士顿以北11英里的格林纳达，着手建立起我们的家园。

在林恩，在通用电气公司的富沃工厂里，我同一大伙年轻的退役军人一起工作，他们大都由军方资助在工程学院完成了工程课业，但并未见识过战争场面。我们的工作间设在一座“牛栏”的二楼，十二张木桌为一排，一排接着一排，全部面向我们的上司……以及他的风骚妖艳的秘书。她挑逗起我们这一群年轻小伙子，经常只为了她的是是非非，而打起赌来。我们的楼下就是发动机试车台。

在航空涡轮发动机部门，我最初的工作是试验轴流式喷射发动机，这是通用电气公司的新项目；在那之前，公司一直生产英国式的离心增压式喷射发动机。离心增压式发动机结构简单，零件少，成本低；但具有实际不利的因素：即迎风面积大，产生的空气阻力也较大，导致飞行速度低，

纽曼夫妇在林恩场看塞可斯基直升机

耗油量高。

轴流式喷射发动机，就其基本设计而论，不能算是什么新的东西。早在 1935 年，德国人就开始研制这种发动机，并于 1939 年，即纳粹开始同波兰交战前四天，首次用在喷射式飞机上。显然德国空军远远走在美国空军的前面，甚至于 1945 年就使用了喷射式战斗机，在德国上空同美国空军作战——产生了极大的效果。许多美国飞行员算是走了大运，幸免于难，因为德国在战争的最后几个月中，耗尽了喷射发动机的燃油。

每天上午 8 时整，我被指定向工程经理——通用电气公司喷射发动机的开拓者之一——萨姆·普弗尔，报告过去 24 小时内研制试验工作中杂乱无章的情况。这倒是个理想的差事，对我快速了解通用电气公司轴流式喷射发动机的全部情况，是一个千载难逢的机会。有了这么一个意想不到的好机会，我可以经由发动机的可靠性、燃油消耗量及推力的测试，来观察喷射发动机的每个组件对其总性能所产生的影响。我开始意识到，喷射式发动机实际上对恶劣气候和雨、雪天气有着特别的适应性：气候越恶劣、天气越冷，发动机的工作情况就越好。

通用电气公司在喷射发动机的制造方面，品质管制过去是（现在依然是）一项关键性的任务。从对原材料纯度的检验到加工零件、组合件尺寸精度的测算，无不如此。在极端灵敏的测试仪器研制方面也下了很大的工夫，以便在发动机处于冷状态或热状态时，探测锻件或重要连接部位的缺陷，甚至对于一些让人听起来觉得十分简单的事情，都要从事大量的研究和试验工作，比如安装螺栓、螺帽时，要考虑如何避免发动机在各种情况下运作时，因螺栓、螺帽的松、紧，出现压力不足或扭力过大的现象。由于我对全面试验工作已经入了迷，原先打算两年内离开通用电气公司的念头便开始消逝了。

我想用下面几段极其简单的对话，使你对喷射发动机的情况有所了解。

问：喷射发动机是怎样把笨重的飞机升上天空的？

答：喷射发动机办不到这一点，除非像直升机一样有特殊装置。喷射发动机只能产生向前的推动作用，带动飞机前进。这一推动作用，在飞机的机翼表面上产生气流，当气流速度快到一定程度时，机翼——连同飞机——向上升起。

问：喷射发动机如何给飞机供应前进动力？

答：非常简单；发动机前部大气进口，吸进大气中的冷空气，加热后经过后段以很快的速度排出。空气进入发动机的速度与排出速度差，乘以进入发动机的空气量，获得向前的推力。

为了获得大的排气速度，吸进的空气经发动机的压缩机（一系列“风扇”，一级接一级）压缩，使压力达到进口压力的 15 至 30 倍。压缩空气通过最后一级风扇，使流经发动机的空气达到最高压力点时，混合适量的燃料油，用电嘴点火，这种油/气混合物一经点燃，便持续燃烧。压缩机连续不断地将空气压入燃烧室，油/气的体积急剧膨胀，燃烧温度可高达华氏 2500 度。然后流经发动机涡轮（一系列旋转的轮盘），气体在涡轮中膨胀。把涡轮盘的轴与压缩机连接，就可带动压缩机旋转。滑轮的作用不仅是保持压缩—燃烧—膨胀的持续循环，而且还向飞机供给电源、提供压力给液压系统，以操纵起落架并为座舱空气增压，等等。

空气流过最后一级涡轮盘时，其大部分压力和部分较高温度已经耗尽消失，并且在流经尾部喷嘴之后完全膨胀开来。那么压缩—燃烧—膨胀这一全程需要多长时间呢？不到一秒钟，比你读完一个短句还要快。

1948 年 4 月，林恩航空涡轮发动机的制造者，感到许多令人头痛的事情，其中之一是新生产的 J47 型喷射发动机（当时系美国的标准军用喷射发动机）出不了厂，原因是这些发动机的燃油消耗率，比通用电气公司向军方保证的高出 1% ~ 2%。30 台贵重而又急需的 J47 型发动机，封装在“气封”箱里，堆积在生产大楼的后面，同时进行调查，以便找到耗油率高的原因。

靠近试车台的地方，竖立着半打 20 尺高、2 ~ 8 寸粗的铁管和一间小屋，我听说过，这块小地方是燃油流量表检验室。一天中午，我纯属偶然地步入了那间小屋，手里捧着牛皮纸午餐袋，注视着一位老技工在那儿工作。我请他说明一下他是如何进行燃油流量表的校正的，尽管他说不出个所以然来，但他向我保证，他是按照说明书的要求，精确而有序地进行校正的，每只表每月必须校正一次。当那位工人去吃午餐的时候，我待在那间小屋里，吃着三明治。我检查了计量装置，查看了他写的校正程序和校验结果，只是为了满足一下个人的好奇心而已。

同样出于偶然，在走进那间小屋时，我恰好注意到，待校正的玻璃管式燃油耗量表在做校正工作。开始时充满燃油，而在每次校正工作结束后流空，这是理所当然的。然而，数分钟后，应该是空空的玻璃测量器的底部，却发现了几寸高的燃油，这些燃油是黏附在已流空的竖管内壁上，然后缓慢流下来的。全部燃料的下沉时间都要受到燃料黏度的影响，进而又受到裸露在外面竖管温度的影响，阳光、寒雨或冰、雪的天气，均可使导管的金属温度发生变化。因此在应有的严格校正时间内，竖管中的油液并非按要求全部流经计量系统，致使两个电动定时器（精确到1%秒以内）上的燃油消耗量产生误差。午饭后，我将此事告知我的上司，他立即呈报了他的上级，他的上级同军方进行了会谈。结论是：燃油流量计校正有误，积压的30台发动机是合格的，允许运出。我们发动机部门的总经理为此十分高兴。这完全是巧遇，但解决了一大难题，也为我铺设了一条似锦的前程：纯系走运，我想！……

此后，我被指派去协助一个名叫鲍勃·米勒的高级设计师工作；他的任务是设想出一台更大、更好的喷射发动机。有关新型喷射发动机的全部计算、草图和蓝图米勒都整洁地单独放在一个三寸厚的卷宗里，资料都是手写的，计算是用计算尺或正楷写法（1948年，计算器或电子计算器尚未问世。而今，一台新式喷射发动机的设计，技术数据要填满百册以上）。我从头至尾地研究了米勒的设计手册，我又获得了另一个绝妙的机会，即从理论角度钻进了喷射发动机的心脏。鲍勃·米勒已有十年的设计生涯，这在美国的喷射发动机历史的起步阶段可算是最资深的了。正当我准备向米勒提出自己的设计建议时，我的生涯中又发生了另外一件幸运的事。

我接到通知，去接管29G号大楼，那是设在林恩的雷沃厂的一所综合试验室，是当时全国最大的压缩机研究试验室，其本身就是一个崭新的天地。综合试验室内有一个高空模拟舱、一些涡轮冷冻机、操纵台和一台从海军驱逐舰上拆下的第二次世界大战时期35000匹马力的蒸汽涡轮机等。

我的任务是使29G号大楼的工程尽早完成，装设仪器，能早日供工作和研究之用，并制定操作规程。12名年轻工程师和32名工人，被分配到我这里来工作。该试验室用来对压缩机进行研究性试验（压缩机是发动机的心脏），可做自海平面至60000英尺高空的模拟试验，和由静止状态至超音速的试验。这座价值数百万美元的庞大科技设施，傍索嘎斯河建立，该河的淡水落潮时流入毗邻的大西洋内，而涨潮时咸水溯流而上，使部分淡水渗进了咸水。每一分钟，就有40加仑咸、淡掺半的水被抽进试验室的机器中来冷却汽轮机，以数百加仑的淡水用于冷却压缩机试验过程中，一个单独系统内受热的环流空气，数千加仑的水蒸发后，以白色的蒸汽放出，形成厚厚的大块云层，数英里可见。

历时14个月，29G号大楼成了我的天下，那是一项振奋人心、令人着迷而又富有挑战性的工作。我和我的年轻工程师们以及工人们完全处在无人监督的环境中，我们结成了一伙精诚团结的好友，严谨、协调，好似一艘潜水艇上的水手们一样。我们完成了预订的计划进度，并且学到了不少东西，其中之一是，我们试验室的工作受到月相和春、冬季节的影响。马萨诸塞海湾和索嘎斯河，有9至11英尺落差的潮水涨、落，影响了综合试验大楼的稳定性，大楼的基础是深深植进地下的水泥柱；令人惊奇的是，29G号大楼现在依然如故地竖立着、使用着！

巨大的热气/淡水散热器的微量漏水，在化学干燥气体中形成“雪花”，这些雪花在试验的压缩机系统中循环，并且堵住了压力感应器的小孔，这许多散热器是一起组合并焊接在一个大钢槽里，无法进去修理。很幸运，我们能够使用我的“偏方”封住散热器中的少量渗漏。这个偏方是我1933年在德国学徒时用到的，即把马粪倒进散热器的水中。

另外有一个工作方面的问题使我们颇伤脑筋，那就是安装在29G号楼房拥挤的地下室内的嘈杂机器；15个操作人员都必须注视着一排排的专用仪表盘，并且同时做必要的调节，而这些仪表盘与他们各自有关的操纵开关，有 15 至二 20 英尺远，每一个工作人员首先要辨别哪一个仪表盘属于哪一个开关，就要占去几秒钟的宝贵时间。为了解决快速辨别仪表盘的问题，我派我的秘书海伦到市内的沃尔沃思商店，买了几百尺二寸宽的各色丝带，我们在每个指示器及其相应的开关之间，吊起了不同颜色的丝带，给地下楼试验室带来了“五月柱”的节日风采；只要操纵人员不是色盲，丝带就会产生预期的效果。操纵和协调这些颤动、尖叫的机器（大型抽水机、电动机、涡轮机、风干机、排气机），实际上比做压缩机本身的试验工作更复杂。正当我们的工作效能达到近乎熟练的程度，各自懂得在研究试验过程中必须观察什么、调节什么和记录什么的时候，另外一件事情发生了，而且只能把它归类于“纯系走运”，我想……

通用电气公司的每个青年工程师，必须经历四次到其他分厂轮换工作，每次为期三个月，我也必须坚守这项政策，不过我却制造了一次例外。弗里德·布朗，已婚，有一个孩子，从前曾是海军陆战队战斗机飞行员，参与过南太平洋的战争，是一位通用电气公司新进尚未完全熟练的工程师。他被派到我这里工作，是他第一次为期三个月的试用期。我们分公司总经理的助手——玛瑞恩·凯洛克（以后几年中她对我帮助不小，而且成为通用电气公司第一位女性副总裁），专门负责安排这些青年工程师，从林恩到通用电气公司在国内其他地区工厂的轮换工作。当她要求我放走布朗去完成第二次为期三个月的职务时，我和布朗都拒绝了。“布朗就留在这儿！他不是刚出校门的娃娃，他喜欢这个地方，而且干得很好。”

像我这样低阶层人物，有谁胆敢阻挠通用电气公司这种全面性由来已久的新职培训制度，真是闻所未闻。凯洛克小姐感到恼火，她向分公司总经理拉皮尔告了我一状。不到数个小时，我站在总经理的办公室里，被狠狠地“K”了一顿。发动机分部的大老板大发其火，但随后，C.W. 拉皮尔

纽曼加入职业演讲会

又邀我同他共进午餐，谈论有关通用电气公司喷射发动机的情况和一种奇特的设想——“可调静子”，这是我对压缩机试验由观察产生的念头。毫无疑问，这是我一生中最重要的一次午餐，它使我在通用电气公司时来运转。两个星期后，分公司总经理拉皮尔再次邀我吃午饭，而且第一次受到通用电气公司的表彰：经理级的奖状和奖金，作为对我在29G号大楼工作的嘉奖。

最后，布朗不但留了下来，而且不再作以后的职务例行性的调换了；实际上，他接替了我的工作。我从装备完全合格的29G号大楼中解脱出来，并且让我去组成一个正式的机构，从事初步设计工作——航空发动机部门制定的第一项真正的远程规划，旨在为通用电气公司设计出今后十年至三十年的下几代喷射式发动机。十几个没有经验的，但是眼睛清莹、头发蓬松的工程师，被派到我这里来工作。我们在纸上绘出了一具新型的喷射式发动机：就是我同拉皮尔谈过的在压缩机上改装“可调静子”的那一种。

喷射发动机中一排排静子叶片的功能，是把吸入的空气导向发动机压缩机，然后导入燃烧室。当时流行的压缩机，静子全部安装在压缩机匣内固定的位置上；由于发动机的工作范围大，转速有差异，这种固定位置不可能配合多变的压缩机产生最佳效率。我们的空气动力学专家们确信，发动机工作时，假若静子叶片的角度能够以某种方式，在叶片基座上改变十至三十度的话，发动机的性能和燃油的消耗将会得到显著的改善。为达到目的，我建议采用一个在飞行中既能改变静子角度又不影响其可靠性的系统，就这样“可调静子”这个名词就创造出来了。

拉皮尔为我提供资金，以便设计和制造出一具全尺寸的，装有这种可调静子的研究用压缩机，并在 29G 号大楼的试验室里做可行性的试验。这件事遭到其他许多工程师们的讥讽，六个月后，开始试车实验，它的效果不但是“良好”，而且是“绝佳”。通用电气公司提出了专利申请（专利权归通用电气公司，但指明我是发明者），几年之后获得了批准。今天，世界各地，包括俄国所生产的喷射式发动机，差不多都带有可调静子装置。

当然，制造新的研究用压缩机并非一帆风顺。我和设计师们犯了很多错误；技术上的见解各异；新人、老手之间相互嫉妒；试验组件的制造一再拖延；成本超支，这种情况促使我经常在电话中和制造部门的主管争论。我直言不讳地对他说，我认为他不适合管理通用电气公司的精密机械制造部。这些颇为激烈的通话之后，他向我的上司狠狠地告了我一状，抱怨“那个混账的外国人”说话粗鲁。

通用电气公司建立了一项创意性的鉴定制度，即每个工作人员的表现，必须每年由其主管重新审定一次，并由他的同事中的三个人做评议。

当轮到给我做鉴定的时候，我的上司对我的评语整体来说是好的，这使我感到高兴；但使我惊奇的是，他对我打电话时的用语（那位主任灌输给他的）却是严厉的批评。的确，我说话时依然使用很多“丘八语言”，我的主管弗朗克·沃纳敦促我：“赶快改正，否则你将一事无成。”

就在讨论我的表现之后两个星期，突然让我乘飞机去加利福尼亚州，看一看由一个工程师小组设计的另一种喷射发动机，并就通用电气公司可否购买这种发动机提供意见。环球航空公司的洛克希德星座式客机，由波士顿飞往洛杉矶的途中，降落在芝加哥市的米得维机场。我乘坐的这架飞机在飞行途中发动机出了点故障，据维修人员估计修好故障起码要花六个小时。按照当时的惯例，航空公司在飞机修理过程中，为误点的旅客提供公共汽车，作参观游览。这次是去芝加哥的市中心，途中在科技与工业博物馆前停了一站，我在那里下车。

就在博物馆的入口处，设立了一个展示场，在那里，一个人可以听到自己的声音。一张 U 形桌子三边装上了电话，人们站在那里，听筒拿在耳边，另外有一张标示向人们解释这种游戏的做法：“口对话筒说三十秒钟，你对别人是怎样说的话就会传送回来给你听。”好极了！站在“U”字头边的那个人刚刚离开，我便站过去，我稍稍想了片刻，试图回忆一下我在电话中对制造部主任——那个埋怨我说话粗鲁的人——所说的那些话。然后，我用习惯的大兵用语，用最脏的话破口大骂了 30 秒钟，并倾听录音机送回的声音。录音机不但把我的声音变得比我想象的更加刺耳，更使我难以忍受的是，这些话听起来要比我的本意格外不堪入耳。脏话一句接着一句，我简直听得目瞪口呆了。猛然间，我发现桌子两旁有好几个人把他们的听筒从耳边移开几寸远，吃惊地望着我，听到了大概他们从未听到过的字眼。我猜，那是经过某些交叉线路，使他们的电话接听到我的电话了；我仓皇地逃离了现场。

1950年5月，通用电气公司管理协会邀我给200个工程师做一个饭后讲演，谈谈我的战争经历和三个“纽曼”驾驶吉普车横越亚洲的情景。他们入迷地听我讲了90分钟，当天晚上，他们建议我报名加入职业演讲会。我照办了，结果这类工作占据了我全部休闲时间还不够。很快，我演讲前的那种紧张情绪就消失了，我学会了在任何形式的场合下，不用讲稿即席讲演的本领。讲演费虽不多，却也轻易到手，然而我所收到更好的收益却是：对节目主持人所要求的讲演时间能做到一分不差，且深具信心。

同年，国际上战后的缓和情势只不过是一场飞逝的梦幻，柏林的情势使西方同盟国与苏联的关系趋于紧张。美国航空工业的高速发展，大量生产喷射战斗机和六引擎喷射轰炸机，大部分飞机装的是通用电气公司生产的J47型喷射发动机。我们的林恩发动机厂太小，而且没有扩建的余地，这不能满足大批发动机订货的要求，甚至大批订货转包给斯德贝克和帕卡德汽车公司，也不能生产足够的零配件以满足紧急需求。通用电气公司在辛辛那提附近的伊汶戴尔，购买了大部分原属柯蒂斯·怀特公司，在第二次世界大战期间生产过成千上万台螺旋桨发动机而战后遗留下来的空厂房。这家闲置的工厂，有一英里半长，当年生产规模在美国居第二位，厂房之大，使我们这些做工的人难以想象，在如此庞大的设施中，我们究竟能做出些什么来呢？流言说，我们将为杰克·帕克先生——一个神秘的猎手——储备山羊。我们大都听说过杰克·帕克在通用电气公司是研究原子能的，战时他曾在休斯敦的托德造船厂，负责“自由轮”的安装工作，成绩卓著。

航空发动机部门的大部分人员将从林恩转移到俄亥俄州，我们像我们的许多朋友一样，舍不得离开这美丽的东部海岸，但选择的余地不大。促使我搬迁的动力是，我被提议担任世界第一台核动力飞机的发动机（不包括反应炉本身，那是由另一个专业组负责）的总设计师。核动力发动机部由总经理罗伊·苏尔茨领导，他曾经全力地参与了美国第一架喷射式飞机——贝尔 XP——五九的研制工作，这架飞机于 1942 年在加利福尼亚大沙漠试飞。一年前，即 1941 年，苏尔茨也是空军参谋长派往英格兰的一位工程师，就通用电气公司获得制造英国喷射发动机权限的问题做过谈判。1951 年间，我在他的手下工作，受到他善意而有效的指导。第一条："随时到厂房去转转！"他坚决认为（我知道他是对的），与一个从来不找时间去看看，也不同员工进行攀谈的人相比较，常去厂房巡视的人，在返回他的办公室之后，就会变得更聪慧，了解的情况就会更多。

美国为什么想拥有核动力航空发动机呢？因为轰炸机一旦装配了这种发动机，其航程就可能不受限制。而只需随组员的判断而决定让飞机绕地球飞一圈、两圈或几圈。当我同一个在模拟轰炸机座舱里和营房里住了很多天的机员小组交谈时，了解到他们的主要怨言是："后患无穷！"当然，核动力飞机的弊病是，一旦发生事故，就是核爆炸的灾难。

发动机是按照既可使用传统燃料又可使用核燃料而设计的。1954 年，在爱达荷州用两种燃料做发动机的试车台试验，结果是完全成功。负责核能项目的同行们，几次安排我去田纳西州参观橡树岭的原子能设备和学习一些有关核动力的知识。与此同时，未来传统喷射式发动机的燃油消耗量，已经有可能大大地降低，因而可加大飞机的航程，并且在今后的十至十五年中，燃油消耗量仍有可能继续下降。这一事实，加上飞机空中加油技术的新发展，解除了研制航空核动力装置的紧迫需求。

## 崭露头角

- 发明“可调静子叶片实验发动机”VSXE，名声大噪
- GOL1590“白区精神”，一年限期超前完成
- 圣诞礼物加速太快，瞬间坠地成泡影
- J79性能强，海空飞弹争采用

1952年9月的一个星期六下午，我和克莱瑞丝在辛辛那提的那幢房屋前杂乱的草坪上刚打完羽毛球，忽然接到公司经理拉皮尔的电话：“能马上到我办公室来一趟吗？不必换衣服了。”当我到达的时候，航空核能发动机项目经理罗伊·舒茨已坐在那里了。1952年，我的职务还很低，在我眼里，拉皮尔就是个大人物了。

“杰哈德，”他说道，“我想让你从这个星期一上午就开始，设计一种全新的马赫数为2（相当于音速两倍）的喷射发动机，采用你的‘可调静子’叶片技术。你可以挑一批你喜欢的工程师和制造人员，三十天后，我们将在你的设计和另一组的数据中择优选用。”

两个根本不同方案中获胜的发动机设计，将是决定通用电器下一代发动机的趋向。任何新发动机的大样设计结构，即使是在今天，也主要取决

于总设计师的直觉或“美感”，就像创作一件艺术品或歌曲一样。（尽管我对计算器一无所知，但我并不认为那种计算器能自己研制出一部发动机能具有精简的特性，或具有容易维护特性的最佳结构）。拉皮尔向我解释道，他希望通用电器的新一代发动机，应比竞争者的产品性能更好，可靠性更高，重量更轻，尺寸更小，生产工艺更简单，使用中更容易保养。从我加入通用电气公司后作为一名测试工程师起，在不到五年的时间内，获得了如此多的机会实在振奋不已。

设计方案的竞争评估，是在印第安纳州费伦奇里克一家旅馆里进行。两天中做了详细的介绍和说明，又做了详细的比较，辩论的声浪此起彼落，最后我们这个组具有可调静子叶片的发动机设计方案被宣布获胜。作为 VSXE（可调静子叶片实验发动机的缩写），我妻子称其为“非常性感”（Very Sexy）的项目经理，我只有一年时间设计、制造和试验一台全尺寸的原型机，用来证明预期的目标切实可行。按惯例，这项工作需要 18 至 24 个月。我们这组的 120 名工程师、绘图员、秘书、材料和制造专家，都在一个房间里办公，每周工作六天；我也从附近的独立办公室搬了过来，加入他们的行列之中。我们每周审查几次设计，并请主要工程师参加。我们还在伊汶戴尔厂的最大的厂房中借了一块地方，用来装配发动机。我坚持把这块地方漆成纯白色，与工厂惯用的那种不引人注目而昏暗的灰色形成明显的对比。顶棚灯的高度降低了，数量比原来增加了三倍，遮布从顶棚拉到地面，把这块明亮的地方与厂房的其他地方隔离开。任何在“白区”工作的人，都不由自主地产生一种谨慎和重要的感觉。

在装配这台喷射发动机的 12000 多个零组件时，我们这组的工人、经理、领班及工程师团结一致，设计师和工人并肩工作，手指沾满了油污，膝盖擦伤也毫无怨言。一天晚上，我无法辞却去参加了一个隆重的招待会，晚宴一完，我就悄悄地溜出来，礼服也没换就赶回了 GOL–1590（政府对 VSXE 编的代号）装配现场上夜班去了，无人感到奇怪。对我来说，不论白天或夜晚，随时到工作现场是很自然的事。我们的士气高昂，每天早晨我都站在桌子上，摇响一个瑞士牛铃提醒同事们注意，这个牛铃是一个最精明强干的工程师杰姆·克瑞伯斯送给我的。我向集合起来的试制组介绍过去 24 小时内获得的成就，发现了哪些始料未及的问题，以及在紧凑的进度中距离下一个目标还剩的天数。在那一年里，不知疲倦的工作中，GOL–1590 原型机试制组的 120 名人员，没有人请假和缺勤，每个人都自动地把休假移到下一年。

这个发动机发展编组，是我所见过的试制人员最少，而成果最显著的一个。组员都是专门精选的，每个人都承担了额外的工作，问题都在现场解决，无暇瞻前顾后。蓝图是亲手送到加工厂房，材料订单不是用邮寄，而是用电话订购的。这个项目的进展使我联想到飞虎队在中国的时候，当时也是人员匮乏，工作负荷超量……但是成功了！我许多次都联想到，假若陈纳德将军能看到我们试制组工作的场面，将会感到多么自豪！

一个与设计无关的事情显示了我们试制组的团队精神。我们的一位工程师卡尔·康利弗是个黑人，他为人好，肯吃苦，办事可靠，大家都喜欢他。组里还有一位操着南方口音、仪容出众的白人女秘书。有一次，我们决定抽出几个小时在辛辛那提的某家旅馆或饭店举办圣诞节前的庆祝聚会，但无论何处，听说有一位黑人工程师时，都拒不接待。康利弗自己说他不要参加了，以免影响庆祝会的举行，就在这时那位南方姑娘跳上办公桌，向所有同人建议："卡尔不去，我们谁也不去！"大家一致赞成。时至今日，这种事几乎毫无问题了，可是在三十年前，确是一件大事。（最后，我们终于找到了退伍军人协会的大厅，那里的大门是向我们所有的人敞开着的。）

1953 年圣诞节前一周的一天，时近午夜，第一台 GOL–15990 高性能喷射发动机推进了专用试车台，工程师和试验人员把进气道漆成了"飞虎

GOL-1590高性能喷射发动机漆了“飞虎队”鲨鱼嘴的标志

队”鲨鱼嘴的标志，算是给我的一个圣诞节礼物。这是通用电气公司有史以来制造的功率最大的发动机，不仅在其绝对推力上是如此，而且体积小，重量轻。发动机上插着一块纸板上面写着：第一天——一锤子买卖！第二天凌晨4点（大家经过连续20小时的工作后），我们按下了启动钮，发动机立即点火，加速之快又为始料所不及；正因为启动之周期如此之短，加速又这样快，我们对可调静子叶片的操作失去了控制（前几次试验中都是由工人控制），发动机剧烈震动，试车台上固定3500磅发动机的吊架钢环断开了，发动机前半部掉下来，它从沉重的试车台架上弹落下来。试车间地面上撒满冒着烟的VSXE碎片，我们已累得无力哭泣了……但是我们证实了两个事先的承诺：新型的GOL-1590确能瞬间启动、加速很好、然后爆裂——所有这些都发生在这头一天！

我们非常懊丧，睡了几个小时后，清理了现场，大家又重新坐在一起，集思广益，我们开始修复发动机，更换了损坏的安装座，大多数的人都放弃了圣诞节和新年的假日，连续工作。三个星期后，发动机又推进了试车台，这次我们对“瞬间启动”有了心理准备。大家都在准备着即将开始试验那具重新组装好的 GOL–1590，有 120 组试车间里的仪表显示器，使用许多种颜色作为识别；30 位工程站在那儿做记录，只等待铃声一响，大家便开始一致行动（在那些日子里没有像现在试车间的这些自动化记录仪器）。一切准备就绪，只等着 8 点整开始这项重要试车，全体工作人员都已各就各位，只缺少一位未到。等到 8 点零一分，这位工程师才走进车间，当时我根本不知道我讲的一句话被记录下来，而在 27 年后，在我的退休宴会上被回放出来：“你跑到地球哪儿去啦？我说的 8 点就是 8 点，不是 8 点零一分……”原型机运转情况非常好，以前最高功率连续运转八小时，达到更超过了原定目标。两个月内，二号机又推进了试车台，一号机被推出做详细的检查。二号机做过在各种大气环境下的试车，接着三号机也试车了。虽然我们有过痛苦和令人头痛的事，出现过安装的错误，遇到过低劣的材料和锻件，以及外购的密封件、胶管、轴承、控制系统质量瑕疵等种种问题，甚至我们自己生产的零件也有毛病，但我们都克服了……

GOL–1590 工作进展了四个月后，政府与通用电气签了合同，开发和生产体积稍小的 GOL–1590 型发动机，空军给该机颁发的代号是“J79”。最新的空军和海军战斗机、超音速轰炸机及导向飞弹都打算采用“J79”，由通用电气首先对该机进行试飞，第一批将生产几百台；仅几个月的时间，J79 便打破了五项高度和速度的世界纪录。尼尔·伯杰斯是位出色的工程师，过去曾经担任享誉一时的 J4Y 项目的经理，很有经验，他被指定负责 J79 的工作。从 1955 年到 1982 年间，世界上许多购买我们“生产权限”的厂家和我们共同生产了 19000 台“J47”，价值超过 40 亿美元。这种发动机直到 1985 年仍在制造，并享有发动机制造史上最可靠的军用喷射发动机的美誉。不仅我们的空军、海军及陆战队，所有北约国家、以色列、日本、韩国、中国和许多其他地方都选用了这种发动机，它经历了许多地区的战争考验。J79 发动机第一个采用了可调静子叶片技术，但这不过是冰山的一个顶尖而已，价值连城的通用电气发动机安装着“可调静子叶片”，从过去到现在以及将来的生产在线制造出来，去装备世界上大大小小各型的军用、民用飞机。

1953 年，当时声称比世界上任何公司生产更多种类产品的通用电气公司，进行了一场大改组。总裁拉菲・考汀纳决定在公司内简政授权，将公司分为 50 个分部，业务独立，各由其总经理负责。同样，飞机发动机部门也分成五个分部，我被提升为飞行推进实验室分部下一个室的经理。在“深谋远虑”型的总经理戴维・柯兰的领导下工作，我负责的这个单位主要在策划我们未来将着手的工作，以确保通用电气公司在发动机技术上，永远处于绝对领先地位。

通用电气在 GOL-1590、J79 项目上，在核能飞机发动机以及许多前瞻性项目计划上的杰出成就，与两个特殊人物密切关联，没有他们的帮助是不可能获得这样成就的。

其中一位是莫若匹・奥布赖恩，他原是加州大学柏克莱工程学院的院长，是一位名副其实的工程师，他担任顾问，建立了各级设计人员的信心。他常常到每个人的办公桌前去个别看望他们，与他们共进午餐，以便从他们那里把潜在的问题发掘出来（并不是要去解决）；假若不这样做，这些问题是无法发现的（奥布赖恩后来为我做了 25 年的顾问）。当初，他曾催促拉皮尔把我从并不急迫的核能发动机专案中，调回参与视为主流的喷射发动机业务，我认为是他无量的功德（尽管他本人并不认为是这样）。1952 年公司内部的发动机设计竞争，确定了通用电气发动机技术发展的方向，也奠定了我事业的基础。

另一位堪称“天才”的杰出人物是荷伯・格鲁奇，他于 1954 年就在伊汶戴尔的另一幢大楼里，建立大规模计算器业务。他早在通用电气公司内部，甚至可以说在工业界还没有任何人意识到计算器不可估量的潜能之前，就已预见到它的未来。格鲁奇培养了很多年轻姑娘，让她们从事计算器工作。他在伊汶戴尔建立的计算器大楼，被我们这些不了解内幕的人称为“邪恶大楼”。

1954 年，通用电气公司让克莱瑞丝和我代表公司到乔治亚州的萨瓦纳做友好访问，我给萨瓦纳商会做了一场关于我在战争中的经历及我们开吉普车横跨亚洲大陆的报告。几个月后，我收到一封署名为 W.L. 邦德先生的信，邮戳是弗吉尼亚州沃林顿市。这位邦德先生写道，他的一个朋友最近在萨瓦纳商会的演说会上，听到了我在东方那段令人振奋的故事，我这个演说者，会不会就是 1940 年 6 月，他在香港遇到的那个当时被一名英国士兵押送，后来在他的帮助下逃出了英国人拘留的年轻人？

原来发信人就是当时泛美航空公司副董事长兰霍恩 · 邦德先生。几周后，克莱瑞丝和我到华盛顿（特区）附近，邦德夫妇的农场拜访他们，以后又去了几次。无论过去和现在，想起和这位老“中国通”重逢时的情景，就不由自主地感到心情难以平静。就是他，当初帮助我获得了自由，而后我才能辗转来到美国。

GOL-1590 试制组的大多数人，都一直留在通用电气公司飞机发动机部门工作。1973 年，在这台打破了多项纪录的发动机首次试车的二十周年纪念日，我们又相会在辛辛那提。在这次聚会上，现在飞机发动机集团副总裁杰姆 · 克瑞伯斯，他那位聪明的妻子创作了这首耐人寻味的诗：

献给一五九〇

米雪 · 克瑞伯斯

你好！朋友，让我们同庆

1590 的生日诞辰
今宵欢度二十载
通用电气的巨人力壮体轻
为 1590！成功之路
超音双倍纵身飞腾
在欢采中稍停片刻
自我陶醉，聊慰生平
为伟大的涡轮喷射发动机干杯！
荣耀照亮了光辉的历程
众人欢呼 1590
它是智慧的结晶
超越了普惠双轴
耗油降低体态轻盈
开足马力吧兄弟
消除污染，降低噪声
靠单轴高压的转子
创出万两黄金！
举杯畅饮巴本酒
向三级轴式涡轮致敬
对您欢呼，积极的发明家
为高压比的“可调静子”
为薄壁盘和后燃器
您的制造和运转了三种原机型

1973 年 12 月 12 日

# 青云直上

· 重整旧厂颓风，自创管理法则

· 纽曼教父“复兴会”，激发员工共参与

· 工会跋扈，罢工花样百出，坚强支撑，赢得自动复工

· 脱胎换骨新气象，业务拓展遍全球

我对其他公司升迁调补的做法一无所知，也不敢说真知道通用电气公司的一贯做法，但对自己的经历是一清二楚的，而且还与人们在经理教科书上读到的截然不同。那是1955年3月，克莱瑞丝和我刚躺上床，就接到了从辛辛那提机场打来的电话，说核能与防卫产品集团的副总裁拉皮尔先生和发动机部门担任分公司总经理的帕克先生，要求在45分钟后与我见面；接近午夜，我们在市中心一个旅馆大厅里会面了。他们告诉我，第二天早上我将被任命为通用电气公司发动机部门的总经理，薪金将提高一倍；当时我又不禁诧异之至，而且对将要负责领导5000人的新工作毫无准备。我从未进过公司的管理学校，也没有参加过任何大学举办的时髦的管理训练讲座，一夜间，竟成了许多人的上司，而多年来我一直在他们手下工作。当我肩负起这重要的使命时，我唯一想到的就是这微妙关系的转

变。我想，这也许是由于我说到做到的成功率较高的缘故，促使高层领导者选择我做该部的总经理，高居众人之上；尽管这些人都已为通用电气公司工作过多年，在喷射发动机方面又是那样资历深厚。

我接任了这个新工作一个星期，我从劳工关系经理（他也是我的前任移交给我的幕僚）那里得知，第二天早晨我们将要召开一个劳资双方的协调会议。在哪儿开会？“您不必管了，纽曼先生，一切都已安排妥当！”我问他：“如何妥当？”他告诉我：“这类事从来都是我们这些专业人员去对付的。”当然，不管这个关系经理乐意与否，仅凭他那趾高气扬的回答，就使我不得不参加这个会议了。

我尽力克制自己，悄悄地坐在会议室的角落里观察会议的进行，但我对我的代表们预先订好的僵硬态度感到震惊。他们实际上在会前已订好哪些地方将要公司“输”，哪些方面又可能“赢”，我差不多等不及回到办公室就开炮了。你们尽管放心，我一定会处理的，其中包括对这个关系经理（当然是一语双关了）。

我很快就了解我手下的人员，熟悉了他们的专业水平、道德标准、领导能力、判断能力及热情程度。对于那些接收下来的人员，“可能在其他地方会混得更好些”，都悉听尊便。没过多久，我就挑选了一批优秀的经理人才，特别注重他们具备的才干，而不是资历。他们决不唯唯诺诺，有时尽管对决定的事持异议，但仍能努力地贯彻。我请了一位海军退役的会计师，这人绝顶聪明，但又极其固执。我交给他的任务就是在我正式做出重大的公务决定之前，向我提问题、挑毛病。施密特是专门花钱雇来当“反对派”的，而且确实干得很好，我们经常争吵，但就个人关系来讲，我很欣赏他。

随着我的新职，带来了特殊待遇和一个崭新华丽的办公室，但我不允许在我的办公室铺地毯，或在边上修一个专用盥洗室，这些对于美国大公司的高级行政人员看来，都是必不可少的，而我却让木匠专门设计做了一个椭圆形的会议桌，每个人不用扭头就可以看到其他的人。为了随时可以打断冗长的辩论，使会议不离本题，我让工人在桌面下给每个人都装上一个电铃按钮，包括我自己在内；任何人可在必要的时候用膝盖顶一下按钮，蜂鸣器一响，就是让那个人知道不论他在讲什么，都要立即停止的信号。我和其他人都一样，也经常被别人顶按钮叫停，效果还不错。

在做出重要决定时，不论关于什么问题，最重要的一点是彻底了解事实。这并不是我个人的创见，早在18世纪末，曾经训练过美国国民兵的德国将军冯·斯特本留下一句名言——“意识到的危险就是不危险”（A danger which one recognizes is no danger），当然，他希望人们立即采取对策，对付已意识到的危险；他想给人们造成深刻的印象，“任何突如其来的事件，都可能造成更大的危险”。我也尽最大的努力使自己遇事不慌，我竭尽全力从我的部门各阶层及客户那里了解这些信息。在一、二、三班工作时间中，非正式地找工人和工程师谈话，已成为我日常工作中的一部分。我和职员们都认为，我们自己和上司杰克·帕克先生都应及时听到好消息和坏消息，以便公司上层领导遇事不感到突然。虽然我有百分之五十一的决定权，但我这个部门要作风民主，对待员工公平，应竭力地使员工们和公司的成败密切配合，荣辱与共。

为了使我们每位主要人员能了解现况，掌握时机，根据事实做出正确决定，我们建立了要项管理汇报系统（I.O.I），受我直接领导的人，必须每天向我提供一页打印的备忘录，概述过去24小时内发生的主要事情，该备忘录副本发至我的属员每一个人。我自己也给我上司帕克先生写备忘录，并将副本发给我的同事（用其他方式取代书写I.O.I.是不允许的）。开始书写I.O.I.需要当事人付出点额外的努力，但很快就驾轻就熟，显示出很多的优点。乘飞机飞行或坐在旅馆的房间里，就可以了解到发生了哪些重大的事情。每位成员再将事实整理成白纸黑字之前，必须仔细核对事实真相如何，仅在电话里讲讲则不会这样确实。而且几乎不再会有误解或争论的可能，因为不管某件事是否提及，任何重要的口头联系必须摘录于 I.O.I 中。

我曾想到，有必要每年举办一系列的群体集会，向每个员工介绍业务情况。这种集会称为“我们集团的现状”，是仅指我们发动机部门，介绍完情况后，台下发问台上回答，事实证明确实有效。每年，我们都租一个一次可容纳 2000 人的马戏团大帐篷，每次集会历时两小时，我和我的助手们分头主持，这样我们部门的每个班次每人都有机会参加。我们向他们这些坐在一起的秘书们、管理人员和工人们，报告我们部门过去 12 个月里获得的业绩；报告我们在哪方面赢得了竞争，在哪方面输给了对手；顾客如何批评我们的产品和质量；以及我们在未来 12 个月内要做的事。我也琢磨出一句格言：“要干就得干好！”为了要给人们所谓的“纽曼教父复兴会”上加点噱头，六个最漂亮的女秘书自愿身穿短裤和紧身背心，在帐篷中央修的几尺高的走道上列队走过——请记住那还是在 50 年代（这是我妻子的主意！）每个女孩举着一个纸做的广告牌，板牌上各写着我那句格言的一个字。这些漂亮女孩登台后，先故意站乱，再在来回走动中把整句话顺序拼出来。（我们发现，有些男人在那次会议中参加了好几场。我相信这绝不是业务信息把他们再次吸引到帐篷里来的。）

1956 年，北大西洋公约组织决定，同意让德国人重建 1945 年被摧毁的空军。一个由第二次世界大战中的德国空军最高将领组成的小组，陪德国国防部长弗朗斯·约斯福·施特劳斯博士访美，准备选择战后第一批战斗机，并要订购一大批。结果德国人挑中的飞机所装配的无论是单发动机还是双发动机，都是通用电气的产品。在他们参观辛辛那提那天，我们美国国防部和商务部长同德国人一起，到我在俄亥俄州的会议室听取关于发动机的介绍。介绍图表是德国人写的，我用他们的语言做了技术和销售方面的介绍，当时可搞得我狼狈不堪，因为我的德文已经很生疏了。在1956年时，德文里已经有许多喷气推进方面的技术词汇，可是在旧时的德文里却还没有。德国人走后，杰克·帕克亲热地拍着我的肩膀说：从前我们只知道你不会说英文，现在我们还知道你连德语也说得不怎么样。

1958年10月，我被调回我开始服务的老地方——马萨诸塞州的林恩市，接替了杰克·帕克于1953年创建的小型飞机发动机部门的职务。我们称其为SAED（Small Aircraft Engine Department），主要从事用于教练机和轻型战斗机上的喷射发动机和直升机上类似喷射发动机的燃气涡轮机的设计。发展和生产工作这一部门，在1955年帕克去俄亥俄州当分公司总经理后，已陷入了管理混乱的困境。在我到职一个月内，从SEAD接收来的十位经理中被我换掉了八位；除此之外，为挽救一蹶不振的经营状况，还裁掉了25%的工程师、管理人员和工人。因为公司的经营费用已超过承接合约所签订的金额，我的人事经理鲍帕·麦尔斯给我提供了一个很好的建议，因为我们要裁掉1000多人，他建议“要干就一次了断”，这种棘手的事不要零敲碎打，最好让被裁减的人早知道这个坏消息，以使他们能及早去找到新工作。

为了使我们全体员工能有一种“气象一新”的感觉，我把上班时间从上午8点提早到7点半，并提前半小时下班。上班时间提前，造成了一种紧迫气氛。由于工厂内自动食品贩卖机前的队伍排得太长，尽管到处是警告牌，咖啡还是往地板和楼梯上洒，于是我便命令撤掉了所有的食品和饮料贩卖机。尽管通用电气公司的总裁罗夫·考汀纳本人曾专门给我打电话，警告我为此可能造成停工，但并没有发生什么问题。我还着手鼓励外面的生产工厂同自己的工厂竞争，如果我们的生产经理竞争不过外面的工厂，那么他就自动地失掉为我们发动机生产零件的机会。

林恩是公司第二个最老的工厂，许多很糟的工作方式在这里根深蒂固，几十年不变。难以对付的劳工与坚强的主管人员之间迟早要摊牌，没过多久就真的发生了。我主持期间发生的第一次严重的停工是在1960年；罢工的第一天，我就感到惊愕与愤然，特别是对通用电气在林恩的职员、该市的警察、报社记者和当地人们那种若无其事的态度。所有这些人都对通用电气的职员不敢跨越示威线的做法视若无睹，我听人说：林恩这里从来没有人那么干的。当开始威胁罢工时，我讲得很清楚："这个工厂还要开工，谁不上班就休想拿工资。"就这句话！再也没有这样直截了当了。当罢工开始后，林恩的警察对群众罢工纠察队封锁工厂大门的非法作为无动于衷，后来我们通过法院下了禁令，制止了工会封锁工厂大门的做法。

工厂大门确实是敞开的，越来越多的非工会会员的雇员、工程师或秘书，驱车或步行穿过叫喊和讥嘲的罢工示威线，进入工厂。我每天都在厂内礼堂召集回厂上班的人们开会。有几个参加工会的工人也想回厂上班，但又怕他们的同伙，所以他们就藏在别人的后车厢内，开车通过了纠察线。一周后，非工会人员的出勤率超过平时没罢工的平均数，96%的没资格参加罢工的工人都来上班了。我在家里还接到不少个人打来的电话，都是忠于通用电气不想罢工的工会工人，他们宁愿违反工会的规定，要求与我会面。星期六和星期日，在我存放游艇的码头上，"偶然"地碰到了一个工会的头头儿，他要求"非正式"地同我谈罢工的事；工厂主持人在罢工一开始就占了上风，工人们都深知这一点。

当示威的人们开始割破驶进工厂汽车的轮胎时，一些工程师自愿地组织起来，在厂内为汽车更换割坏的轮胎。新轮胎是由包来的直升机和附近的撒格斯河上用汽艇运进来的。由于纠察队划伤了没参加罢工雇员汽车的挡泥板和车身，我们还承诺在罢工结束后，由公司出钱为他们的车重新喷漆（我从来没见过有那么多老车、破车开进了工厂大门）。一天清晨4时，我接到了通电话，告诉我所有工厂入口路面都被洒上了沥青，并在上面粘上了上千个钉帽朝下的大图钉，这些钉子毫无疑问地会扎破驶过沥青的每辆汽车的轮胎。我和几个同事清晨5时，就从后门进入通用电气的工厂，我们装了一卡车沙袋，并倒退着把车开到示威线，打算把沙子撒在钉子上面。示威队员们站在几尺远的地方静静地看着我们忙。我们忘了带刀子割开缝着的口袋，我就问示威队员谁能把刀子给我。真有两人在他们伙伴的欢呼和嘲讽声中向我走来："给你，纽曼先生……"

钉子事件发生两个星期后，我们向所有没参加罢工的员工分发了领带夹和耳坠，上面装着罢工者使用的钉子。虽然纠察队员们吵吵闹闹，但他们都是好人，大多数都愿回来工作。当我开车沿着纠察线走过时，许多工人向我表示说："我们是想工作的，只要我们能……"几个星期后，许多罢工者的妻子对丈夫老坐在家里厌倦了，妇女们在工会大厦组织游行，要求他们停止罢工。

在罢工的六个星期中，我们学会了没有工会工人也能照常工作的方法。由监督人员来生产零件也来组合发动机，也学会了如何缩短施工过程，减少人员，进而提高效率。当我们的试车台又重新喷出（发动机排气因冷却而产生的）白色雾气时，使工厂栅栏外的纠察队员们，看到我们的秘书们又一次成了第二次世界大战中，风云一时的铆钉女工罗茜；她们在接受工厂监工对她们匆匆的训练后，就身穿汗衫、长裤，开始操作车床和焊接零件了；罢工遂告结束，"老林恩厂"的陋习也一去不再复返了。

乔治亚州马里埃塔的洛克希德飞机公司，为他们的品质改良计划起了一个吸引人的名字——"无缺点计划"。我的小型飞机发动机部门也做了最大努力，清理了设计和产制中出现的差错，这些差错每年要使我们多付出10% ~ 15%的成本。我们获得洛克希德同意，借用了这个术语，我们租用"波士顿花园"的大型体育馆半天，专门包了游览车，甚至还租用地下铁，把5000名工人送到波士顿市中心参加集会，然后再送回去。为了推广“无缺点计划”，我们敦请了工厂主管、工会领袖、通用电气的董事会、使用通用电气发动机的空军飞行员及联邦政府官员登台演讲。我们的工人热烈地参加这个活动，他们在提高质量方面所起的作用真是令人叹为观止。我们提出了严格的生产和品管目标——例如在几个月前，要想在一年内生产1000台小型J85型喷射发动机还是奢望；而现在，我们怀着自豪的心情，在12月15日就举行了第1000台发动机出厂的庆祝会。

事情已经好转，我们更要展翅高飞了。商务喷射机的市场拓展，为我们提供了机会；在60年代，我们在这个市场的占有率已提高到85%。我们为世界上所有采用涡轮发动机的商用直升机提供动力装置，从约翰·甘乃迪开始，历届美国总统所乘坐的直升机上的发动机都是用通用电气生产的，至今依然如此。为了从喷射发动机衍生出来再加改进的汽油涡轮机用于非航空方面，我们又再度扩展。我们和旧金山电话公司签订了合同，为他们提供紧急备用电源；为品牌石油公司在委内瑞拉的湖区抽取石油提供动力；德国的铁路机车也以我们的产品为动力；为中西部地区的矿坑向外输送铜矿砂；我们的产品还用于推进格鲁门的超高速气垫飞弹船。我们小发动机部门，北起加拿大，南至澳大利亚，世界各地都派出技术服务员。我们成功的主要原因毫无疑问的是，得到了在纽约通用电气最高领导人的全力支持，特别是我们分公司的前任总经理杰克·帕克先生，他了解我们的所作所为，并从通用电气总裁和董事们那里获得财务上的支持。他们对我们这种风险很大的喷射发动机生产事业，表示了特别肯定的态度。

一个星期五的下午，也就是复活节假日的前几个小时，我们遇到了一个有关分包商棘手的问题，必须靠奇迹才可以解决这个问题。我和我的助手们挤在会议桌周围商量解决办法。“你们哪位仁兄可以从帽子里变出一只兔子来？”我问道。每个人都悄然无声。“你们不行吧！我可以。”在桌子下面，我膝盖上的帽子里有一只粉耳朵的小白兔，它是我午餐时间给我两个小孩买的。我把帽子推到圆会议桌前，揪着耳朵把吓坏了的小兔子拿出来……在那天下午，我们真的找到了解决的办法。

1961 年 3 月，在毫无心理准备的情况下，我被帕克告知，我将接任他飞机发动机公司总经理的职务，并马上生效。他被提升为航空太空及国防集团的总裁。我用了不到一分钟的时间，就向我的小型发动机部门的接替人，干练的艾德·沃尔交接了工作；他是我 1958 年就任后，在原班人马中所留用的两位经理之一。

很快地，我必须了解一些公司的成规：任何一位优秀人员，从管理学校或者学过管理课程的，都可能很成功地管理任何业务，这一点对做灯泡、烤面包机等短期性产品的业务也许不错，因为它的上层经理很少接触采购人员；但这种想法实在不适用于我们搞飞机发动机这一行。我们的业务代表们需要经常与客户接触，最重要的是他们必须有充实的技术知识背景，而不是凭一张从管理学校弄来的毕业文凭。我曾下达指示，禁止飞机发动机集团的任何人上这种学校；若以不工作去花钱上课，而将来的知识对工作本身未必有帮助，加上所花去的时间来衡量，实在很不值得。

同样的情况，公司在管理时取消了一项训练新工程师的计划，就是让工程师们有为期一年或一年半的时间，轮班到 GE 各种不同产品的部门工作三个月或四个月，我非常欣赏这个计划，因此我在发动机集团里重新实施，让新工程师们在我们集团业务之相关部门，如推销、生产、设计、民用、军用、产品支持部门各工作六个月，为期两年，这样做使我们的工程师们有机会了解发动机各方面的业务，可是以后他永远再也没有这种机会。

另外一件事是关于著名大学学位的问题，我的人事部门告诉我，任何人被推荐选为公司的高级主管（即副总裁）时，都得有学位。我很清楚有这个学位并不意味着有高人一等的能力，去了解问题或者与客户讨论技术问题。GE 就有两位最成功的总裁和一位相当高级的主管，创办了我们的飞机发动机集团；而他们都没有学位，所以我不同意公司这种政策。为了更好地证实说明我的观点，我指出，创办发明利尔商用公务喷射机及飞行自动驾驶仪的利尔先生，根本没有上过高中，他却是唯一曾两次荣获两位美国总统颁发的“考里尔成就奖”的得奖人。

公司还有一项政策就是集团的上层主管不能领导四个或五个以上的下属，更有一点，上层的主管（即集团的最高领导人或部门的总经理）应该每四年调换一次做不同的职务，我坚决不赞成这种做法。这种做法对短期性的产品或者不太需要亲自掌握的业务，销售工作由下面的销售单位负责，上层经理不接触客户的情形下可以行得通；但这种做法在发动机行业中，去应付那些一辈子从事航空事业的大客户，却完全行不通。

飞机发动机是一种长期性的产品，它从设计开始到生产使用，大概有 40 年的过程，这种主管调换制实在不切实际。至于领导多少下属的问题，我开始时就有 7 位部属，后来增加到 14 位——我认为负责客户服务部门的人事单位、质量控制机构和在我的决定尚未公布以前，提出异议向我挑战的参谋人员与工程设计、生产单位及财务部门的工作人员都同等重要。我的每一位部属都由我亲自挑选，很幸运的，绝大多数都很不错，不行的马上换下来。在我做主管的 17 年里，我的部属都是在开始的三个月内选定的，而且一直都没换过；他们每位都非常有智慧、有进取心、富有想象力，他们还都有幽默感。

另外还有几件事使我伤了好几年脑筋，现在我已有资格可以来处理改进了。当我要做一些有基础原则的决定时，我会发出“决定性信函”，它们都编了号码，我要这些信函上的内容都能毫无差错地加以执行。比如说，常常有工厂驻外技术代表来函或客户提出要求，没有被及时回答或根

林恩厂罢工事件，纽曼领导员工在地上铺盖沙石解围

反罢工胜利庆祝会上，纽曼手持代表胜利的大钉子

本没有回音，而“决定性信函”的做法是在接到来函时，必须在48小时之内有所回复，不管最后决定是在几个礼拜以后，或者几个月以后。

再有一件很重要的事，向客户或者向自己内部高级主管做简报时，所使用的文字挂图或幻灯片，我规定文字不得超过5行，注解及曲线都必须简单易懂，这种做法是件创举，受到观众一致赞赏。

我要求我的部下或他们的部下，在工作量增加时，尽量少雇多余的人。在大战期间及后来试验GOL-1590期间，我很吃惊地发现，用越少的人，做决定则越快，公文程序也越短，工作场所或办公室也越少。

我在新上任时，就下了决心要和工会的首脑们搞好关系，在俄亥俄州，我们的工厂里就有16个工会！工会的首脑们和我们管理阶层都不习惯互相公平相待，也不朝这方面努力，但我终究得到了他们的尊敬与合作。我邀请工会的首脑们定期到我办公室来座谈，在这些座谈中，我告诉他们发动机的生意情况、生意上发生的问题或者可能发生的问题，经常的我获得了他们有建设性的合作，使工会与管理阶层开始互相谅解而合作无间。每年一次，我租一架用GE发动机的运输机及一架直升机，让抽中了签的工作人员及家属们免费空中游览，我主要的目的是让每一位工人或工程师们，都感受到他们或她们对产品所做出的贡献——一架能飞的机器。

# 航空至尊

· 企划经营高瞻远瞩，创新实力领袖群伦

· 直步青云责任重，统一事权再分工

·“风扇涡轮”再写航空动力新纪元

· 辞别 GE 献出受益“金言”

我的新职务是负责通用电气公司所有的喷射发动机业务。其中包括大、小型军用及民用发动机、飞机附件、研究和发展、船用和工业用发动机，共分五个部门，每个部门都有自己的总经理。至 1961 年止，我的分公司已有两万员工，并且还在增长。虽然他们当中的大多数是在辛辛那提附近的伊汶戴尔厂工作，但我却不舍得放弃我们那独特的、位于林恩厂以北四英里处，在斯望蹼考的家，从 1958 年起就居住在那里。在那漂亮的都铎式房子里，可以饱览马萨诸塞湾和波士顿。我们夫妇和两个孩子及狗、猫已渐渐塞满了这幢房子，第三个孩子又即将问世。通用电气的最高领导人批准我将分公司总部和一半的幕僚人员从俄亥俄州迁到马萨诸塞州；所有伊汶戴尔厂的雇员仍留在俄亥俄州。

改变我的工作方式是不可避免的，因为我的任务更艰巨，责任更大，更要面向全世界，这就意味着要更多地奔波。在当时，通用电气公司内“分权”的趋势，导致我们在设施方面耗费巨额的金钱花在重复投资上，尤其是我的五个分部的最主要的客户都是山姆大叔。有限度地，并在很好的控制之下，展开内部竞争是有益的，但有些分部各自向政府提交建议事项，且形成意见分歧，这就常常显得我们分公司组织松弛、缺乏协调了，事实也的确如此。

我向杰克·帕克建议，我们分公司应重新采用“集权”制，这一建议在当时是与通用电气公开宣布的原则背道而驰的。我的论点很简单：飞机发动机公司仅生产一类产品（只是尺寸与用途不同罢了）。每种喷射发动机基本上由同类零组件构成：即压缩机、燃烧室及涡轮。我预计，如果我们实行产制专业化，每个厂房只生产一种发动机零组件，尺寸不同适用于各型类的发动机；并分别在马萨诸塞或俄亥俄装配，这样能节省可观的费用；此外还有助于使发动机工程技术的标准化，可更有效地利用有限的研制和发展资金。令人惊讶的是，帕克和通用电气的总裁罗夫·考汀纳尔竟一致同意，他们甚至还把总公司的四架双发动机行政座机调出一架，停在波士顿的劳根机场，供我随时调用，这样从波士顿到辛辛那提仅用一小时四十分钟便可到达，方便多了。我在两处都设有办公室和秘书。公司首长的业务会议，交替着在马萨诸塞和俄亥俄召开。

IOI 要项资讯汇报系统保留了下来，而且这个系统对当时工作的顺利推展，更显得重要（这胜过秘密或公开的磁带录音做法）。从 1962 年开始，我和我的新班底又建立了每年有三天“TTT”聚会制度，我们称其“思考会”（Time to think）。会议的议题绝不涉及日常的烦琐杂务，而仅限于审查我们分公司策略部门提出的远程规划，预测今后五年、十年以及二十年内军用和民用产品的需求（我在 1980 年退休前参加的最后一次思考会议，是预测到 2000 年的市场需求）。我们每个人都很清楚，将来如何，不会和

纽曼赢得开发美国超音速运输机（SST）发动机的合约，众议院副议长韩佛瑞向他道贺

我们专家预测的那样完全一致，甚或一个近似的情况，也不能预测，但我们仍然需要了解一些关于和平、战争、扩军和经济萧条等方面的情况，以及军用和商用飞机的增长或下降。规划人员还要就一些飞机公司或投资集团，是否要建造超大型货运机作猜测。例如：不用中途转运，只要半天时间就可把快要成熟的香蕉，从巴西中部运到芝加哥市场（而用船或火车运那些没有成熟的香蕉，则需一个月以上）。

第一次思考会议预测后二十年内是否会用大型直升机来解决交通阻塞问题？二十年后标准商用喷射客机上将设有多少个座位，以及它们的载荷系数是多少？为使飞机能在目前拉瓜蒂（纽约市内的国内机场）拥挤的上、下客门之间滑行，又不致碰撞到在对面停放飞机的机尾，如何限制未来飞机的长度？非定期性航线能否继续存在？现有航空公司能继续生存吗？不是做生意的人们能否负担从巴黎、伦敦到纽约或华盛顿的超音速飞机的昂贵费用？另外还有100多个这类具有挑战性的问题……

只要我和我所有的幕僚们脚踏实地，并意识到没有人能回答这些问题，我们就不会轻信我们自己策略规划同人们提出的那些乐观、引人入胜的预测。我们在通用电气的人都确信，我们的发动机品质超群、产品售后服务是世界上最优秀的。我们颇具才华的竞争对手（而且自信有余）16年以前，自由世界90%以上的商用飞机都装用他们的发动机；绝对难以同意，十年以后通用电气公司能指望获得110%的市场占有率。但是今天自由世界60%的广体客机，都使用着通用电气的喷射发动机却是事实。

1963年，董事会选我为公司副总裁。我们在美国各地扩建了生产设施；在加利福尼亚州、华盛顿州和堪萨斯州建立了通用电气维修厂，从事军用喷射发动机的大修业务；在华盛顿、达顿、巴黎、日内瓦、波恩、罗马、雅典、贝鲁特、德黑兰、新加坡和东京建立了销售办事处。考虑到要负责财务、法律、雇员关系、质量、船舶和工业汽油涡轮机的业务，我的幕僚人数从6人增加到12人，其中包括我那个专门唱反调的“SOB”。他们的重要性虽然同飞机发动机生产部门的头头儿们不完全一样，但使他们各尽其职是至关重要的。我需要从他们手下经理们那里直接了解到他们的想法和他们自己的建议。

我强调“开门政策”，所有非工会人员如有解决不了的难题，都可以直接找我（工会章程禁止会员直接找经理发泄不满），通常我建议他们先找我安排在俄亥俄和林恩厂的两位女性调解员。华尔街日报曾在头版上指称这种工作方式是美国工业界的新猷，并专门介绍了调解员的基本职责。她们的任务是听取个人的牢骚，心平气和地了解事实真相，并尽量予以圆满解决。设置这种人员的想法，是受到我在中国战争时经验的启发，当时，我们中队的医官兼任随军牧师，任何士兵有什么牢骚，愿意与他私下谈话时，他总是“欣然任劳”。

为了亲身感受通用电气的大小型军用发动机在使用中的表现，我决定分别乘坐一下装有 J79 和 J85 发动机的空军飞机。在获准乘飞机之前，我必须在俄亥俄州达顿市通过低压舱的减压测验。氧气从实验舱里抽出，被测试者必须在达到一定高度前不致因缺氧引起晕眩，或丧失辨别能力（将一个圆木柱插到方孔中还是插到圆孔中）。我通过了测验，然后到加利福尼亚州的爱德华空军基地度过了激动人心的一天。

我首先乘坐了在速度、高度都保持当时世界纪录，由洛克希德制造的双座 F-104“星式战斗机”；当这个“载人飞弹”以每小时一两百英里的速度，爬升到离地面 48000 英尺的高度时，星式战斗机飞行员毕尔·麦科迪将操纵杆直向前推，飞机机头向下，我们进入了垂直俯冲。越过前面飞行员的头盔，看到下面的大地在旋转并迅速接近；然后，麦科迪又把飞机操纵杆猛然拉回，并把通用电气的 J79 发动机的油门推到最大推力。我的双臂压在胯部似乎有一吨多重，手根本抬不起来，这是因为飞机由垂直下降改为平飞转换中产生的离心力所致。我们以超音速的速度掠过加利福尼亚的死亡谷，差一点擦着沙石的山顶。座舱里出奇的安静，因为飞机前进的速度比声音快（超音速飞行），我们已把发动机的噪声甩在后面了。我看了两次高度表才确信自己没看错；是的，在高度表上显示的数字前面有个负号。这时从头盔内部通话耳机里传来麦科迪机长的声音：“恭喜你，纽曼先生。我敢打赌，你是第一位在海平面以下，以超音速飞行的副总裁！”

吃了三明治，两小时后我又背上降落伞，将自己束在另一架装有通用电气发动机的双座机的座椅上，这是新式的“自由斗士”战斗机，诺斯罗普的试飞员和我滑进跑道，开始了在 1960 年初同一天内的第二次超音速飞行。这次是从加利福尼亚州的乔治空军基地起飞的，40 分钟后我们就

纽曼试飞双座的F104战斗机

飞回来了。这次飞行完毕，我在座舱内已筋疲力尽，只剩下把座舱盖打开透透气的力气了。在中国一次乘坐战斗机试飞后，转眼 17 年过去了，我这个德国佬怎么会想到又登上了战斗机呢？而且飞行速度比以前每小时快 900 英里。

甘乃迪总统在世时曾要求研究设计一种超音速客机，它的巡航速度要比英、法的协和式还要快一半（协和式现在安全地飞行于巴黎和华盛顿之间，每小时 1200 英里的速度，只需三个半小时即可抵达）。我们和我们的发动机竞争对手普拉特・惠特尼以及几家美国飞机公司，都投入估计有数十亿美元的潜在竞争之中。我为此专门设立了超音速运输机项目部门，直接向我报告，并指定艾德・胡德为总经理（1980 年胡德被任命为通用电气两个副董事长之一）。他带着人和我一起研究设计，并向这种高速飞机可能买主（十家主要的美国航空公司和许多外国航空公司），做销售介绍。看过我们竞争对手介绍他们发动机的数据后，我确信我们的产品一定更为优越，而且结构简单。我们的政府是要根据政府官员的意见和美国航空公司的分析，选择飞机和发动机的。通用电气在背景上就占优势，例如北美公司的 B–70 轰炸机装六具通用电气发动机，可在音速三倍半，即 2400 英里时速下安全飞行；更重要的是，绝大多数空军、海军和海军陆战队的超音速战斗机及轰炸机，装的都是通用电气发动机，当时合计有数千台。

政府和专家们都十分了解，通用电气在超音速推进方面的经验领先很多，说到航空公司，亦是如此；而我却因听到我的销售人员在西北航空公司“遭到冷漠”的报告而忐忑不安。我和胡德专门乘飞机到明尼苏达会见西北航空公司的总裁唐·尼卢普，我用了近 30 分钟，极其热情地向他介绍了我收集的资料，可是他却装作索然乏味、昏昏欲睡的样子。我停止了介绍，打断了他的哈欠问道：“您对通用电气有什么不满意？”尼卢普望着天花板回答道：“没什么！早晚要买灯泡，我肯定拿通用电气的！”（后来我的灯泡推销员告诉我，西北航空公司机库里的照明灯，根本不是通用电气的产品！）

当倾向于我们的综合意见来了之后，我们并不感到吃惊，十家美国航空公司有八家投通用电气的票，一家中立，只有西北航空公司赞成我们的竞争对手普拉特·惠特尼公司。1976 年，《幸福》杂志专门用了六页的篇幅，以特写的方式报道了通用电气公司决心在超音速运输机（SST）计划中取胜的做法。如果不是因六票之差而遭到国会否决，那么美国超音速客机计划肯定成功了，通用电气的发动机将推动着获胜的波音飞机。（英法合作的超音速协和号运作的结果，说明了它在技术上是非常成功的，但在经济上则一败涂地。）

有一天，我参观了西德斯图加特市的戴姆勒·奔驰厂和它的汽车博物馆，里面展示着该厂制造的各种型号汽车，从第一辆奔驰到最新型的梅赛德斯柴油发动机小汽车，这就使我产生了在俄亥俄工厂建立通用电气发动机博物馆的想法；这个博物馆在今后的岁月里，会对未来的工程师产生教育的意义和强大的吸引力。他们将看到，自美国的第一台喷气发动机，于1942年由通用电气制造出来后有多么大的发展和变化，他们将由此受到鼓舞；尤其是对更快、更轻、更小的发动机在设计上获得成功，每磅重量产生的功率会更大，每磅流过发动机的空气将产生更大的推力。我们还在开发新材料，新化学铣切技术、摩擦焊、激光钻孔、粉末冶金、塑料、对旋转中的发动机做实体X光透视、数据控制工作母机、超音波和屈光束奇妙的检查方法，这些都已经获得丰硕的成就。

早在60年代初期，我们的设计工程师们就有许多可以使发动机产生更大推力的想法，其中一个最可能成功的想法，是在发动机进气口前安装一个大风扇（这是飞机三至四叶螺旋桨和压缩机六七十个叶片的折中产物），这个风扇（fan）由发动机涡轮轴带动，所有进来的空气经过风扇被分为两部分，约1/8的空气进入常轨发动机的进气道，经压缩与燃油混合后点燃加温；剩下的约7/8的空气通过尾部喷口，从发动机外部通过，既不参加燃烧，也不通过滑轮，这种“高涵道比气流”（High-by pass airflow）可给飞机带来许多额外推力，特别是在起飞和爬升时，巡航中还可降低油量消耗。我和助手们仔细研究了这种新型发动机的各种技术方案，那时只有处于涡轮技术先驱的通用电气，才有可能研制这种推进系统。因为它拥有炽热涡轮叶片的“空气内冷”（internal air cooling）的尖端技术。经过计算高涵道比发动机的每磅推力消耗，我们得到了令人震惊的结论，它比当时空军及航空公司使用的普通喷射发动机节省燃油30% ~ 35%。（实际上由于前风扇和机匣较大，在重量、成本和气动阻力方面还需付出一些代价。）但是综合评估，我们还是获得了节省燃料25%这一难以令人置信的好成绩。

最后，我对设计细节都满意了，就要求他们制造了一个带高涵道比和可调静子叶片的原型机。一年后，试验结果出来了，当他们打电话告诉我时，我正在布宜诺斯艾利斯，这些结果令人拍案叫绝！我立即赶回国内，研究经理们提出的销售战略。由于结果好得令人难以置信，不管我们怎样挑毛病，每个细节都通过了我们的挑剔。星期日晚饭后，我给空军研究发展部部长马尔夫·迪姆勒少将在华盛顿特区附近的家里挂个电话，要求第二天他能听取简报，并仅向他一个人。

第二天早晨，将军办公室大门紧闭，我打开了这种刚试车完毕的新型高涵道比发动机的截面图，这张图从他办公室墙的一端一直拉到另一端。将军惊叹不已，对这技术上的突破非常兴奋，当场他打电话向德国出生的负责空军所有尖端科技事务（其中包括导弹）的四星上将本尼·施艾弗尔报告。这种高涵道比发动机的研制成功将引起航空运输的一场革命；因为涡轮温度极高，它的推力比当时用于飞机上最大的发动机的功率还要大一倍多（事实的确如此），装用这种发动机的新型运输机的航程将大幅提高。现在有能力制造巨型飞机了，这种飞机可装载最重的步兵坦克、战斗机、直升机甚至 700 名全副武装的战士；如飞机上下两层，它还可装载上千名战斗部队士兵作远程运输。

势不可免的竞争很快地就在飞机公司和发动机制造厂商之间展开了。洛克希德赢得了建造世界上最大的飞机 C-5A“银河”的合约。通用电气公司由于起步比其他公司早两年，不出所料，赢得了发动机制造的合约，研制合约总金额为 45900 万美元，这是通用电气前所未有的最大一宗买卖。这种发动机比当时使用的喷射发动机的噪声也低得多。三年半后，我和林顿·约翰逊总统及其他要员在乔治亚州的马里埃塔市洛克希德厂里的主席台上，看着第一架巨大的 C-5A 飞机，翼下挂着四台通用电气高涵道比发动机，从巨大机棚里拖出来首次与大众见面。

波音 747“珍宝”喷射机虽然比洛克希德的 C-5A 小不少，但速度快得多，这也是应用新高涵道比型的发动机的一个很成功的实例，当通用电气正忙于空军的 C-5A 工作时，又赢得了近 5 亿美元，开发美国的超音速运输机（SST）动力的合约，同时还在为长程低空超音速的 B-1 轰炸机竞争时（几个月后，通用电气又赢得了这个合约），普拉特 · 惠特尼则利用足够的时间，专门为波音 747 飞机研制出一种高涵道比发动机。

两年后，我认为公司有了足够的人力和资金，可以将我们用于 C-5A 的军用发动机改成民用的 CF6 发动机，用在道格拉斯 DC-10 和欧洲（主要是法国和德国）的空中巴士 A-300 上，几年后又安装在最新型的波音 747 上，这样可以给航空公司一些选择发动机的余地，也给普拉特 · 惠特尼带来一点压力。

作为我“深入现场”原则的一部分，我于 1967 年和 1969 年要求并经过原空军司令，后来成为战略空军司令的四星上将布鲁斯 · 霍洛威（1942 年他在中国时曾是我们战斗大队的大队长）的批准，我在越南战场上度过了几个星期。我是打算从越南战场那高温、潮湿、风沙大的气候环境中，了解通用电气军用发动机性能和维护的第一手数据。经过和我派在那里的 32 名技术代表交谈；会见了空军、海军及陆战队的飞行员及机械士，我了解到我们在后方应该怎样更好地干，怎样能更好地为我们在东南亚的战士们提供有效的支持。我参观了南方西贡附近的边和空军基地，以及北方前线；在那里，我们的救护直升机从敌后将跳伞的美国飞行员搭救出来。我还在巡弋于东京湾的核动力航空母舰“企业号”上度过了几天，考察在远洋上空飞行的装有通用电气发动机的战斗机和直升机的维修工作。我在越南的那些日子里，乘坐的是直升机、双座战斗机或者亨利 · 卡伯特 · 洛奇大使专机。

有一次，我参观了在北方的海军陆战队救援特遣部队（所有陆战队使用的直升机，都清一色地配备了通用电气的发动机），我乘飞机抵达时夜幕已经降临，就在指挥官的帐篷里过了一夜。由于经常有火箭袭击，我

纽曼访问越南，与技术人员讨论J-85发动机的故障

们每个人都穿着防弹背心。第二天，我和这里的人一起吃早饭，这时我发现其中有一个灰白头发的陆战队员，是我们通用电气公司的技术代表。当我问他到越南以及在这种暴露在炮火下的地方来了多久，他回答道："四年了。"我向他表示抱歉，由于我们领导部门的疏忽，才未能顾及这一点，我向他承诺把他立刻调回美国；可是技术代表则恳求道："请不要这样。"他又半开玩笑地补充道："这里很不错，再说我老婆真让我受不了……"一个当地的女孩专门为他做饭、洗衣服。

我每次返回美国后，都去五角大楼向头头儿们简报，并反复地告诉他们，越南战场的发动机技术支持的经验，决不能运用到另一场战争中，譬如：我们这边既没受到轰炸，又没遭受扫射，因此飞机和发动机在地面很少遭到毁坏；我们可以不受时间的限制，把发动机送到美国、日本及菲律宾去大翻修。在另一个战争中，未必就是这样。

我一回美国就和自己的企划经理及技术维修手册的编辑人员坐在一

著名的纽曼路

起，向他们介绍他们这些重要文件所能发挥的作用。安静而又有空调的办公室里，写出的文件往往过于复杂，使在越南的美国大兵们又不容易看懂。

当我第二次访问越南的行程接近尾声时，我收到了我最能干的秘书施莉·克拉克的电报“宫廷革命，速归”。我知道对这种严肃的事情，她是不会开玩笑的，于是便从西贡起飞经东京、芝加哥直达波士顿。

发生的事情是这样的：在我离开美国（到越南）两天之后，国防部的高级官员，通用电气的高级领导人，以及我们分公司的每个董事，都分别收到了寄自辛辛那提的匿名信；有些信中有拼错了的字；大多数是打字的，也有手写的；每封信都诬告我在商业上有不轨行为。在调查是谁写这些信的过程中，得到了国防部的全力支持。有一天在夜晚从事调查时，一位从芝加哥请来的，在打字机方面的专业侦探，查出了所用的三台打字机中的两台，也弄清了打字机是从什么地方买来的，以及放在伊汶戴尔工厂的确实地点。施莉和我那精明的法律顾问杰姆·塞克都是拼字游戏迷，利用他们的推理，揭开了这一悬案的谜底，他们和侦探把各种线索凑在一起，查明了作案人。基本的证据出自其中一封诬告信，这封打字的信纸曾被写信人做过垫纸，这些没有颜色的“字痕”，正是这个人以前写信内容的一部分。这样也就真相大白了——由于一些纯属私人间的问题，我的一个助手的秘书，期盼她的老板能取代我的职位（他声称根本不了解她写信的过程），秘书马上就被裁掉了，而她的老板不久也辞职了。

1968 年，通用电气为了适应业务的增长，扩大机构，从五个分部增加到十个。我们的飞行推进装备分公司，升格为飞机发动机集团（ABG），我被提升为集团总裁，我的助手们也从分部级相对地提升为分公司级；这在头衔、职权和薪资收入上有了大变化，但我们的基本责任仍和 1961 年以来一样。到 1968 年，我们集团的规模已扩展到世界各地，雇用的人员超过 31000 人。从销售额上来看，由于民用发动机生产激增，我们集团的产值占全公司的 20%。在美国和欧洲航空公司老朋友的宝贵支持下，如美洲、联合、汉沙、瑞航、荷兰航空公司、法航、意航以及南美洲（巴西）的瓦瑞格航空公司、东方的泰国航空公司和日本的东亚国内航空公司，还有许许多多的航空公司，都明确地表示愿意选用通用电气生产的民用喷射发动机。

我们在世界各地建立了维修网，为装有我们生产的高涵道比 CF6 喷射发动机的用户提供维修服务。与此同时，劳斯莱斯与洛克希德飞机公司签署了协议，成为它的 L-1011 新飞机所用发动机的独家供应厂。我很清楚，劳斯莱斯尚没有像通用电气或普拉特·惠特尼那样能制造高涵道比发动机的技术，为了急于赶上我们，他们在时间和金钱上做了过分的承诺。我曾对我的董事会讲，他们的承诺太不可思议了，“如果劳斯莱斯能实现他们向洛克希德和其他航空公司的许诺，你们可以把我解雇”。

结果是，当我在罗马的利那多·达·文西机场等飞机时，意航的总裁看到我，就马上跑过来，手里摇着黑字大标题的意大利报纸，带着难以置信的神情喊着“我的妈呀”！然后他激动地把报纸翻译过来：劳斯莱斯宣布破产！英国政府正在考虑把在达比的劳斯莱斯的飞机发动机工厂接收过来。我百思不得其解的是，那些看来是阅历深厚的劳斯莱斯的客户竟会如此天真，他们轻信了劳斯莱斯的承诺（他们原本可以，而且应该早就明白的）。他们的判断显然是因为上了劳斯莱斯“大名”的当，被达比机构发行的真皮封面的宣传品迷惑住了。

令人欣慰的是，五家最大的美国航空公司及几乎所有的欧洲航空公司，都选用了通用电气发动机装于轻型的 DC–10 飞机上，而不是普拉特·惠特尼，我们在美国和国际民航市场上的占有率大幅度地增长。至 1987 年，在自由世界订购和使用的广体客机上，有一半装了通用电气的发动机，其中包括绝大多数法、德合制的，“欧洲空中巴士 A–300、A310 和 A320，和相当数量的波音 747 和波音 737，140 家航空公司现在选用了通用电气的发动机。

数百万美元的商务合约谈判，并不都是在那些航空公司和飞机公司奢侈豪华的办公室里进行的；1973 年 8 月我就是在纽约市住宅区，波音公司总裁梯·威尔逊的小房间里，和他达成了一项非常重要的君子协定。他的房间里只有一把椅子，我只好坐在威尔逊的床上，他欢迎通用电气参加他的 747 的发动机选型竞争。由于国会取消了超音速运输机计划，我们公司有了一些剩余能力；威尔逊同意给予大型喷射机买主有选用发动机的自由。我们是多年的老朋友，双方都恪守诺言。几个月后，波音和通用电气获得了销售第一批配有通用电气发动机的 747 合约，这批飞机在战争中将作为美国总统的空中指挥座机。紧接着就接到了欧洲主要航空公司购买装用通用电气发动机的波音 747 订单，这些公司对通用电气的售后服务很满意，对装在 DC-10 上的发动机使用性能也很满意。

在海外，德国是我最愿意共事的国家之一。我们在压倒竞争对手，与汉莎航空公司签订了一个重要合约，这家威望很高的航空公司，在其技术领导人海尔蒂和阿布拉姆的运作下，淘汰了所有装用普拉特·惠特尼发动机为动力的“珍宝”机，更换成装有通用电气发动机的最新型波音 747。汉莎公司还为他的 DC-10 和 A-300 空中巴士选用了同样的发动机。由于汉莎公司的带头作用，世界上许多大大小小的航空公司，不能像德航一样雇用很多专业技术人员为他们做分析，也纷纷仿效汉莎的做法，选用了 CF6 发动机。

多年来，我与英国运输部长们有过一些饶有趣味的接触。他们中的一位曾在伦敦对我讲过，他将永远为英国政府经营的航空公司选用劳斯莱斯发动机，“即使是他们的发动机在技术上稍差一些”，他声称，这样对英国来说，维持在达比生产飞机发动机的劳斯莱斯工人的“就业支付”，比给他们“失业补贴”还划算。有意思的是，三家拥有广体客机的英国包机飞机公司，由于不受英国政府控制，可以自由选择发动机，结果都选用了通用电气的发动机，而不是劳斯莱斯的。

有两件事我深感遗憾，我们那声称中立的政府，在选购飞机和发动机时，竟试图偏向于某家制造厂（起码有一次干预成功了）。当时我正巧坐在一家美国航空公司总裁的办公室里，他接到华盛顿一位政府官员打来的电话，对他施加压力，迫使其购买 A 家的飞机，而不是 B 家的；A 家选用的正是劳斯莱斯的发动机。由于这家航空公司的总裁态度强硬，最后还是自己做主选用了 B 家装有通用电气发动机的飞机。另一件更令人厌恶的例子，是一位职位相当高的美国官员告诉我的，他是一次会议的目击者。在这次不在美国本土举行的会议上，美国总统（和陪同他的国务卿两人都在场），向一位外国经理“建议”督促该国政府支持的航空公司，购买 A 家装有劳斯莱斯发动机的飞机；一个月后，我从一个独立的消息来源得到证实，确有其事。

随着通用电气发动机业务不断地向国际化迈进，我们给国外制造厂家也转让了几项发动机的制造技术（其中包括日本、德国、以色列、意大利、比利时、法国、英国、加拿大和中国），并且得到美国联邦政府六个部会的一致支持（这六个部中的任何一个部，都有权否决其中任何一项技术转移的协议）。甚至苏联和中国也想购买我们某些民用发动机的制造技术，但被政府否决了；当然我们不能制止其他国家向俄国或中国出售由通用电气制造的备份发动机。从纽西兰到希腊，从新加坡到巴黎，我们在世界各地建立了16个修理厂，雇用了300多名技术代表。

1971年我们卷入了一场商业战争，在这场战争中，我们的两个竞争对手劳斯莱斯和普拉特·惠特尼，试图与法国政府支持的发动机制造厂商施奈克玛结成合作伙伴，开发它第一个民用发动机。当时施奈克玛的总裁和总经理是雷尼·拉伏德，他原来是船舶设计师，并曾担任过法国陆军的总工程师。拉伏德是个富有魅力而又魁梧的战士，1944年诺曼底登陆日之后没多久，他在解放法国布莱斯特港口的战斗中失去了右臂，世上再也没有比他更勇敢、聪明而热情的领导人物了，他深受法国总统和内阁的敬重。我们初次会面就一见如故，通用电气被他正式选为法国发动机的合作伙伴。

我们同意，从双方的努力来建立真正的伙伴关系；我们也同意每方各负一半责任；共同开发设计，生产一种称为CFM56型的新式中型高涵道比的喷射发动机，各自承担50%（而不是采用通常51%与49%的分担方法）。我们成立了一个称为CFM国际公司的小型管理公司，同时在法国和美国注册（我们美国人都在暗中感谢上帝，是上帝把法国人制造得这样聪明，他们都能和我们用英文推行业务活动）。CFM56这一新型发动机已经成为国际上获得巨大成功的范例。已经交货和订购的就超过 3000 台，在近几年内，亦将有好几千台陆续服役。

众所周知，法国工程师是具有独创性的，在 CFM56 项目中，他们特别富有想象力、善于合作、卓有成效，而且小心谨慎。而拉伏德的那种古同卢人的幽默感更无与伦比。有一次，我往巴黎给他发了一个电报，告知我们在一个谈判中获得了成功，“尽管使我们付出了一只手臂和大腿的代价”。当我想起来拉伏德是独臂时，已悔之不及了，虽使尽全力想追回这封电报，可惜晚矣！第二天早晨，我收到了回电：“与其失去脑袋，不如失去手臂。拉伏德。”

由于通用电气向以色列提供发动机和技术支持，遭到了阿拉伯联盟禁运委员会的正式威胁，但这并不是由于我们提供了军事援助，而是因为我们向以色列提供了民用喷射飞机的发动机，飞机是在特拉维夫制造的，并销往世界各地。当时，我们的总裁弗雷德·巴赫指示我与阿拉伯联盟禁运委员会的两名代表接触。他们在纽约的皮尔旅馆和我见面，我说：“如果你们想从通用电气买些什么，我们会高兴地售与你们，如果你们不想从我这里买，那是你们自己的事。”此后，再也没有因为通用电气向以色列出售发动机而引起阿拉伯联盟的禁运了。

1973 年，阿拉伯石油禁运产生了全国性的影响，使我在德国上学时就长期有再买一辆摩托车的愿望，有了实现的理由，于是我买了一辆大马力的 BMW；可以说，这是我一生中梦寐以求的事了。当我第一天骑车上班时，我被林恩厂的警卫挡在工厂门外（因为工厂对警卫早有规定，不准摩托车或自行车进入，但出自什么原因，却无人知晓）。警官没有从我的头盔里认出我来，后来才发现挡住不准进厂的竟是我。三小时以后，厂里出了一个正式通知，今后摩托车和自行车可以进入工厂了。（五年中，他们共给 650 辆这两种车辆签发了工厂通行证。）

我尽可能去找机会与各类职工、各级干部谈话；只要我在伊汶戴尔厂，我习惯到自助餐厅吃饭。有一天，一个工头排在我的前面，我便问他干什么工作，有什么理想。这个工头叫布德·伯纳，穿着一身蓝色工作外罩，他邀请我在晚上巡视工厂时到他的厂房去。（有一天晚上，我真的去了，看到他的厂房特别整齐，井井有条。）他有些夸耀地说，他和他的工人可以用厂内其他部门所需要的一半时间生产任何零件。恰好我们急需生产几种J79发动机零件，我的“常轨”人员估计，最快也得两周才能完成，我越过部门管道，直接问伯纳需要多少时间，他回答：6天。

我就把这个任务交给了伯纳，仅仅五天半的工夫，就得到了这些急需的零件。后来我把四个场外维修工厂中的一个，交给伯纳管理，并且根据他不断显示出来的能力，接连提拔他，最后他被任命为迅速发展的船舶和工业部的总经理。伯纳获得了美国海军为装备轻型的汽油涡轮机做动力的全部订单，这种燃气涡轮机是由飞机发动机改装而成的动力。今天，美国的所有驱逐舰、护航舰和气垫船装配的都是通用电气发动机。伯纳还招揽德国用我们集团生产的船用发动机，来装备他们海军的炮艇，其他北大西洋公约组织国家和南美国家也纷纷比照仿效。

伯纳是自学成功的，未能正式获得高中文凭，因为他在孤儿院长大，16岁以后就不肯资助他继续就学了。他聪明、热情，富有朝气，是一个优秀的销售员和能干的师傅。1978年，我举荐伯纳做公司副总裁，但又担心是否会被采纳；因为把一名非大学毕业的人提升到这样高的职位，在通用电气是前所未有的。人事部门强烈认为通用电气的官员最起码应具有著名学府的学位，但副董事长杰克·帕克和总裁雷金纳德·琼斯却恰当地按“显示出的才干”作为主要的用人标准。今天，巴德·伯纳副总裁的成功，应归功于通用电气总裁们的才智和灵活态度，归功于好的董事会，归功于民主的美国！我们退休的总裁在一次给我的信中这样写道：“我们需要更多的像巴德·伯纳那样的人。”

在16年中，我每周都用几天的时间走访军方和民间客户，这使人感到疲惫不堪，拉丁美洲从阿根廷到墨西哥；东方从韩国到纽西兰；欧洲从西班牙到芬兰；非洲从突尼斯到（前）比属刚果；更不用提在美国的那些军事司令部和航空公司的总部了。所有这些地方都必须由第一负责人亲自走访，否则客户就感到受冷落。夜间乘飞机，白天谈生意，周末还要赶回家看望亲人。在机场利用等飞机的时间还要看司机从办公室带来的成包信件，星期天晚上乘飞机以前还须给秘书批示。由于110%的活动，使我无暇看闲书、周刊，甚至报纸。除假期外，所有的时间都是快！快！快快赶。假期我是以两种方式度过的，夏天，我驾着我那38英尺长的双桅游艇出海，冬天则去滑雪，就是这些假期有时也得中断。有一次，我驾船驶出南塔克特岛进入了大西洋时，海上巡逻队的直升机找到了我，要我给办公室通电话，答复一项政府的要求；另外一次是美国陆军的拖船在考德角运河截住我，还交给我一封紧急信件；还有一次半夜之后，在法国的滑雪胜地塔恩斯，美国来电话叫我立刻赶回华盛顿；此外，我还得挤出时间去厂房，参加办公会议。这种紧张忙碌的压力不可避免地损坏了我的健康。29年来，我从未缺过一天勤，但到1977年，我的心脏突然需要“大修”了，做了旁通手术，并加装一个塑胶的心脏瓣膜。八周后，我又骑上摩托车。

但我在做了心脏手术的一年以后，医生要求我慢下来，把我那台BMW卖掉，并停止下坡滑雪。1978年我把这些告诉了我的上司，副董事长杰克·帕克和总裁雷格·琼斯；告诉他们“我该退休了”，我不能按原来那样的步调再干下去了，已经丧失了使我们飞机发动机集团的列车快速运转所必需的精力。此外，我和我的同僚合作经营了17年了，这些年来在工作中一定有不到之处，或者由于疏忽而错过良机，更换管理首脑应该是健康的。我推荐勤奋、聪明、忠诚的弗雷德·麦克费作为我的接替人。

他多年来一直是我的左右手，这个职务交给他不会发生脱节的问题，但麦克费也快到退休的年龄了。一年半后，一位名叫布瑞恩·H.罗的原英国航空太空工程师接任了喷射发动机业务的领导工作。为什么呢？每个人必须扪心自问，这两个“讨厌的外国佬”，是怎样胜过在飞机发动机集团中数千个美国人而身居要职的呢？那就是我们两人在进入工程学校之前，都同样经历过艰苦的“学徒生涯”，我们俩都经过了艰苦磨炼，都有实做经验。

在通用电气工作的最后十年中，我从没有换过办公室，也没有换过家具。在我办公桌后面挂着一个“生于忧患”的座右铭，下面有四个镜框，里面镶着我感到意味深长的格言，其中一个是：

——林肯认为的义务：我倘去计较并反击所有的闲言闲语，不如什么也不要干。我要尽心尽力地去干，直至终生。如结果证实我是对的，所有反对过我的言论则变得一文不值，如结果证明我是错的，即使十个天使发誓我是正确的，也无济于事。

另外三个小镜框分别镶的是：

——给我指出一个有益的失败者，我将给你也找一个。人无尽善尽美。

——毫无用处的人是没有的，他起码可以作为榜样。

——我越努力工作，就会越走运。幸福赐予勤奋之人。

以上这些表达了指导我工作的哲学，我对每一条都坚信不疑。老实说，我受到过很多我不应得到的夸奖，本来都应归于我们团队中千百人的努力，是他们完成了详细的设计，管理着生产，经历了和平和战争的考验，并且如期地建造了性能可靠和质量精良的产品。

1958 年有两位被授予考利尔奖，我是其中一人；1970 年我又被授予哥达德金质奖章；1979 年获得国际盖格根海姆奖金；辛辛那提市伊汶戴尔郊区 75 号州际公路下来，通往发动机厂的路段被命名为纽曼路。多年来，我一直是军事工业学院的名誉教授，从 1961 年起，每年都给学生们讲一次话。1977 年，法国总统瓦勒里·吉斯卡·德斯坦颁发了这个国家授予外国人的最高荣誉“国家勋位团勋章”给我。

从 1980 年 1 月 1 日我退休的这天起，（杰克·帕克也是这天退休的）我合上了我 32 年来在通用电气公司振奋而令人满意的工作记录簿。我对这个公司别无他言，只有对这个伟大公司的公正，给人们创造机会和令人鼓舞的领导人的最高赞赏。在我所收到的奖品和送别礼品中，我最喜欢的莫过于一本上面烫着“谢谢，杰哈德·纽曼”金字、厚厚的皮面签名册了。这里面有飞机发动机集团工人和经理们一万多人的签字。

当俄亥俄州州长宣布“纽曼日”的规定时，我感到非常的荣幸。工会主席决定为我举行一次完全是由工会会员参加的“不拘细节”的宴会，也使我感到无限欣慰。在宴会上，七个工会主席先后发言，其中一位主席这样讲道：“有几次我们曾站在栅栏的同一边，今晚即是其中的一次。”在林恩的同事也为我举办了一个上千名管理人员和工会代表参加的“突击性”的宴会，前飞虎队指挥官陈纳德的遗孀安娜·陈纳德是“杰哈德·纽曼之夜”的主要发言人。林恩市商会为我举办了早餐会，马萨诸塞州议会的议长和几位前任市长也参加了。在 1981 年度金门奖宴会上（该奖是授予出生于国外，但对美国做出最大贡献的人的），马萨诸塞州长爱德华·J. 金、施奈克瑞总裁雷尼·拉伏德和诺斯罗普总裁汤姆·琼斯也都专程亲自参加，并为我祝贺。

1984 年全国航空协会授我“航空界至尊”的名衔。1986 年军事兄弟飞行会选我为荣誉会员。一个月后，我接受了一项最高的荣誉——被列入“全国航空史馆名人录”；里根总统在白宫由闭路电视中向我祝贺，并有1200位达官显贵在场观礼。

我感谢这种对我的赏识及形形色色的表达方式，但这一切，实际上都是成千上万的工人、工程师和技术服务人员的功劳。是他们多年来忠诚、默默无闻地工作，才使通用电气喷射发动机业务获得成功，并保有“今天”。

是的，通用电气喷射发动机为国家、为北约防务、为航空界做出了卓越的贡献，我作为这个集团中的一员，感到非常满足和欣慰。我们得到前所未有的进步，得到了公司领导人及董事会的有力支持。从多年来与客户发展建立的紧密关系中，我总结出一点：

树立起个人的信誉；采纳客户的观念（不管计算机是如何说）；实践承诺（并且要全力以赴，以坚定不移的奉献精神，实现或不超过我做出的承诺），才是我工作之所以成功的最重要的原因。偶尔发动机的故障是可以谅解的——甚至是在预料之中，但不尽全力找出解决问题的办法，不能使承诺兑现，则是不可原谅的。

# 重游旧地

· 身临以阿六日战争，摄得开放“哭墙”珍贵电影

· 阔别 37 年重回奥德河畔，景物依旧亲故尽离散

· 华夏神州总向往，“飞虎”旧地心念长

· 东京友谊“银杏树”，再游欧亚泛舟故乡

德国旅游者以无远弗届而著称于世，我大概也可以忝居于前茅之列了。我在已往 44 年中的旅程，主要是受战争和工作的驱使。近 30 年来，我已沿不同方向绕地球转了好几圈，就是从北到南和从东到西环绕半个地球的飞行经过也有多次。世界上几乎没有一个已开发地区，不需要我为通用电气公司的军用和民用喷射发动机，对那里的销售与服务去奔波。这种自律的要求，是我“亲自到厂房去走走”的哲理的一部分。无论去哪里我都乘飞机以节省时间，当然，在与通用电气公司业务无关的时候，我也曾经搭乘了运兵船到美国；开吉普车横越亚洲；偕夫人搭乘武器运输船赴肯尼亚和坦桑尼亚，做徒步摄影旅行；假日期间，我也常驾着我那 38 尺的游艇往返于巴哈马与波士顿之间。

为充分利用海外旅行的时间，我几乎都乘夜航班机，第二天清晨便可

开始工作了。我在飞机上刮脸和更换衬衣，飞机降落便一切妥当地可与客户交谈或参观工厂，一直到夜间离开。旅行计划安排得如此紧凑，以至于除了只能看看来机场迎接我的那些通用电气公司驻当地技术代表的汽车的内部装潢之外，无暇观赏我所访问的国家。在驱车进城的路上，代表们向我简要地阐述我将从军用或民用客户那里听到的反映是好还是坏，并且建议我应该做出什么反应或承诺。代表们还从远离公司驻外人员的观点，向我报告公司本部的工作人员配合的情况如何。我认为唯有技术代表才能对我们产品在顾客眼中的真实情况，提出最可靠的第一手资料。为了防止经过公司项目经理们的手，而发生瞒着我的恶果，我建立了独立的产品支持部门，直接对我负责。

我们旅行所到之处，除了到达过《国家地理》杂志上提及的世界上寻常的和不寻常的地方之外，我和克莱瑞丝的一生亲身经历，是值得在此一提的。1951年8月1日，我们出发去墨西哥濒临太平洋的阿卡普尔科游览。因为晚到机场，我们被安排在这架崭新的道格拉斯 DC-6B 飞机的尾部。这架飞机属于墨西哥航空公司。阿卡普尔科是刚开始发展成为一个国际性的游览胜地。那个时代，要想去那里只有坐飞机先到墨西哥城，然后再开车越过一些原始的道路到达太平洋海岸。我们的飞机从洛杉矶起飞，计划于凌晨6时许抵达。离墨西哥城6英里的机场经过特斯科科“干湖”上空，昏暗的晨曦刚从地平线升起，“干湖”在每年8至10月雨季里，有6到8英尺深的积水。

“请系好安全带”的灯号亮起，我们的飞机就从巡航高度用大坡度盘旋下降。当驾驶员操纵飞机正进入一层薄云的时候，突然震耳欲聋的破碎声，跟着飞机的右翼尖已切入了湖面，一架庞大的飞机以每小时200英里的速度砸入水中的猛烈冲劲，使得机翼连发动机和螺旋桨一起断裂脱离，只带着一个左翼的机身在水面上滑撞了一段，从驾驶舱到尾部之间的几个地方，由上到下裂了开来。当飞机向空中再次反弹时，飞机腹部撞成了碎块，然后才汩汩地坠落湖底，由那已经放下的仅存的起落架撑着。片刻间，我简直不能相信我们还活着。

大约有十秒钟死一般的寂静，然后，旅客们开始呻吟。漂浮着汽油的湖水浸到腰际，座椅撕离地板，客舱壁板和顶篷坍下，急难灯也不亮了。我还记得当时一个打开的糖果盒和不知是谁的救生衣漂到我胸前；克莱瑞丝记得在一连串的碰撞中，刀叉从早餐盘中飞腾起来，犹如飞弹在空中闪过。

真是一幕惨剧！当日光开始照亮起来，这恐惧的情景便显得愈加清晰。我们的两个座椅却仍然固定在地板上，安全带把我们箍住了。我催促克莱瑞丝赶快从我们前面十英尺远的地方，一个二英尺宽的锯齿状裂口出去，躲开碎裂的毛边到高出湖面二英尺翘起的左翼尖上去。她光着脚丫子走了过去，我跟在她后面，还有三个在撞击中丢了鞋的旅客亦参加了我们的行列，其中有一个是正在度假的泛美航空公司的空中小姐。在这瞬间，我最害怕的是经常在失事后所发生的汽油着火——通常燃料渗漏到灼热的发动机上就会引起燃烧，在第二次世界大战期间，我曾经多次见过这种情况。在机翼上的两副螺旋桨，仍在机身上，是从发动机大轴上扭断，斜插进入铝合金的机身，穿入飞机前客舱的侧面。我们大家都没有在刹那间死亡，由于飞机是在三次断续地撞击中逐渐破裂的，不像一次单独的迎头撞毁，而且，神奇地居然没有起火。

几分钟后，一些墨西哥的印第安渔夫，像幽灵似的从迷雾中显现在我的面前，他们穿着披肩，站立在他们的独木舟里。这种独木舟是空心树干做的，像我们美国印第安人使用的独木舟一样。没有一个土人试图接近失事飞机，他们都呆立在150英尺以外；失事的飞机，看上去像一条露出了内脏的鲸鱼，而不是飞机。有一个渔夫，自己卷了一支烟卷，从口袋里掏出火柴去点燃这支烟卷。幸亏！那位度假的泛美空中小姐懂得一些当地印第安方言，她大声喊叫才使我们从一场几乎不可避免的汽油火灾中免于焚毙。

泛美航空公司的空中小姐，尚能说服印第安渔夫将他们的独木舟划近些，站在翼尖上浑身发抖的我们就一个接一个、小心翼翼地爬到五条摇摇晃晃的小船里；用长桨划动的这些船，只能把我们送到两英里外最近的湖岸。十分钟以后，法国航空公司的一架 DC-6 飞机，在失事现场上空投下了一只橡皮救生筏，另有一些汽车和救护车经由附近的一条道路纷纷赶到湖滨；那时一个红十字帐篷也搭起了。非但我们人浸泡在水和汽油中，我们的衣服上还染上了血红的大斑点，这是我们夜间使用掉色的毛毯上染来的。一上岸，就将我们五个未受伤的旅客快速送到市内一家豪华的旅馆，免办所有的入境手续。

第二天早晨，我们期待在墨西哥城的报纸上，看到有关飞机失事的大幅标题和照片，而且希望能读到有关飞机组员和其他旅客的情况，可是当地报纸却只字未提。我们猜想，其中必有蹊跷，因此，我和克莱瑞丝拜访了机场经理。他的结论与我一样：纯粹是驾驶员的过失。高度表校正错误，而且，把黎明时分紧贴着湖面的雾气误认为是云层。他还告诉我们新闻界保持沉默的原因：墨西哥航空公司是政府的航空公司，几个月前刚发生过另一起重大的失事；只要有可能，公司总想掩盖这失事，才不致吓跑了观光旅客。之后，我与克莱瑞丝租了一架由墨西哥人驾驶的“派普”小飞机，在失事现场低空徘徊照相。在阿卡普尔科畅怀游览一个星期，回到马萨诸塞州后，我向世界权威的航空杂志《航空周刊》投寄了一些失事飞机的照片以及一份简明报道。这家杂志发表了我的文章和一张照片，标题为“在墨西哥的神秘坠机？”回家以后，医生为我捆扎了几根开裂的肋骨。

1967年6月，我们又经历了一次够刺激的旅行。那时我必须参加巴黎国际航空博览会，这是两年一度观察世界航空新发展的盛会。我和克莱瑞丝从雅典起飞，穿越希腊去以色列和土耳其。飞机起飞后十分钟，驾驶员报告说："以色列和他的阿拉伯邻国爆发了战争。"我们乘坐的环球航空公司（TW）的飞机向以色列的特拉维夫继续飞行十五分钟之后，驾驶员又宣布："我们改变了航线，现在飞向贝鲁特。"好啊！我想，重游1939年到过的那些该是多么有趣！可是半小时以后，驾驶舱里再一次宣布："整个中东地区爆发了战争，黎巴嫩已关闭边境和机场，我们的飞机要改变航向，朝东北方向飞往德黑兰。"

两天后，刚好有一架荷兰航空公司的非定期喷射货机，装载军用物资，从德黑兰夜航飞往特拉维夫，将于午夜抵达。我和克莱瑞丝决定搭乘，并怀着好奇心，看下一步究竟会发生什么事。我们抵达了灯火管制的以色列的赖德（特拉维夫的机场），由于出租汽车的司机那时已去驾驶"谢门"重型坦克，我们只得搭乘荷兰航空公司飞行组员的便车前往希尔顿旅馆。希尔顿旅馆的人，除了一些老厨师和老女佣，都应征入伍了；客人不得不自己打扫和整理房间；用餐也没有服务，在餐厅的大桌子上放点什么就吃什么。当以色列人谈到"总动员"时，在他们心目中真是不折不扣地只有一个"总"字；每个16岁至56岁的男性，以及18岁到36岁的女性，都应征入伍；只要他们不是哑巴、聋子或者残废人，他们就得在12小时内穿上军装。每辆私人机动车和出租汽车都被征用；牛奶罐车变成加油车，用来支持战地的机械化设备；邮差工作由14岁的女孩承担，她们身穿卡其服，头戴邮差帽。

在特拉维夫发出的军情通报，对以色列人绝对有利。通报声称，战争打响后几个小时内，阿拉伯空军全部在阿国基地上被消灭。这消息事后证实无误，但据我们所知，阿拉伯空军并不是在"战争打响后"受挫的，而是在以色列提前一小时“先发制人”的空中突袭中挫败的。当我们抵达时，以色列的装甲特遣队已经穿过了西奈沙漠，并跨越了苏伊士运河；单在埃及前线就有3000多辆苏联制坦克被掳获，俘虏已达到几万名。对于兵精马壮的以色列战争集团，唯一的真正反抗是来自约旦的阿拉伯联合军团。第二天，我和克莱瑞丝住进了耶路撒冷的戴维国王旅馆顶楼朝东的一间房间，可以俯瞰旧城区和它的圆顶圣岩寺，有两千多年历史的老城墙，就在我们附近。我们居高临下拍摄到以色列工兵部队，用他们的推土机推倒已经占领到的碉堡，驱赶阿拉伯军团的人。当以色列人拆除阻挡他们的通往神圣的哭墙道路上的铁丝网时，我把这轰轰烈烈的历史镜头拍成影片（从1948年以来，犹太人是禁止在那里通行的）。两天以后，所谓“八日战争”宣告结束，我向我的客户祝贺，并与他们的空军讨论了许多我所准备的问题；然后我们飞往伊斯坦堡和博斯普鲁斯。

谁说我不能重返故土？1976年8月，共产党政府循我所请，特许纽曼一家四口在我的故乡逗留24小时，却又不准我们从柏林驱车前往，我们只得从东柏林乘快车抵达奥德河畔的法兰克福。我急于想让我的夫人和孩子（当然还有我自己）看看我父亲的羽毛生意还留下点什么，看一看我出生和在那儿长大的家园；我们实在是不敢奢望是否可能看到属于纽曼家族的痕迹。战后德国记录数据上说，我的家乡奥德河畔的法兰克福，在1945年三四月间，德军预备与苏军的最后决战中，80%毁于战火。德意志的首都柏林——最后的剩余——仅在奥德河以西50里。

1939年我离开奥德河畔法兰克福之后，纳粹、德国士兵、来自东普鲁士的难民群、一心想以血腥报复的俄国、波兰军队和东德的共产党，接二连三地出没于1252年建立的古老的汉西蒂克城。他们抢掠工厂，摧毁纪念碑以及任何使人们能回忆起1870至1945年的帝王、社会主义、民主和纳粹政体的种种历史文物。我们这次参观已是在第二次世界大战结束31

年之后，新的德意志民主共和国（共产党）刚刚开始用现代的、俄国式的房子，以及一幢漂亮的高耸大楼替换城市的毁坏部分。重建的班霍夫火车站与从前的几乎没有两样，人们还是必须走过铁轨下面的地道，经过厕所到站台，才能抵达曾有出租车等候的广场。在 1976 年，地道里仍弥漫着与 50 年前完全一样的辛辣的臭气，可是，却没有出租汽车。顺着山坡从火车站走到曾经是我父亲的工厂的旧址，需要十分钟时间，沿着山丘的一些房子不见了；其余一些房子在战争中间遭到严重破坏，只有一部分得到修缮。1976 年我们参观的时候，还正在用木板更换一些射击破坏了的窗户玻璃。

我发现我自己愈走愈快，当我们最后走向古勃尼斯翠斯时，我简直是在我家人前面奔跑了。只有 500 尺远了！然而……一瞬之间，我想我一定是失去了理智。呈现在我面前的是同一扇旧铁门，同一幢四层办公楼房，同样的工厂，有高烟囱的动力房、汽车库，甚至一棵大的老栗子树——样样都在那里，与我离别的时候一模一样。上下一打量，发现沿着厂房第四层楼标示的六英尺高的白底黑字工厂招牌依然存在，这至少已有 50 多年时间了，但仍清晰可见：NORDDEUTSCHE BETTFEDERNFABRIK SIEGFRIED NEUMANN. 我想我正在做梦！

然后，我们走向城市另一部分，我的老家就在那里。我记得，从我们住家步行至我父亲的工厂（也是我在附近的健身房），过去需要半个小时，但现在似乎所有距离都显著地缩短了，当我们转过弯抵达亨博特街时，只花了十分钟时间；那条狭窄的单行街道，一边原有的十八幢房子中，有一半以上不见了，街道的另一边原来是大树遮荫的墓地，现在却已成为无人管理的公园。我们顺着街道继续行进，我认出了我的别墅，它隐蔽在树林深处，这些树比从前大得多了。我们的 11 号别墅仍显得高大和壮观，和以往 65 年一样，除了一侧遭受弹片破坏之外，其余部分均依然如故。我的

纽曼父亲昔日的工厂仍保持旧观

孩子们，在美国下雪天地上有几寸积雪时，就要求用汽车送他们去上学。所以我曾经常对他们说：“美国孩子是被宠坏了；而我们德国孩子，不管天气怎样，总得步行30分钟去上学……”我的孩子仍然记得这些话，而认为我有过甚其辞之处；但我夫人却抓住机会说：“爸爸那个时候腿短！”

站在我们别墅的栅栏门外眺望，高大的法国式窗户依然存在，甚至我11岁时将玻璃射碎的汽灯，也还悬挂在屋前走廊中的杆顶上。正当我难以置信地凝视着这些情景时，一位年轻小伙子打开窗户向我们打招呼，他的喊叫声穿过前院，问我们在找什么。他邀请我们进屋里，这房子那时正在改建为女工宿舍。在二楼我的那个房间里，当我在1917年出生时的同样的蓝色图案墙纸依然裱糊在那里。那个年轻的德国共产主义者与一位十几岁的姑娘在一起，当我告诉他们我出生在这所房子以及其余来的人都是我的美国家庭以后，他们俩对我们都很友好。他俩正要带我们参观我们老家的时候，一个上了年纪的妇人从厂里出来，她听说我们是美国人，便辱骂我们，让我们出去，并要我们从哪儿来的，就回哪儿去！

可是六年之后，我和克莱瑞丝又回去过一次。那一次，我们从东柏林租了一辆 Hertz 汽车出租公司的俄国出产的 LADA 轿车，驱车前往。奥德河畔法兰克福大有改观，城市里盖起了六幢摩天大楼，商店里琳琅满目；人们看上去精神焕发。我和克莱瑞丝应邀在毗邻我父亲工厂的一个家里以及我们的别墅里做客。我们小住了几天，并且访问了我家乡的波兰人区（奥德河畔法兰克福的西部，由同盟国划归东德，东部划归波兰），50 年以前我曾在此当学徒，那家汽车修理店仍在那里。

1981 年，通用电气公司航空发动机分部驻北京代表，询问我和我的夫人是否愿意接受中国技术部的邀请，给他们在北京和西安的航空技术大学做两次讲演，参观西安的一个航空发动机厂，然后到我们想去的任何地方旅行；尤其是第二次世界大战期间，我曾经服役和作战过的地方，中国驻美大使正式表示欢迎我们访问中国大陆。

1981 年 10 月，我和克莱瑞丝乘坐一架中国民航的波音 747 飞机，由旧金山飞往上海——我们在 34 年前曾经到过的中国东海岸的大城市，陪伴我们的人是一对可爱的美籍华人，他俩是我们在中国大陆旅行以及我在两所大学讲演期间的翻译。1947 年我们离开上海，当时的上海是一个国际性的、熙熙攘攘的城市，人力车、汽车、卡车、客车，等等，车水马龙，这些情况都改变了。

我们发现住在原来那些老房子里的，是一些新住户，无论老年人还是青年人，一早 6 点钟，都在街头和公共场所做早操，骑自行车上下班的人成千上万。1947 年与 1981 年相比，最明显的变化是大量苦力拉的人力车以及私人汽车已无踪影；商店的货架上几乎空空荡荡；旅馆里的饭菜很差。然而年轻的中国人，看上去愉快、整洁；我们感觉他们对美国人出乎意料的好奇和友善，我们所到之处总被他们团团围住。与中国学生、服务员、公共汽车司机以及家庭主妇交谈，发现他们全都和战前及战后的乡下中国人一样善良。

在北京，一位受过美国教育的70高龄的“副主席”，在大会堂设宴招待我们，他和我还一起上了电视。我们的参观项目与所有旅行者一样，也是紫禁城、颐和园和雍和宫以及游览一小段开放的长城；我还在北京大学坐满男女航空系学生的讲堂里讲话。在西安，我们参观了寓言般的、难以令人置信的出土文物，公元3世纪数以千计的实体大小的秦始皇兵马俑。

我在西安又对航空大学的教授与学生作讲演。我们从西安飞往昆明。1941年至1942年“飞虎队”的司令部，1942年至1945年美国陆军第十四航空队的司令部全都设在昆明；那时云南省会只有15万人，现在却超过200万,四座美丽的城门以及城墙全被拆除，甚至景色如画的滇池也正受污泥和重工业排放物的污染而丧失了美貌，只有两座高塔仍然耸立在那儿，当年我曾在这两座高塔的附近为云南民政厅长修理过别克牌汽车。观光旅馆正在兴建，六至八线道的马路还在施工，但目前却要通行成千上万的自行车。出于我的好奇，也是好意的安排，我去看模范村里1940年我曾住过的家；那里从前是在昆明城墙之外，现在已纳入扩大的城区之内了，原来那些欧洲式小屋，已被隔成许多相等大小的小公寓，甚至“飞虎队”的营房，也被隔成公寓了。

我们乘坐一架俄国制造的飞机飞到秀丽的桂林，1942年至1944年，这个地方曾是我们抗日机群活动的基地，我曾在那里重新装配过一架着陆摔坏的日本零式战斗机，这种飞机在1943年开始飞行。桂林的中国人最使我感到愉快；但当我知道新的一代根本没听说过“飞虎队”的美国人曾在中国协助抗日又使我意识到我已经是多么老了，而且教育是如何受到限制！我们决定寻找白胡子老头儿，也许他们还记得“飞虎队”。千真万确，我们找到了两位记得“飞虎队”的老人，他们指点我们要穿过城市的哪一处，才能找到当年放弃了的美国战斗机战备机场。我们乘坐一辆由中国司机驾驶的小型客车，当我们抵达现已长满丛草的从前我们的机场，并且定了定神，我发现了那个大石碾子，那是当年遭受轰炸后用沙砾填补弹坑，用来碾平跑道的碾子。我还找到了现在空着的陈纳德将军的指挥所和掩体。当年，一位欧亚航空公司的德国飞行员送给我的一只小哈巴狗“蒂飞”，经陈纳德上校同意留在 AVG 的，后来被一枚日本炸弹在附近爆炸时，强烈的气流把它从那个掩体的炮口里震到背墙上而折断了一条前腿。

经过几分钟的回忆，当年太阳升空、空中格斗、年轻的韩国籍妇女安吉拉，还有我的零式飞机……冗长的沉思，我准备返回桂林市去。一辆敞篷的卡车，载着二十几个站着的青年工人，有一位年长的管理员坐在前面，辘辘驶来停在我们前面。他们领头的问我们的司机是否迷了路，翻译与他简单地交谈了几句，大概是在告诉他我们的身份。卡车开走了，离去了几百码又停了一会儿，然后掉头回来。当这辆卡车徐徐驶过我们的时候，所有的工人翘起右手大拇指向我们致敬，并且喊道：“Ding how，ding how！”这一定是那年长的管理员告诉他们的，这是 1942 至 1945 年期间，中国人对我们美国大兵友善的表示。“顶好、顶好”的声浪中，使我忆起当年在桂林的那些日子，我几乎感动得流下眼泪！

1981 年我们到东京拜访了我在石川岛磨重工业飞机发动机厂的日本朋友。战后，我帮助重建该厂，这家公司 25 年以来根据转让的权限，制造通用电气公司的发动机，这次邀请我们参观了他们稳健扩展的喷射发动机制造厂所增添的新式现代化的设施。总经理加内基洛・伊梅博士与我们共进西式午餐，伊梅博士是接替卓越的奥萨默・纳加诺博士 70 岁退休后任职的。伊梅博士建议我们沿着环境幽美的厂区散步，正巧指给我们看一棵长得高高的新树，这棵树用绳索拉撑得笔直，而且用草绳捆绑着树干防虫害和蚂蚁。树前有块不规则的大石头，上面镶着一块青铜牌，看上去像一座墓碑；我没十分留意，但克莱瑞丝扯扯我的衣袖悄悄地说：“瞧那些字！”走过去一看，我才注意到那用日文与英文镂刻的题词：“为纪念通用电气公司副总裁杰哈德·纽曼和友谊而种此历史性的银杏树。”

几乎同时，杰克·帕克偕夫人艾兰茵飞往中国访问了一个星期。我在通用电气公司里，在杰克·帕克领导下工作了 21 年。他们访问回来后，寄给我他为一位白发高个子与他夫人拍摄的一张照片，他俩曾与帕克夫妇同机旅行飞往上海。啊！那正是 W. 兰霍恩·邦德夫妇的照片，邦德先生是那位 44 年前在香港帮助我摆脱英国人的美国人。

老旅行家永远不死——他们正继续飞行。1982 年秋，我和克莱瑞丝又做了一次环球飞行。我们从容地旅游，历经了两个多月，在欧洲和亚洲我们所欣赏的一些地方停留。有一天，在东柏林东南 50 里，我们租了两条爱斯基摩式的独木舟，在斯普雷河森林经过，划了几个小时，我们划经一些大船，在那些船上乘坐着德国共产党游客，我身穿一件 T 恤，上面印有“Es ist besser in den Bahamas”(“巴哈马群岛更好”）字样。要是在几年以前，我大概早被关起来了，可是，此时此刻那些德国人却发出了响亮的笑声，有的甚至还欢呼起来!

## 勇者不惧

· 坚持　恒毅　刻苦　奋斗

· 美国——创造奇迹的天堂

“勇往直前”“永不后顾”，是我们经常所能听到的勉励的话。很明显，当一个人在写自传时，就不能遵循这个使人迷惑的劝告了。试图回忆往事总是带来许多乐趣，我尽最大努力去回忆许多年以前发生的一些事情，并从剪贴簿和照相册里唤起我的记忆。尽管在我一生中遇到过好几次千钧一发的险境，我现在却安然无恙地活到了 1984 年，希望能继续活得更长久一些。

在我一生中，从来没有过过“无所事事”（dullmoments）的日子。几次身陷困境，但决不困守愁城。成为一个“飞虎队”队员，能够主持 GOL-1590 发动机小组，或者为通用电气公司这类卓越的团队工作，我皆引以为豪。使我格外感到高兴的是，看到我自己和我的一些伙伴们，都能被认为是“特殊资材”的人物，掌握了美国工业界的关键职位，并且都有所表现。（我过去经常在午餐时访谈这些人，与他们下棋、打桥牌，从而对他们的逻辑思维、细心谨慎、怯懦和进取精神有所了解。）当前，在整个通用电气公司里，有 27% 的在职副总裁，出自飞机发动机部门或仍在那里工作；这些管理人员中，几乎没有一个是从公司或从某些大学的管理学系，用训练课程在课堂里培养出来的，而是在我的发动机集团里，从日常工作中学习管理的。在我这个集团里，积极热情、领导统御、职业性的干练和感召才干，是选择经理人才的主要条件。

在我自己的生涯和激动人心的过去，无疑充满了机遇与幸运，但也少不了艰难和困苦。在几个月前最后一次环球旅行中，我和克莱瑞丝在奥地利的一个乡村小旅馆过夜，旅馆门口钉着一块木牌，上面写着：只有经过从早到晚辛勤地耕耘，才能使你成功，妒忌的人，只看到繁花似锦的结果——而不是所付出的劳力代价。

我很幸运的是，我绝大多数的朋友（包括军方客户以及工业界的同行，无论什么阶层或属于哪个国家）都是一些正人君子（decent fellows），他们大多数人反映了高度的正直和道德。我不认为这是一种巧合：实在因为工程技术这门职业，不管是哪个国家，主要都处理看得见、摸得着的实际问题，承担技术和经济上的风险，以及承认判断错误或设想偏差，我以自己是一个工程师而感到骄傲。

在处理与军方的关系时，我发现美国国防部几乎总是务实的而且是公平的。当然，在与政府签约时，我们面对的官样文章要比与民用公司签约时多得多，但是对额外的纸面工作的补偿是，我们知道我们的政府既不会破产，也不会以一种方式或另一种形式要求高达数百万美元的降价；可叹的是要求降价已成为与民航方面交易中的惯例。山姆大叔对于我们产品迟交或达不到性能规范，总是公正地确定罚款金额；而对我们进度提前、降低发动机生产成本或比合约规定提高了性能，亦公平地给予奖励。

德怀特·D. 艾森豪威尔总统对美国人民的著名警告，是提醒他们注意一个“事实——工业密谋的联合体”的威胁，暗示着两者之间可能会狼狈为奸，阴谋地建立一个庞大的战争装备工业。这句话或许是在他逝世以后被人们所误传；抑或总统并不可能详细知道，我们经常是在以最大的努力，使纳税人以最低限度的费用，去改善我们军队的装备。我自认没有资格妄评整个国防工业，但我却有幸参与了许多军事与工业之间的交往；在我看起来，好像所有的交易都是光明正大的，也是遵循了最高的商业标准。我们的政府过去——现在仍然——雇用了大量奉公守法、勇于献身的军职和民职技术人员，他们鲜为人知。他们从山姆大叔那里得到的钱，比起他们能在工业界挣到的要少得多，但我从来没有见过一桩军方的采购是不需要的多余设备，或者盲目接受任何报价。

在我的事业经历中，我看到许多才华横溢的人，在一些大公司中羁留在相当低微的位置上；因为在大机构中，想突破低级屏障进入中级管理阶层，永远是任何一个人获得发展的最困难的一步。一旦一个颇有本领的人能跻身于中等管理阶层，他就有充分的机会被人赏识，因而就很容易被晋升到更高的位置。以我自己在通用电气公司的例子，从基层的试验工程师开始晋升起来，所以能一帆风顺，很早就被那些搞喷射发动机的首脑们另眼看待而名之为“那个外国佬”或“红武士”（第一次世界大战期间的德国王牌飞行员，曼弗雷德·冯·理瑟蕃的绰号）。我说话还带着德国腔，这在技术圈子里还能得到些美国人所得不到的便宜。

的确，我受过三年艰苦的学徒磨炼，以及实用工程教育，这是我这一代，几乎没有一个美国人所经历过的。单就这点来看，最令人遗憾的是，今天在美国的年轻工程师们，仍然没有察觉到这种磨炼的重要。我幸运的是，无论在平时或战时，我一生始终没有脱离机械和飞机专业领域，这对我的事业大有裨益。这样，我逐渐锻炼出从实用技术上，对评估设计的“可”与“否”的直觉判断，甚至可以把理论或计算器置于不顾，最后我仍是鸿运高照。我倒是可能成为拿破仑·波舒巴皇帝的一个很好的将军，因为他曾经写道，“我喜欢走运的将军”（他认为若起用倒霉的将军，不会赢得许多战役的）。一次又一次，正好在恰当的时间、恰当的场合，我遇到了恰当的好人，因此，我幸运地得到充分的机会去获得成功。

在我和克莱瑞丝最后一次环球旅行中，我们对最近几年东方国家的经济飞跃进步，叹为观止。上了年纪的人也许还记得多年以前曼谷和中国香港的情况，到今天，使人难以置信的是泰国的丛林会一点点地消失，而代之以迅速成长的高楼大厦、豪华的大旅馆、密布的公路网、全空调的超级市场和喷射机跑道。在泰国北部接近缅甸边境处，仍然还有一所大象训练中心，我猜主要是为了吸引观光客而不是为了劳役。我、克莱瑞丝和西普斯在 1947 年曾住过的曼谷外围的乡村也如此变化。

从中国香港景色中再也看不见苦力拉的人力车和五彩缤纷的扬帆舢板，这对摄影家来说不能不算是一件憾事，但这是进步的标志。典型的四层英式的海滨楼房、整条街遮盖着人行道使免受日晒雨淋的骑楼，已被闪光夺目的玻璃和钢架建造的高耸建筑取而代之。使人难以相信，在世界上有些偏远地区也会有大量日本造的汽车，以及“麦当劳”的汉堡，“汉堡王”的快餐店；世界各地的旅游团一窝蜂地进入东方。即使在东南亚穷乡僻壤的小木屋，从尘土覆盖的石棉瓦顶上也伸出了电视接收天线；成千上万辆摩托车载着男人和女人去工作。我们正缓和地、稳健地进入同一个世界——我们国家与东方世界之间的差距会慢慢地缩短。

我现在已经退休 8 年了。这期间主要是忙于写这本书、旅行以及航海，这说明我已有时间关心喷射发动机以外的事情了。我不安地注视着我们这里和欧洲某些不惜一切代价来换取和平的活动在滋长，我敢相信，这些活动的创始者用心良苦，但我认为这极不实际，而且对自由世界确是十分危险的。削弱政府建立强大的美国国防力量和现代化核武器方面的努力，是当前一个时髦的口号，但依我累积的经验来说，这种帮法是完全错误的。

我惊恐地注意到，甚至连一些聪明的人——诸如宣传机构中的所谓客观评论员、学院的教授，甚至某些国会议员——也是如此的目光短浅和幼稚。

还在孩提时代，我就已注意到学校称王称霸的家伙，只会欺侮弱小的孩子而决不去招惹那些跟他们一样强壮的孩子。同样地，我从来没有看到一个国家，在没有必胜信念时去侵略别人。在我所亲眼看见的过去 55 年里，我们应吸取教训的例子不胜枚举：希特勒入侵波兰，就是他自信当同盟国能集结起来去履行对波兰承诺的防御义务之前，他的部队一定会很快赢得胜利。1940 年希特勒发动的西部闪电战，也是因为他确信能速战速决。同年意大利对法国宣战，是在法国实际上已经崩溃之后。而俄国进军芬兰和波兰，是在判定确能稳操胜券的情况下发生的。苏联占领阿富汗的情况也同出一辙。某些国家，也是当他们自认为可以占上风时，才敢向其他国家寻衅，但他们有时却低估了对方的实力。阿根廷进犯福克兰群岛时，未料到英国会竭尽全力来保卫。再看看我们美国，进军朝鲜招致惨败；我们的情报机构分析错误，十五年后又与越南打仗，而对这两场战争，我们都曾估计胜利是唾手可得的。

对于大多数鼓吹限制核武器的人士，这可能是条新闻：请注意，第二次世界大战期间并没有采用细菌战、化学战和毒气战，因为德国和同盟国都知道，每一方都可用同样方式摧残对方国家，双方都有这些最致命的武器——像核武器一样的恐怖，但又不像核武器那样刺眼。改一个说法，你是否能相信，正因为我们知道我们的敌人在他的军火库中也有这样恐怖的武器，我们才会扔下原子弹吗？我深深相信，美国和苏联之间要想确保和平——无论何时何人执掌大权——唯一办法是加强美国的防卫力量，使能与苏联相当。大家都希望我们制造的武器能永远不被使用，而终究将被毁掉抛弃。但这种“有意识地浪费纳税人的钱”，比起和苏联人打一场可能仅一周的战争会便宜得多。对反对核武器的人们诘问的回答是：“是的，如果我们停止了，我们将会被毁灭”；换言之，倘若我们不停止，我们将不会被毁灭。

说句题外的话，对于文明又确是至关重要的国防尖端科技，过去是，将来仍然是能转换成有利于国民生活的高价副产品，例如：喷射机（它们为改善世界交通产生卓越的贡献）、微电子学、雷达、计算器、航行太空技术、激光束、线性加速器……不胜枚举。所有这些现今所采用的先进技术，都来自我们的国防工业。

回顾往事，使我不能不提到的是，我们美国和欧洲的一些国家中正蔓延着另一种错误的倾向：偏信各种条约和协议，并从中产生安全感。有时，也的确能起些作用，而且我也赞同努力去达成限制武器的协议，但必须处于无限制的监管之下，轻信几页签署的纸片的人是十足的笨蛋。还记得 1938 年英国首相张伯伦在与希特勒会晤后返国，高兴地呼唤：“我相信我们这个时代是和平时”吗？（两年之后，德国空军把英国工业重镇考文垂夷为平地。）1930 年国际联盟所有成员在日内瓦发誓对任何成员国都将不采取任何军事行动，为此而签署了繁文缛节的大批协议；事隔三年，德国和意大利的法西斯头子宣称，对他们国家原来授权的民主主义代表签署的这些协议不负责任，德国代表只是拾起公文包，走出日内瓦，就再也没回头。任何所签署的互不侵犯条约都成了一纸废文，代替的倒是希特勒公然参加了西班牙的内战，以试验某些德国新式武器和军事战术；而在这之前几个月，墨索里尼把海尔·塞拉西国王驱出阿比西尼亚，将整个一个国家占为己有。

下面还有几个说明协议和条约毫无强制性的约束力的例子：

1937 年希特勒重新肯定了 1934 年与波兰签订的十年互不侵犯条约，两年之后，他又与他的主要敌人苏联签订了另一个互不侵犯条约（尽管 20 年来他一直在攻击苏联）。接着他又单方面撕毁了每一个和平条约，于

1939年进军波兰，实际上把它夷平了。1941年他又企图同样对待苏联——而且差一点得到成功。希特勒签署了和平条约和军备协议后又公然违背；为此，1940年当他的道德观受到质疑时，他回答说："胜利者绝对没有回答问题的必要。"

不久前，美国、苏联以及其他国家签订了一个庄严的专门协议，协议绝不使用外层空间从事侵略的行为，但我不知道现在在太空中正在发生些什么事情……

回首往事，我还关心美国的盛名在世界人类的心目中日趋衰弱。20年代，当我在法兰克福还是个学生的时候，美国人是我们崇拜的偶像：细高个、举止灵活——就像查尔斯·林白的缩影那样。技术上无与伦比；制造漂亮而耐用的汽车；给每一个想工作的人提供绝好的机会，而不计较出身；报童也有机会成为华尔街的百万富翁；在每届奥林匹克运动会上遥遥领先。纵然由于美国在1917年的参战，而使德国在第一次世界大战中失败，我们仍尊重美国。访问美国是全世界每一个知识分子的梦想；美国在世界上的雄伟形象一直保持到甘乃迪去世，从此以后，由于种种原因，我们的声誉以及外界对我们的评价就开始慢慢走下坡路了，而且至今还在持续着。在许多社会和技术领域，某些国家已经与我们并驾齐驱，甚至已经超过了我们。滥用我们个人的自由，无疑是玩弄一场可能招致最大灾难的把戏。我们年轻的一代中，许多人都太年轻以至不可能记得上次大战（这场战争是怎样引起的，整个世界经历了何等的苦难和悲痛）。显而易见，他们对他们出生之前所发生的事也不会感兴趣。我们大家所享有的个人自由，如有必要，是值得为它奋斗的。但美国的青年人，除非他们有机会去访问一个专制的国家，是不会认识得到这个事实的。

让我个人焦虑的另一件重要事情：我们是不是真正关切一股影响世界经济的势力正在东方形成？追溯到45年前，我清楚地记得沉睡的、几乎没有什么工业的中国香港，今天在美国要想找到不出售标有“香港制造”商品的店铺已非易事了。30年前，我看到过被摧毁的日本、被炮击的韩国和被炸毁的新加坡，整片疮痍满目，但我也看到他们奇迹般地从废墟中站了起来。东方人愿意在比我们生活水平较低的日子里过活，更重要的是他们为自己的成果而骄傲。他们的政府制定了长程规划，并提供资金以完成东方超越西方所必要的研究和发展。所有这一切足够提醒我们，在一代或两代以后，技术和贸易的领导地位将从西方转到东方来。我们对这种真正可能发生的事，更要做好心理准备。

在东京，那里的人们告诉我和克莱瑞丝，一家日本大工厂的工人，在工作时间以外的个人业余时间里，一周碰头一次，讨论他们前一周工作中出现的品质问题；然后，向管理部门推荐为制造无缺点产品应在设备、工具或是生产技艺上做哪些必需的改进。看！在过去的35年间，这些人进步多大！使人们清楚地认识到，东方已经从西方夺取了领导地位，或已经占领了诸如汽车、电子、造船、钢铁和光学产品等这些主要高价产品的领域。不难预见的是，西方国家到2000年以后，不过只能承担二流角色而已。又有谁能想象出这对于我们已经习以为常的生活方式，会带来什么影响呢？

让我们来力挽狂澜，改变颓势吧！美国汽车工业完全有可能再经过一番努力，来恢复其世界的领先地位（底特律人不同意他们现在已非世界第一的说法，但是那些使用最新制造的外国汽车的绝大多数美国人却认为，同样价格的外国汽车就是好）。让底特律人环顾全世界，注意一下美国汽车实际上已经消失了。一旦我们的汽车制造商下决心将老一代美国人独创性、想象力和设计天才，应用到新型汽车上；一旦他们的管理部门决定不惜一切代价，把新的设计转入最高品质的产品中；一旦工会同意不故意叫工人怠工而是鼓励他们努力工作；美国将势不可当地重新雄踞汽车领导地位。如果我们想要我们的私营工业，战胜受到本国政府保护的海外制造商，也许要一年、两年或者三年时间不给股息；或不给管理人员增加工资和奖金，但必须把资金有效地用于工程设计、现代化生产工具和设施，以及更有效的质量管理上。如果还不成功，就应该精简管理机构，把那些有进取心、敢于领导生产行列的人替换上来。我们国家里，有这样的人才能够成功地带领我们，使汽车制造业重居世界领导地位，而这种工业的复兴又决不仅限于汽车制造工业。

我们政府管辖下的科学家和工人，能够让美国人在月球上着陆，并把他们安全地带回地球！——真是一项巍巍壮观之举，并仍然带有神奇色彩。

让我们不要停滞在一个阶段，只是显示我们的创造力和领导地位！我们必须训练我们的国民能更好地工作，并策励他们对自己的工作有更高的成就感。我们必须能自由选择更能干和更富于想象力的经理和工人，去承担最重要的工作。为了轻易做到这一点，我们必须改变我国论资排辈的陋习，这是卡住工业界瓶颈的一块大石头，我亲身经历了它。今天这个凭靠资历的体制，对工人之害尤胜于管理部门。美国之所以有大量的失业者，大都是由于许多美制产品质量不合格造成的，如果每个经理人员可以选择最有能力、最能胜任、最努力工作和最精明强干的工人，并提升他们去负责重要的工作，而不考虑他们的资历的话，则将是另一番景象。管理部门和工会领袖迟早会认识到，我们目前的资历制度所带来的危害，这个体制现在正像一头圣牛似的被人们供奉着。当前，大多数失业者是因质量差而价钱贵的美国产品，由乘机袭来的外国货所代替而造成的。现在的资历制度，在许多年前，是无可厚非的，那时，美国的领导地位未受到挑战，几乎每一件东西都没有真正的竞争者。然而，这样的日子已经一去不复返了。

我知道，必然有人会问我，你既然已有所悟，何不再一次沿着战后的生涯走一遍，接受通用电气公司在喷射发动机业务方面提供的最高地位，再干它十七年。对我来说，过去攀登成功的阶梯尚称一帆风顺，回报也不薄；这不仅是指我得到的薪金，还有许多肯定、赏识、满意和个人的荣誉，但我付出的代价也是巨大的。通用电气公司自从我在那里工作的第一天起，到最后一天的 33 年中，给我提供了许多极好的机会。在这期间，当公司的业务越来越庞大时，我为公司逐渐地消耗了越来越多的精力，我几乎没有时间和我的妻子在一起消磨。她了解这个情况，希望我做我感到必须要做的任何事情。我试图成为一个通情达理的好爸爸，然而我的三个孩子不得不在没有很多父爱的情况下成长。我的每一分钟都投入了阅读记载航空发动机业务的"每日讯息"，研究各种报告，到厂房去巡视……我将不愿再回答这种重做怨妇的问题，适可而止了！但是，我想提醒那些有雄心、能干、有进取心的人们，在他们说"好的，先生。谢谢！"之前，应非常仔细地衡量一下，伴随晋升到最高地位时所随之而来的问题和他们所不得不付出的代价。

如果我不提及 1950 年的一个夏日所发生的事，那么，这份自传中所唤起的美国式的梦将是不圆满的。那一天，由于一项被指控为违规停车事件，我和其他 34 个人被传到波士顿交通法院的法官面前。这位法官询问每一个驾驶员"有罪还是无罪？"在轮到我答话之前，每一次这种问话后面紧随着的都是"有罪"的回答。

"无罪，阁下。"

法官对我的回答感到意外，他要我坐下好好想想。过了几分钟，在又有三个人回答"有罪"之后，他再一次问了我。我照样说："无罪，阁下。"于是，他加倍罚了我的钱。

"无罪，阁下。我要上诉！"我仍再次申述。

法官要求我走近他的法官席，他朝我转过身来，并问道：“你来到这个国家有多久？”

“两年，阁下。”

然后，他在我耳边低声说我的回答像一个诚实的小伙子。接着，他大声宣布：“撤销判决！”

第二天早晨，不管在什么地方，人们都可从一份主要大报上读到一条大标题：“一个人与交通法庭抗辩——赢了！”除了美国，在世界任何地方都不可能这样，而我却在美国！这是机遇，我认为……

# 编后记

## 回忆纽曼和 CFM56 发动机的故事

纽曼自 1980 年从 GE 退休后，花了两年的时间完成这部自传，并于 1987 年在台湾出版。在这部自传里，他没有提到太多关于 CFM56 发动机与他之间的故事。

今天，CFM56 发动机能成为世界上非常受欢迎的民航发动机，他功不可没！但很多人却不知道纽曼是谁！

他生前在中国还有很多其他的故事，由于我和他在 GE 共事了 20 多年，与他有很多在一起的机会，我发现他太喜欢中国了，他非常怀念在中国的那段日子。1996 年，我从 GE 退休后，一直很想把纽曼在自传中没有讲述的地方能在这本书里做些补充，我首先想到就是讲述一些纽曼和 CFM56 发动机，以及和“中国航空”有关的故事！

1971 年，在巴黎航展上，纽曼和法国施奈克玛公司（SNECMA）总裁雷尼·拉伏德（Rene Ravaud）相遇。他们一见钟情，他们对未来民航飞机发动机的需求，很快达成共识，并同意成立合资公司生产 CFM56 发动机。

纽曼手中拿着美国空军KC-135模型，用的发动机是CFM56

他们花了四年的时间和努力，终于在 1974 年成立了 CFMINTERNATIONAL（CFMI）公司，开始生产 CFM56 发动机。1976 年因找不到适合的航空公司用户，公司几乎考虑放弃此项目。几经波折，通过纽曼在华盛顿的努力，1978 年美国空军的加油机 KC-135 采用了 CFM56 取代了 P&W 的 JT3D，但国际上还是没有一家航空公司订货！

1979 年 1 月 1 日中美建交后，不到半年中国航空工业部即派代表访问 GE，表示想买 5 台 CFM56 用以改装当时新引进的波音 B707，中国代表团团长程华明是一位非常有经验和见识的发动机工程师专家。我们都想和中国航空工业部就这个项目做长期合作的打算，更希望改装中国刚采购的 10 架 B707，还有中国当时已在生产试飞的 Y-10，但最终没能达成共识。

法国施奈克玛总裁雷尼·拉伏德和纽曼二人，于1978年在第一台CFM56发动机试车时所摄

1980 年，纽曼从 GE 退休，我当时已在北京代表公司工作一年多。我结识很多相关领域的负责人，他们都听说过历史悠久的美国通用电气公司 GE 的大名，因为公司的创始人是发明电灯的爱迪生，但他们却不知道 GE 是全世界生产飞机发动机最大的公司之一，不知道 CFM56 是 GE 的产品。现在全世界、全中国每天都有使用 CFM56 的飞机飞在天上！

目前使用 CFM56 发动机的有空客 A320 系列，波音公司的 B737 系列有 1 万多架，光中国就有 7000 多台。这还不包括中国自主研制的 C919 客机上使用的最新生产的 LEAP-1，(Leading Edge Aviation Propulsion) 它是 CFM56 的升级版！

目前 C919 有 1000 架被订购，正在试飞，争取 2021 年取得 FAA 的适航证！中国很快就拥有上万台的 CFM56，成为 CFM 最大的用户！对美国

译者张维与陈元元

的朋友，我常说 CFM 是 Chinese Flying Machine 公司（中国飞行器）LEAP-1C 大跃进的飞机发动机！

纽曼告诉我，他在昆明曾开过一家汽车修理厂，昆明海拔高，不适合老式 B737-200 飞行，因为这款飞机用的是 JT3D 普惠（PW）发动机。他提醒我见到中国民航沈局长时要强调 B737-200 的缺点和 B737-300 的优点！

1984 年我成功地卖了两架 B737-300 给中国民航，中国民航是在美国本土外第一个 CFM 的客户！ 1985 年杨元元局长到美国波音公司接机飞回昆明，对 CFM56 发动机赞不绝口！ 1987 年我在台湾为纽曼庆祝 70 大寿，他当年在昆明的飞虎队的老朋友也都有来参加，他兴奋地告诉大家将来一定要到昆明去旅游，一定要搭乘 B737-300！ 因为安全可靠！

纽曼夫妇与张维及朋友们的合影

程华明（前排左四）、译者张维（前排右一）

1993年我在美国麻省的家里办了一个烤肉 party，他开车两个小时来参加，我告诉他中国已经向波音公司下了上百架 B737-300 的订单，B737-300 已经供不应求！ 1997年他离世了，没有看到今天中国民航发展如此之快！实在遗憾！

纽曼的故事很多，每次和老同事聚会，都有说不完的纽曼趣事，他永远活在我的心中！